Stätten des historischen Buddha

HANS WOLFGANG SCHUMANN
ANAGĀRIKA SANTUṬṬHO

STÄTTEN DES HISTORISCHEN BUDDHA

EINE ARCHÄOLOGISCHE SPURENSUCHE

WERNER KRISTKEITZ VERLAG

ISBN 978-3-932337-35-2

www.kristkeitz.de

Inhalt

Vorwort

Dieses Buch führt zu den Stätten in Indien, an denen der historische Buddha Siddhārtha Gautama selbst geweilt hat. Es schildert, was dort geschah und zeigt im Bild, wie die Stätten heute aussehen; Monumente aus jüngerer Zeit bleiben unbeachtet. Grundlage der Beschreibung der Geschehnisse waren die indischen Bücher in Pāli und Sanskrit und die Grabungen der Archäologen.

Da jeder Buddhaort im Buch nur einmal behandelt wird, war es unvermeidlich, zuweilen Ereignisse zu schildern, die zwar am gleichen Platz, aber zeitlich getrennt geschehen sind. Wer eine chronologisch geordnete Biografie des Buddha lesen möchte, wird auf die von Legenden freien Arbeiten von Zotz (1991) und Schumann (2004 a) verwiesen.

Interessenten, die die historischen Buddhaplätze in Indien besuchen möchten, haben zwei Möglichkeiten. Sie können sich mit den vier Pilgerzielen bescheiden, die schon im ältesten buddhistischen Textdokument, dem Kanon in der Pāli-Sprache (in D 16,5,8 und A 4,118) als »sehenswerte und ergreifende Orte« genannt werden. Das sind:

– die Geburtsstätte des Buddha (**Lumbinī** im heutigen Nepāl),
– der Ort seiner Erwachung oder Erleuchtung (**Bodhgayā**),
– die Stätte seiner ersten Predigten (**Sārnāth** bei Benares)
– und der Platz seines Verlöschens (**Kuśinagara**).

Eine zweite Möglichkeit wäre, die Reise detaillierter und länger anzulegen und die Buddhaorte von Norden nach Süden anzusteuern. Dabei empfiehlt es sich, die jeweils nächstgelegene größere Stadt zum Quartier und Ausgangspunkt für Abstecher zu machen. Man besucht von

– Gorakhpur (über die Grenzstation Sonauli die in Nepāl gelegenen Orte) → **Lumbinī** → **Tilaurakoṭ** (= Kapilavastu I);
– Gorakhpur (über Naugarh) → **Ganvariyā/Piprahvā** (= Kapilavastu II) → **Śrāvastī**; (Diese Reise ist auch in umgekehrter Reihenfolge von Lakhnau [Lucknow] möglich.)
– Gorakhpur → **Kuśinagara**;
– Patna → **Vaiśālī**;
– Patna (über Bihār Sharif) → **Nālanda** → **Rājagṛha** → **Bodhgayā**;
– Benares (Vārāṇasī) → **Sārnāth**;
– Allahabad → **Kauśāmbī**.

Das bequemste Transportmittel ist das Mietauto mit indischem Fahrer, aber man sollte für die Zeitplanung der Reise nicht die europäischen Streckenleistungen zu Grunde legen. Die direkten Zufahrtsstraßen zu den Pilgerplätzen sind unlängst in Ordnung gebracht worden, die Fernstraßen hingegen, zumal im indischen Unionsland Bihār, sind in schlechtem Zustand und oft von überladenen Lastwagen verstopft. Für manche Strecken darf man als Stundenleistung nur 25 km veranschlagen; Straßen, die 80 km/h zulassen, sind eine Seltenheit. Gute Hotels gibt es in den größeren Städten, bescheidene Unterkünfte in den kleineren. Gefiltertes Trinkwasser kauft man in versiegelten Plastikflaschen und fordert auch in Restaurants, dass die Flasche versiegelt auf den Tisch kommt. Dennoch wird sich eine gelegentliche Magenverstimmung schwer vermeiden lassen; sie ist zumeist verursacht durch die dem Westler ungewohnten Speiseöle und Gewürze. Ein Essen beim Garkoch am Straßenrand einzunehmen ist trotz der verlockenden Düfte nicht ratsam, aber in guten Restaurants zu speisen gehört zu den Freuden eines Indienbesuchs.

Das vorliegende Buch hat einen Vorgänger in dem Werk von Hans Wolfgang Schumann mit dem Titel: *»Auf den Spuren des Buddha Gotama«* (1992), das vergriffen und verlagsrechtlich frei geworden ist. Das gegenwärtige Buch, das die Buddhaorte im Zustand von 2007 zeigt und oft auf das Vorläuferwerk zurückgreift, ist das Gemeinschaftswerk zweier vom Frühbuddhismus begeisterter Personen. Der ehemalige Buddhamönch Santuṭṭho (geb. 1964) lieferte die Mehrheit der Illustrationen, der Indologe Dr. Hans Wolfgang Schumann (geb. 1928), der 20 Jahre in Indien, Burma (Myanmar) und Ceylon (Śrī Laṅkā) zugebracht hat, die erläuternden Texte. Schumann hat die buddhistischen Stätten zwischen 1961 und 1999 sechs Mal besucht und sie stets als einsame oder von Pilgern spärlich besuchte Orte vorgefunden; Anagārika Santuṭṭho hingegen, der seine Indienreise von Oktober bis Dezember 2007 unternahm, berichtet vom Andrang an einigen Buddhaplätzen – und den Schäden, die überfromme Gläubige anrichten können. Er hat seine Reise in über 2000 Digitalfotos dokumentiert, aus denen das vorliegende Buch eine Auswahl bringt. Sie wird, wo erforderlich, durch ältere Fotos des Autors Schumann ergänzt.

Anders als im Vorläuferbuch von 1992 werden Namen, Orte und Begriffe nicht in Pāli wiedergegeben, sondern in Sanskrit. Die Sanskrit-Terminologie ist breiter bekannt als die des Pāli, geht aber zuweilen schwerer über die Zunge – z. B. wird aus dem königlichen Buddha-Skeptiker (P.) Udena in Sanskrit der Udayana, aus dem Bhikṣu (P.) Kondañña – dem ersten Buddhamönch überhaupt – der Bhikṣu (Skt.) Kauṇḍinya, und aus dem großen Mönch (P.)

Mahā-Moggallāna der Bhikṣu (Skt.) Mahā-Maudgalyāyana (mit der Betonung auf den beiden gelängten ā). Die Sanskritisierung des Prinzen (P.) Jeta, der im Sanskrit Jayata heißt, haben die Autoren dieses Buches sich verkniffen – damit der nach ihm benannte Klosterhain weiterhin wie üblich (P.) Jetavana genannt werden kann. Wer zu den Sanskritnamen und -begriffen die Wortform in Pāli erfahren möchte, kann sie in der Äquivalenztabelle im Anhang nachschlagen. Die Transliteration der indischen Worte ins Deutsche folgt der internationalen wissenschaftlichen Methode.

Verweise auf Belegstellen in Pāli- und Sanskrit-Werken stehen im Text des Buches in Klammern und benutzen die üblichen Kürzel; wem die eingeklammerten Stellenangaben lästig sind, der mag sie überspringen. Sekundärliteratur wird zitiert durch den Namen des Autors und das Erscheinungsjahr seines Werkes mit Seitenzahl, z.B. : (Falk 2006: 177). Die Namen der chinesischen Indien-Reisenden werden wiedergegeben in Pinyin-Umschrift, auch in den Literaturangaben.

Eine Freude ist es den Autoren, dem Indo- und Tibetologen Dr. Helmut Eimer (Uni Bonn) und seiner Frau, der Apothekerin Gertraud Eimer zu danken, die das Manuskript gegengelesen und sachkundige Vorschläge gemacht haben. Frau Gerda-Maria Schumann ist zu danken für die Geduld, mit der sie ihren Mann am Schreibtisch arbeiten ließ, anstatt im Haus oder Garten etwas Nützliches zu tun.

Einleitung

Von Afghanistan im Westen bis nach Japan im Osten, von der Mongolei im Norden bis nach Ceylon und Java im Süden markieren großartige Monumente das historische Verbreitungsgebiet der buddhistischen Religion. Durch die Lehre (*dharma*) des Buddha – später und schwächer auch durch den Hinduismus – wurde Indien zum Kulturgeber für alle Teile Asiens.

Über den Mann mit dem Ehrentitel eines *Buddha*, eines »Erwachten«, der im 6. oder 5. Jh. vor Chr. diese Entwicklung in Gang setzte, und über die Entfaltung und den Untergang des indischen Buddhismus nach der Zeitwende sind wir unterrichtet durch drei Gruppen von Schriftquellen:

1. Durch seine Lehrvorträge (P.: *Sutta*), die bald nach seinem Tod von den Mönchen rekapituliert und von Konzilen zum (P.) *Suttapiṭaka*, zum »Korb der Lehrreden« zusammengestellt worden sind. Sie enthalten unter anderem Passagen, in denen der Buddha den Bhikṣus in der Ich-Form seinen Weg zur Buddhaschaft und die Gründung des Mönchsordens schildert. Biografische Abschnitte enthalten zudem der (P.) *Mahāvagga*, »Das große Kapitel«, und der (P.) *Cullavagga*, »Das kleine Kapitel«, die beide zum (P.) *Vinayapiṭaka*, zum »Korb der Ordensregeln« gehören. Alle diese Texte wurden mündlich überliefert, bis sie im 1. Jh. vor Chr. auf der Insel Ceylon in der Pāli-Sprache niedergeschrieben wurden.

2. Durch drei jüngere Bücher. Die (P.) *Nidānakathā*[1], die »Einleitungserzählung«, ist ein nicht-kanonischer Text in Pāli und gilt trotz legendenhafter Stellen als wichtige Quelle zum Buddhaleben. Ihr Material wurde übernommen und bombastisch ausgeschmückt durch die Sanskrit-Bücher *Mahāvastu* und *Lalitavistara*, die den Buddha als Übermenschen beschreiben.

Trotz allem darf man die Legenden nicht generell als wertlos abtun. Manche entsprangen der Absicht, innere Erlebnisse oder Gedanken des Buddha ins Bildhafte zu übersetzen. Andere verraten die Bemühung der Mönche, die sich um den täglichen Reis abrackernden Menschen Altindiens durch die Beschreibung von Wundern geistig anzusprechen. Legenden und erbauliche Erzählungen haben bei der Ausbreitung des Buddhismus eine wichtige Rolle gespielt und lieferten zudem Motive für die bildende Kunst.

3. Unterrichtung über die Buddhastätten in Indien vom 3. Jh. nach Chr. ab verdanken wir den Reiseberichten chinesischer Buddhamönche, die den Gan-

geskontinent besuchten, um Sanskrit-Handschriften für China zu erwerben. Sie schildern die Blüte und den Niedergang des Buddhismus in seinem Ursprungsland. Aus späterer Zeit gibt es auch tibetische Berichte.

In Indien hat der historische Buddha gelebt, in Indien hat seine Lehre ihren Siegeslauf durch Asien begonnen, auf Dauer hat sie sich in Indien jedoch nicht halten können. Die Plätze in Süd-Nepāl und den heutigen indischen Unionsländern Uttar Pradesh und Bihār, wo der Buddha lebte und lehrte, hatte zwar schon im 3. Jh. vor Chr. der buddhistische Kaiser Aśoka durch Stūpas und Inschriftensäulen markiert, dennoch gerieten sie in Vergessenheit. Der chinesische Buddhamönch Faxian (Fa-hsien), der Indien um das Jahr 400 nach Chr. besuchte, fand den indischen Buddhismus in voller Blüte. Der Buddhamönch Xuanzang (Hsüan-tsang) hingegen, der sich im 7. Jh. in Indien aufhielt, berichtet vom Rückschritt des Buddhismus und der Vernachlässigung vieler seiner Monumente. Denn zu Anfang des 6. Jh. waren die *Hūṇas*, die »Weißen Hunnen«, unter ihrem König Toramāṇa, später noch mehrfach unter dessen Sohn Mihirakula, über die Buddhisten Indiens hergefallen. Gegen Ende des 6. Jh. demolierte zudem der śivaitische Bengalenkönig Śaśāṅka buddhistische Heiligtümer, darunter den Bodhibaum und den Tempel von Bodhgayā.

Es kam noch schlimmer. Ein gnadenloser Kampf gegen den indischen »Bilderkult« setzte ein durch den Sultan Mahmūd Ghazni, der zwischen 999 und 1027 siebzehn Mal unter dem grünen Banner des Propheten in Indien einfiel und hinduistische sowie buddhistische Tempel demolierte. Weitere Einfälle muslimischer Heere folgten. Im Jahr 1155 verlor die buddhismusfreundliche Pāla-Dynastie ihre Herrschaft in Bengalen, 1199 auch die in Bihār. 1193/94 waren schon Bodhgayā und Sārnāth durch Muslims gebrandschatzt worden: 1198 ging auch die berühmte Bibliothek der Universität Nālanda in Flammen auf. Ständige philosophische Polemik gegen den Buddha und seine Lehre gab es zudem schon lange von hinduistischer Seite, denn die Hindus hatten den Buddha, der die Veda-Texte ignoriert, die Hindu-Götter missachtet und den Glauben an einen ewigen Ātman eine Narrenlehre (*bāladharma*) genannt hatte (M 22,25), im *Agni-Purāṇa* und im *Bhāgavata-Purāṇa* (2,7) zum neunten *Avatāra* (Weltauftritt) des Hindugottes Viṣṇu erklärt: Viṣṇu sei auf Erden erschienen als der Irrlehrer (*pāṣaṇḍa*) Buddha, um die guten Menschen von den schlechten zu trennen; die guten blieben Hindus, die schlechten wurden Buddhisten. Im 13. Jahrhundert kam der Buddhismus in Indien zum Erliegen. Er wäre aus der Welt verschwunden, hätte er nicht zu jener Zeit schon in Ceylon (*Laṅkā*), in Ländern Südostasiens und, in seiner mahāyānischen

Variante, in und um Tibet eine neue Heimat und begeisterte Anhänger besessen.

In Indien indes lagen im 14. Jh. die buddhistischen Monumente in Scherben und jedem Zugriff offen. Wer bauen wollte, holte sich die Ziegelsteine von den beschädigten, von niemandem beanspruchten buddhistischen Klöstern, Tempeln und Stūpas. Meisterwerke der buddhistischen Kunst wurden als Tragsteine in Häuser eingemauert oder zu Kalk gebrannt. 1794 ließ der Rāja von Vārāṇasī (Benares) den von Kaiser Aśoka errichteten Dharmarājika-Stūpa in Sārnāth abtragen, um Steine für den Hausbau in Benares zu gewinnen.

Zum Glück hatte die Aktion auch eine positive Folge. Denn der Fund von Reliquien in dem Stūpa und zeitgenössische Presseberichte darüber weckten bei einigen Beamten und Soldaten der britischen *East India Company* das Interesse an indischen Altertümern und Indiens früher Geschichte. Teils auf eigene Faust, teils gefördert von der 1784 in Kalkutta gegründeten *Asiatic Society*, übersetzten sie Texte aus dem Sanskrit und identifizierten alte indische Monumente. Stück für Stück lieferten sie die Erkenntnis einer untergegangenen buddhistischen Hochkultur. Einen erheblichen Wissensschub bewirkte 1837 die Entzifferung der Brāhmī-Schrift durch James Prinsep, den britischen Münzmeister in Kalkutta, die es möglich machte, die in Stein geschlagenen Edikte des Kaisers Aśoka zu lesen und ein Datierungsgerüst des alten Indien zu erstellen.

Unermüdlich bei der Erforschung indischer Altertümer war der 1831 nach Indien gekommene junge Offizier der *Royal Engineers*, Alexander Cunningham. Jede vom Militärdienst freie Minute widmete er der Erkundung und Ausgrabung der zerfallenden indischen Tempel und Klöster. 1861 als Generalmajor aus dem Militärdienst entlassen, setzte ihn der (1858 ernannte) *Viceroy* Lord Canning zum *Archaeological Surveyor* ein; 1863 wurde der *Archaeological Survey of India* (ASI) offiziell gegründet. Ausgenommen die Jahre 1866–1871, in denen der ASI aus Gründen der Kostenersparnis abgeschafft war, blieb Cunningham ASI-Generaldirektor bis zu seiner Pensionierung 1885. Was heute auf dem Subkontinent Indien an buddhistischen Bauresten und Kunstwerken zu sehen ist, verdankt seinen Erhalt und seine Restaurierung dem Kulturbewusstsein der Beamten des *British Rāj*.[2] Seit der Unabhängigkeit Indiens (1947) wird die Arbeit fortgeführt vom *Archaeological Survey*, Government of India.

Freilich können die Archäologen die ruinierten Monumente nur konservieren, sie aber nicht im alten Glanz wiederherstellen. Der Besucher, der sich heute zu den Stätten des historischen Buddha auf den Weg macht, darf deshalb nicht hoffen, intakte und eindrucksvolle Tempel und Klöster vorzufinden. Nur der Mahābodhi-Tempel in Bodhgayā und einige Stūpas ragen noch zu stolzer Höhe auf. Von den Tempeln und Klöstern an den anderen Buddhaorten existieren allenfalls noch Fundamente und Mauerreste bis zu 4 m Höhe.[3]

Dennoch – und trotz der mancherlei Beschwerlichkeiten der Reise – ist der Besuch der Buddhastätten ein tiefes Erlebnis. Wer sich durch Lektüre über Leben und Lehre des Buddha kundig gemacht hat, für den werden die alten Orte beglückend lebendig. Manchen Pilgern, die man dort trifft, stehen Tränen der Ergriffenheit in den Augen, viele Gesichter leuchten vor Freude. Für einige wird die Wanderung auf den Spuren des großen Lehrers zu einem Ereignis, an das er oder sie sich das ganze weitere Leben hindurch mit Jubel im Herzen erinnert.

Noch 1990 war der Besucher an den meisten Buddhaorten fast allein. Ringsum herrschten Verlassenheit und Schweigen. Man hörte die Stille. Vom Archäologischen Dienst der Republik Indien, in Nepāl vom Königlichen Archäologie-Department geschützt, aber arm an religiösem Leben, lagen die Plätze des Buddha unter der Sonne. Am Ort fachmännische Führung oder Auskünfte zu erhalten war so gut wie ausgeschlossen.

Seitdem haben sich die wichtigeren heiligen Stätten des Buddha zu Wallfahrtsorten entwickelt. Vor allem der für Frieden, Toleranz und die Selbstbestimmung Tibets eintretende 14. Dalai Lama, Tenzin Gyatso (geb. 1935), hat den Buddhismus weltweit ins Blickfeld gerückt und ihm auch in Europa und Amerika eine kopfstarke Bekennerschaft geworben. Im Umkreis der buddhistischen Stätten sind durch Stiftungsgelder finanzierte Tempel, Klöster und Pilgerherbergen entstanden. Überall sieht man tibetische Mönche in ihren weinroten Kutten, Zen-Mönche aus Ostasien in ihren grau-schwarzen und Theravāda-Bhikṣus aus Ceylon und Südostasien in ihren gelben oder gelbbraunen Roben. Pilger aus allen Kontinenten sind zu sehen, zumeist einzeln, manchmal auch in geführten Gruppen. Viele halten Papierschirmchen oder Räucherstäbchen in den Händen, die sie vor den Statuen des Buddha aufstellen oder anzünden wollen. Neben den Gläubigen aus der buddhistischen und der westlichen Welt sind heute auch indische Besucher unter den Gästen: Anzeichen eines Gesinnungswandels, denn noch vor 20 Jahren sahen die meisten Hindus den Buddha ohne Sympathie und standen seiner Lehre und den Orten seines Wirkens gleichgültig gegenüber.

Der Mann, um den es geht, und seine Lehre

Siddhārtha Gautama, dem man später den Ehrentitel eines *Buddha*, eines »Erwachten« oder »Erleuchteten« gab, ist eine historische Person, jedoch wurden er und sein Leben im Lauf der Zeit durch Legenden und Transzendierung vernebelt. Geboren wurde Siddhārtha[4] in einer zur Kriegerkaste (*kṣatriya*) gehörenden, wohlhabenden Familie Nordindiens. Als seine Lebensdaten hatten ältere Indologen und Historiker ±563–±483 vor Chr. erschlossen, eine Datierung nach ceylonesischen Quellen, die 1988 bei einem in Göttingen abgehaltenen internationalen Symposium ins Wanken geraten ist, vor allem durch Untersuchungen der Professoren P. H. L. Eggermont (Löwen) und H. Bechert (Göttingen), die auch indische Quellen heranzogen. »Mir scheint«, schreibt Bechert (1991: I 11) in seinem (englischen) Einleitungsessay zum Konferenzbericht, »dass fast alle (Beiträge des Symposiums) zu der Folgerung gelangen, dass es gute Gründe gibt, den Buddha später anzusetzen, als die traditionelle (d.h. ›korrigierte lange‹ ceylonesische) Chronologie es tut.«

Bechert lehnt es jedoch ab, die Lebenszeit des Buddha auf bezifferbare Jahre festzulegen. »Er betrachtet es als vergeblich, das Datum des Nirvāṇa einem oder mehreren bestimmten Jahrzehnten zuordnen zu wollen, denn alle diese Versuche sind bisher nur Spekulation geblieben (a.a.O.: 14). Und weiter: »Wir können den Historiker nicht mit einer neuen Chronologie von Buddhadaten versorgen, die von allen oder den meisten Fachleuten gutgeheißen würde. Die Meinungen sind stark geteilt. Wir dürfen feststellen, dass dieses Symposium zumindest klar gemacht hat, dass die ›allgemeine Übereinstimmung unter den Gelehrten, der Buddha sei einige Jahre um 480 vor Chr. gestorben‹, ein Ding der Vergangenheit ist. Diese Chronologie ist nur eine von mehreren chronologischen Hypothesen, und ihre Gültigkeit wurde (beim Symposium) in nur einem Beitrag verfochten. Die Mehrheit der Beitragenden ... nimmt an, dass das Datum des Parinirvāṇa des Buddha beträchtlich später liegt als 480 vor Chr., aber sie konnten sich nicht einig werden, um wie viel später das Ereignis datiert werden sollte.« (a.a.O.: 20)

Um wie viele Fehlerjahre es sich handeln könnte, darüber hatte Bechert schon vor dem Symposium Überlegungen angestellt in seiner Abhandlung *»Die Lebenszeit des Buddha – das älteste feststehende Datum der indischen Geschichte?«*. Er hält es dort (1986: 54) für möglich, dass das Verlöschen des Buddha in die letzten Jahrzehnte vor dem Indienfeldzug Alexanders des Großen (327 vor

Chr.) fällt, seine Geburt mithin ins 5. Jh. (statt bisher ins 6. Jh. vor Chr.) anzusetzen ist. Bhikkhu Bodhi (2008: 14) stellt fest, die Präferenz bei der Angabe des Todesdatums des Buddha liege heute bei 400 vor Chr.

Das bisher mehrheitlich für richtig gehaltene Sterbedatum des Meisters infrage gestellt, aber kein präzises Datum an seine Stelle gesetzt, das ist ein Zustand, mit dem der Historiker nicht froh werden kann. Besser als die Ereignisse im Leben des Buddha undatiert zu lassen erscheint es daher, weiter mit dem alten, zwar anfechtbaren, aber hypothetisch brauchbaren Zeitgerüst (563–483) zu arbeiten. So geschieht es auch im vorliegenden Buch. Sollten die Forscher eines Tages das Todesjahr des Buddha überzeugend erschließen, lassen sich die Fehlerjahre von dem Zeitgerüst unschwer abziehen.

Die Tätigkeit als heimatlos wandernder Erlösungslehrer, die Siddhārtha, durch seine Bodhi zum *Buddha* geworden, etwa im Jahr 528 vor Chr. aufnahm, erstreckte sich in Nordindien über ein Areal von 600 mal 300 Kilometern in den damaligen Königreichen Kośala (nördlich des Gaṅgā-Flusses) und Magadha (südlich der Gaṅgā), den heutigen indischen Unionsländern Uttar Pradesh und Bihār. Die West-Ost-Achse dieses Gebietes, das man das Mittlere Land (*madhya deśa*) nannte, bildete der Gaṅges-Strom, den der Buddha oft überquerte. Alle Wanderungen geschahen zu Fuß, fast immer war der Meister von Mönchen begleitet. Auf den Hauptstrecken folgte die Gruppe den Trassen der Handelskarawanen, denn diese berührten die größeren Städte, wo die Gebildeten wohnten.

Neben dem Buddha selbst und seinen Mönchen waren es in starkem Maß die Kaufleute, die mit ihren knarrenden Ochsenkarren die Lehre des Buddha in alle Gegenden Indiens trugen. Dass die neue Lehre einen Mittleren Weg zwischen Unmaß und Askese empfahl und keine teuren oder gar blutigen Opfer verlangte wie die vergreiste vedische Religion, verschaffte der buddhistischen Daseinsphilosophie lebendige Zustimmung. Auch dass sie einen Weg zur Selbsterlösung wies und Frauen für ebenso erlösungsfähig hielt wie Männer (Cvg 10,1,3), ebnete ihr den Weg in die Herzen.

Sympathien für den Buddhadharma gewannen des Weiteren die buddhistischen Ärzte. Der herkömmliche Standeskodex hatte ihnen nahe gelegt, sterbenskranke Patienten nicht mehr anzunehmen, da ihr Tod dem Ansehen des Behandlers schade. Die buddhistischen Ärzte hingegen fühlten sich dem Ideal des Mitgefühls verpflichtet und kümmerten sich auch um Sterbende. Sie wussten: Wenn keine Medizin mehr hilft, wirkt immer noch ein Händehalten und ein liebevolles Wort.

Der Missionserfolg des Buddha und seiner Bhikṣus war außerordentlich; wenige Jahre genügten, um die gelb gewandeten Buddhamönche überall in Nordindien zum gewohnten Anblick zu machen. Die Zahl der Bhikṣus belief sich schließlich auf viele Hunderte, so teilt der Pāli-Kanon mit (D 26,25).

Einen Eindruck von der Stimmung im Orden des Buddha geben die Dichtungen, in denen Mönche und Nonnen ihre Gefühle ausdrücken; der Pāli-Kanon widmet ihren Strophen ein ganzes Buch. Ein Hauptthema ist der Vergleich der Pflichten des bürgerlichen Lebens mit der (nicht immer sorgenfreien) Ungebundenheit des Mönchs- oder Nonnentums. Vom Bhikṣu Jayanta stammen die Zeilen[5]:

> Hauslos zu sein ist schwer,
> so auch das Häusnerleben.
> Tief ist des Buddha Lehr',
> schwer ist's, nach Gut zu streben.
>
> So sind die Lebensweisen
> beschwerlich alle beid':
> Stets soll das Denken kreisen
> um die Vergänglichkeit. (Thag 111)

Die Nonne Muktā, die als Mädchen einem buckligen Ehemann angetraut worden war, fühlte sich befreit von ihrer Ehe und der Schinderei des Gewürzemahlens:

Von drei gekrümmten Dingen
die Freiheit ich gewann:
Vom Mahlbrett und der Walze
und von dem Buckelmann;
Frei auch von Tod und Werden:
Die Gier ist tot fortan. (Thīg 11)

Trotz einiger Querköpfe im Saṅgha herrschte zwischen den Heilssuchern Kameradschaftsgeist. Vom Bhikṣu Kimbila sind die Strophen überliefert:

Als Śākya-Söhne und als Kameraden
sind hier im Bambus-Ostwald wir zu Haus;
nachdem gar viel wir aufgegeben haben,
reicht jetzt Almosenspeise für uns aus.

Mit Energie und voll Entschlossenheit
ziehn wir (dem Heil) entgegen unverzagt:
Die Lehre lieben gibt uns Heiterkeit,
weltlicher Liebe haben wir entsagt. (Thag 155 f.)

Obwohl jeder Mönch und jede Nonne den erlösenden Sieg über Gier, Hass und Unwissenheit allein erkämpfen muss, sind sie als »Söhne« oder »Töchter« des Buddha eine Gemeinschaft. Die Parallelität des Strebens stellt zwischen ihnen Vertrauen her.

Vom zweiten Lehrjahrzehnt ab werden die Spuren des Buddha undeutlicher. Sein Wirkensbereich war abgesteckt, immer wieder wurden die gleichen Plätze berührt, die Wanderrouten überschnitten sich, sodass die Berichte über die Ereignisse seines Lebens schwerer datierbar werden. Es gab Jahre mit schlechten Ernten und Hungerzeiten für die Mönche, aber die Missionserfolge setzten sich fort.

Das zweite und das dritte Lehrjahrzehnt des Buddha waren relativ ruhig. Im Jahr 515 vor Chr. erreichte Rāhula, der Sohn des Meisters, das Alter für die Vollordination und wurde vom Novizen zum Bhikṣu hochordiniert. 508 vor Chr. übernahm der Bhikṣu Ānanda, ein Vetter des Buddha, die Funktion seines Leibdieners und Assistenten. Er spülte des Meisters Almosenschale, pflegte seine Robe und reinigte, wenn in einem Kloster genächtigt worden war, sein Quartier. Zudem berichtete er dem Ordensoberhaupt alle wichtigen Ereignisse und trug ihm Fragen der Mönche vor. Bei allen Lehrreden des Buddha war Ānanda ein aufmerksam lauschender Zuhörer. Er betreute den Buddha 25 Jahre lang – bis zum Tod des Meisters im Jahr 483 vor Chr.

Ungefähr vom 60. Lebensjahr an begannen Krankheiten, später auch Alterserscheinungen den Buddha heimzusuchen. Rückenschmerzen, vermutlich ein

Bandscheibenvorfall, quälten ihn, sodass er sich bei Lehrvorträgen mit dem Rückgrat gegen eine Säule oder einen Baum lehnte. Manchmal half das nicht und er bat einen seiner Star-Bhikṣus – Śāriputra, Maudgalyāyana, Mahākāśyapa oder Ānanda –, die Lehrunterweisung zu Ende zu bringen, damit er sich hinlegen konnte. Es war augenfällig, dass die Strapazen des Wanderlebens unter subtropischem Klima den Körper des Buddha verschlissen hatten, wenn auch seinem Geist Mobilität und Präzision des Ausdrucks erhalten geblieben waren.

Gefahren und unerfreuliche Ereignisse bescherten dem Buddha das vierte und das von ihm nur noch halb durchlebte fünfte Lehrjahrzehnt. In Rājagṛha, der Hauptstadt des Reiches Magadha, brachte Prinz Ajātaśatru seinen Vater, den Mahārāja und Buddhafreund Bimbisāra ums Leben und gab, zum Herrscher aufgerückt, dem ehrgeizigen Bhikṣu Devadatta die Mittel zu Attentaten auf den Buddha. Zum Glück schlugen sie fehl. Mit Ajātaśatrus Herrschaft zog ein militanter politischer Kurs ins Königreich Magadha ein. Der junge Mahārāja traf Vorkehrungen, das Magadhareich über die Gaṅgā hinaus nach Norden auszudehnen. Kriege und Umwälzungen bahnten sich an.

Ebenfalls anormal endete die Herrschaft des zweiten königlichen Buddhafreundes, des Mahārāja Prasenajit von Kośala: Er wurde von seinem Sohn Virūḍhaka entmachtet und starb auf der Suche nach Zuflucht an Erschöpfung. Sein Tod gab dem neuen Mahārāja die Möglichkeit, endlich einen Racheplan gegen die Śākyas zu verwirklichen, die seinen Vater vor vielen Jahren böse getäuscht hatten. Mit seiner Armee zog Virūḍhaka gegen die Śākya-Hauptstadt Kapilavastu zu Felde, erschlug die nicht geflohenen Bewohner und setzte die Heimatstadt des Buddha in Brand. Dies geschah etwa drei oder zwei Jahre vor dem Parinirvāṇa des Meisters.

Der Buddha, achtzig Jahre alt, starb 483 vor Chr. in Kuśinagara, einer der beiden »Hauptstädte« des zweigeteilten Malla-Stammes. Auch die Verteilung der Reliquien des verloschenen Lehrers fand in Kuśinagara statt. Die Mallas hätten die Reliquien gern für sich allein behalten, um ihren Ort als Pilgerziel attraktiv zu machen, wurden aber gezwungen, den Schatz mit anderen Stämmen zu teilen.

Wie wurde die Lehre des Buddha verbreitet?

Indien besaß zur Buddhazeit noch keine eigene Schrift; Informationen wurden weitergegeben durch das gesprochene Wort, das von Ort zu Ort mundartlich anders klang. Einem gebildeten Besucher aus der Großstadt hörten viele Dorfbewohner zu – teils wegen seiner Botschaft, andernteils wegen seiner urbanen Sprechweise. Zudem bot der Sprecher Gelegenheit, seinen *darśana* zu nehmen, d.h. sich durch das »Anblicken« des gebildeten Meisters ein Quäntchen seiner Erhabenheit zu Eigen zu machen.

Der Pāli-Kanon enthält keine Lehrrede des Buddha, die *sämtliche* Elemente des Dharma umreißt: Alle (P.) Suttas liefern Teilbelehrungen, die der Zuhörer mit anderen kombinieren muss, um ein Gesamtbild des Dharma zu erhalten. Viele Mönche folgten dem Buddha über Wochen oder Monate auf seinen Wanderungen, um alle Elemente des Dharma kennen zu lernen. Wir sind heute, da der Pāli-Kanon gedruckt und übersetzt vorliegt, leichter in der Lage, die Lehre zu studieren und als Gesamtsystem zu begreifen.

Wenn man von der »Lehre« des Buddha spricht, benutzt man damit einen nicht ganz treffenden Ausdruck. Denn »Lehre« klingt wie etwas Ertüfteltes, Ersonnenes, wie ein erfundenes Denksystem. Gerade das ist die Lehre (*dharma*) des Buddha aber nicht. Sie ist die Erkenntnis und Darlegung einer vorgefundenen Naturmechanik. Wie Isaac Newton die Schwerkraft nicht erfunden, sondern vorgefunden und berechenbar gemacht hat, so hat der Buddha die Gesetzmäßigkeit der Wiedergeburt erklärt und nutzbar gemacht. Nicht die Entstehung der Welt, keine Theologie beschäftigt sein Denken, sondern die naturgesetzlichen Zwänge des Daseins, mit denen die Wesen ständig konfrontiert sind.

Der Buddha unterteilt seine Lehre in Vier Wahrheiten.

(1) Ausgangspunkt seiner Lehre ist die Frage, ob es unter den Existenzformen des Daseins eine gibt, die von Leiden (*duḥkha*) frei ist. Der Buddha verneint diese Frage. Er bestreitet nicht zeitweiliges Glück und erfreuliche Zustände, aber jedes Glück, jede Freude ist episodisch kurz und wird bald wieder erdrückt von den alltäglichen Daseinskümmernissen Altern und Tod, dem Schmerz um Verlorenes, dem Zusammensein mit Unliebem, der Trennung von Liebem, dem Nichterlangen des Begehrten und den Anfälligkeiten des Körpers. In der Abwägung von Freude und Leid wiegt das Leiden schwerer.

(2) Und warum wünscht sich trotzdem fast jeder ein langes oder neues Dasein?

Drei Antriebe sind es, die, dem Buddha zufolge, Wiedergeburt und weiteres Leiden bewirken: die Gier (nach Sein und Haben), der Hass (= Gier nach

Zerstörung) und die Unwissenheit (= Unkenntnis der Leidensursachen). Wer nicht weiß, dass es das eigene Tun und Denken ist, das Leiden erzeugt, der wird der Gier und dem Hass freien Lauf lassen.

Die Idee der Wiedergeburt, die Annahme, dass jedes unerlöste Wesen nach seinem Tod in neuer Daseinsform wiederersteht, ist dem Westen fremd und ist wissenschaftlich nicht beweisbar. Sie erklärt aber so viele Erscheinungen unseres Daseins, dass sie zumindest als Arbeitshypothese überzeugt. Es gibt, so der Buddha, fünf Daseinsbereiche, in denen man wiedererstehen kann: das Reich der Götter, die Menschenwelt, das Geisterreich, das Tierreich und die Qualenwelt. In keinem dieser Daseinsbereiche verweilt man ewig, denn alles, was einen Anfang hat, findet irgendwann ein Ende. Auch Götter sind dem Wiedergeburtenkreislauf (*saṃsāra*) unterworfen und müssen dereinst aus ihrer relativ bequemen Existenzform wieder abtreten in ein bescheideneres Dasein. Sie kommen im Buddhismus nur als Randfiguren vor, denn sie können dem Heilssucher keine Erlösungshilfe leisten. Jeder Erlösungssucher ist auf sich allein gestellt.

Glücklicherweise vollzieht sich die Wiedergeburt nicht nach Zufall, sondern wird gelenkt durch das Gesetz der ethischen Kausalität. Gutes Tun (*karman*), d.h. Handlungen aus guten Motiven, führen im Kreislauf der Wiedergeburt aufwärts zu angenehmerer Daseinsform, schlechtes Tun und Denken zieht nach unten in ein elendes Leben. Gute Taten sind heilsam, schlechte unheilsam. Unsere gegenwärtige Existenzform ist das Produkt unseres Handelns in der Vergangenheit, unser jetziges Tun und Denken bestimmt unser zukünftiges Dasein und seine Umwelt. Es bedarf keines Weltenrichters, jedem das zukommen zu lassen, was er sich verdient hat. Niemandem kann Unrecht geschehen.

(3) Da Gier, Hass und Unwissen die Triebkräfte sind zu immer neuer und stets leidhafter Wiedergeburt, so folgert daraus, dass sie zur Erreichung der Erlösung zu annullieren sind: eine Aufgabe, die ständige Selbstdisziplin erfordert. Selbstvernichtung ist kein Mittel zur Erlösung, denn ihr liegt die Gier nach Nichtsein zu Grunde, die, wie alle Arten von Gier, zur Wiedergeburt führt.

(4) Wie man Gier, Hass und Unwissen zum Versiegen bringt, lehrt der Buddha in der Vierten Wahrheit. Es ist der Achtspurige Weg:

- Rechte Ansicht,
- Rechte Gesinnung,

- Rechte Rede,
- Rechtes Verhalten,
- Rechter Lebensunterhalt,
- Rechte Anstrengung,
- Rechte Achtsamkeit und
- Rechte Meditation.

Neben diesen positiv formulierten Weisungen gibt es für den Laienbekenner fünf Enthaltungsregeln: nicht töten, nicht stehlen, Unkeuschheit meiden, nicht lügen, sich nicht berauschen. Abgesehen von den angedrohten weltlichen Strafen bewirken Verstöße gegen diese Regeln stets auch karmische Selbstschädigung in Form von niederer Wiedergeburt. Die meisten Menschen werden viele Wiedergeburten brauchen, um alle Hindernisse auf dem Weg zur Erlösung zu überwinden.

Wie sieht die buddhistische Erlösung aus?

Sie besteht in der Aufhebung von Gier, Hass und Unwissen und wird bezeichnet als Verlöschen (*nirvāṇa*). Sie hat zwei Phasen. Im Nirvāṇa zu Lebzeiten weiß sich der Verloschene frei vom Zwang zur Wiedergeburt; im Nachtodlichen Nirvāṇa (*parinirvāṇa*) ist er als physisches Wesen aufgehoben. Das Parinirvāṇa lässt sich weder als ein Sein noch als ein Nichtsein bestimmen. Es ist ein Befinden jenseits aller Beschreibung, ein Zustand, vor dem Worte versagen.

Oft wird die Lehre des Buddha zu flach ausgelegt, so als ziele sie nicht ab auf endgültige Erlösung, sondern nur auf höhere Wiedergeburt oder gar Wellness im Hier und Jetzt. Sie ist jedoch sehr viel mehr, nämlich eine tiefgründige Welterkenntnis.

Nirgendwo in der Welt, so der Buddha, gibt es ein beharrendes Sein: Alles ist im Fluss. Die Wesen sind davon keine Ausnahme; sie besitzen keinen dauerhaften Kern, keine ewige Seele (*ātman*), sondern existieren als ein Werden. Das ständige Anderswerden ist das, was wir Leben nennen. Hinter der aus fünf vergänglichen Komponenten (*skandha*) bestehenden empirischen Person ist nichts von Dauer über den Tod hinaus. In Opposition zum allgemeinen indischen Seelenglauben stellte der Buddha eine An-ātma-Lehre, eine »Nicht-Seelenlehre« auf. Die Vorsilbe a- (hier mit dem Bindekonsonanten -n-) verneint im Sanskrit und Pāli den ihr folgenden Begriff oder kehrt seine Bedeutung um in sein Gegenteil. Gleichbedeutend mit dem Adjektiv *an-ātma* (seelenlos) benutzt der Buddhismus das Wort *śūnya* (leer).

Die Nichtexistenz einer ewigen Seele, so der Buddha weiter, die »Leerheit« der Person, ist für uns ein Segen, denn eine überwandernde Seele wäre infolge ihrer Ewigkeit unerlösbar und nie endendem Leiden ausgesetzt. Der Glaube an einen unzerstörbaren Ātman ist eine Narrenlehre (*bāladharma*). Gerade die *Nicht*existenz einer dauerhaften Seele ist es, die das Verlöschen (*nirvāṇa*) zur Freiheit vom Leiden möglich macht.

Wie zu erwarten stieß die An-ātma-, die Nicht-Seelenlehre des Buddha weitgehend auf Unverständnis und Widerspruch. Die Vorstellung, dass eine ewige Seele den Tod ihres Trägers überdauere und weiterwandere in eine neue Existenzform, war vielen zu lieb und zu tröstlich, um sie aufzugeben. Dass ein Lehrer wie der Buddha die Wiedergeburt anerkennen und zugleich die Existenz einer den Tod überdauernden Seele (*ātman*) bestreiten könnte, erschien jedem, der zum ersten Mal davon hörte, widersinnig und lächerlich.

Und wie vollzieht sich, nach der Erkenntnis des Buddha, die Wiedergeburt ohne überwandernde Seele?

Die Verbindung zwischen den Daseinsformen einer Wiedergeburtenkette stellt sich her durch Kausalität oder Konditionismus: Vorexistenz **a** *bedingt* die Nachexistenz **b**. Die beiden Existenzen sind nicht voll identisch (weil ein Seelenband fehlt), sie sind aber wie Eltern und Kinder engstens verwandt. Der Urheber eines Tuns (*karman*) und der Erleider oder Nutznießer der daraus entstehenden karmischen Folgen sind weder derselbe noch ein anderer. An die Stelle des indischen Glaubens an ein Wandern des ewigen Ātman ist im Buddhismus die Kausalität getreten. Die Lehre des Buddha ist ein dynamistischer Pluralismus und steht, da sie sich auf ein Denken im Immanenzbereich beschränkt, zu den Naturwissenschaften nicht im Widerspruch.

Die buddhistische Verneinung einer ewigen Seele, eines Ātman, bedeutet nicht, es gebe kein Ich. Jeder hat ein Ich oder Selbst, aber dieses ist nur ein Etikett, das jeder seiner eigenen psycho-physischen Person aufklebt, um von sich selbst sprechen zu können. Auch der Buddha sprach oft ganz unbefangen von sich in der Ich-Form. Beim Tod eines Wesens verstummt sein Sprechen vom Ich und ist gegenstandslos geworden. Die Anātma-Lehre des Buddha bestreitet nicht jedermanns zeitbegrenztes Ich, sondern die Existenz eines ewigen Ātman, einer unsterblichen Seele.

Gibt es im frühen Buddhismus einen Kult?

Es gibt den Brauch, vor Bildnissen des Buddha seiner zu gedenken, Blumen niederzulegen und Räucherstäbchen zu entzünden, zudem gibt es die Meditation über die Inhalte der Buddhalehre – aber es gibt keinen Gottesdienst und kein Gebet. An wen sollte sich das Gebet richten? Die Buddhas der Vergangenheit sind verloschen und nicht mehr ansprechbar; sie können keine Wünsche erfüllen. Die Ereignisse in unserem Leben sind entweder nach Naturgesetzen ablaufende Vorgänge, wie Geburt und Tod, oder privatrechtliche Entscheidungen, wie Namengebung und Heirat. Sie werden besinnlich-feierlich begangen, bedürfen jedoch keiner religiösen Weihe.

Die Nüchternheit der im 6./5. Jh. vor Chr. vom historischen Buddha gelehrten »Lehre der Alten« (*Theravāda*) führte vom 1. Jh. vor Chr. an zur Bildung einer neuen buddhistischen Schule, die sich »Großes Fahrzeug« (*Mahāyāna*) über den Leidensstrom nennt. Sie anerkennt nominell die Lehre des geschichtlichen Buddha, durchbricht aber dessen Beschränkung auf ein Denken in der Immanenz. Sie nimmt die Existenz transzendenter, dem Normalmenschen unsichtbarer Buddhas an, von denen zwei, der im Westen und der im Osten, Herren sind über Zwischenparadiese, in denen man wiedergeboren werden kann, um dort, ungestört von Verlockungen, die Leidensursachen Gier, Hass und Unwissen zu vernichten. Wer dies verwirklicht hat, dem ist Nirvāṇa, Verlöschen zuteil geworden.

Daneben kennt der Mahāyāna-Buddhismus Bodhisattvas, das sind Wesen, die durch ihre innere Vollendung den Naturgesetzen enthoben und zum Verlöschen (*nirvāṇa*) reif sind, aus Mitleid mit den Weltwesen aber freiwillig in der Welt verbleiben, um den leidenden Wesen Erlösungsbeistand zu leisten. Sie kann man um Hilfe anrufen.

Der Theravāda-Buddhismus, aus Indien stammend, ist heute in Ceylon (Śrī Laṅkā) und Südostasien (Myanmar, Thailand, Laos und Kambodja) zu Hause; der Mahāyāna-Buddhismus hat eine Heimat gefunden in Tibet, Bhutān, China, der Mongolei, Korea und Japan. Alle buddhistischen Schulen Asiens haben Bekenner auch in Europa und den USA.

Die historischen Stätten

1. Lumbinī – Die Geburtsstätte des Buddha

Siddhārtha Gautama, der später zum *Buddha* wurde, war kein Prinz, wie viele Bücher behaupten, und ist nicht in seiner Heimatstadt Kapilavastu geboren. Sein Vater, der Kriegeradlige (*kṣatriya*) Śuddhodana Gautama, war zur Zeit der Geburt seines Sohnes der vom Stammesrat gewählte Gouverneur (*Rāja*) der halbsouveränen Śākya-Republik, die zum Königreich Kośala gehörte und der Souveränität des Königs (*Mahārāja*) Prasenajit unterstand, der in Śrāvastī residierte. Śuddhodana besaß das Vertrauen des Königs.

Siddhārthas Geburt war schwierig. Seine Mutter Māyā, hochschwanger, hatte sich mit Gefolge nach dem Brauch jener Zeit von Kapilavastu zu ihren Eltern nach Devadaha aufgemacht, um ihr Kind dort, mit dem Beistand ihrer Mutter, zur Welt zu bringen. Aber schon auf dem Weg, in einem Wäldchen bei dem Dorf Lumbinī, kam der Knabe zur Welt – im Freien unter einem Baum. Māyā gebar ihn im Stehen, indem sie sich am Ast eines Śāla-Baumes festhielt. Die Niederkunft unter so widrigen Umständen bekam der Mutter des kleinen Siddhārtha nicht gut. Nach Kapilavastu zurückgebracht, starb sie dort eine Woche später. Die Pflege des Neugeborenen übernahm die Schwester der Verstorbenen, Mahāprajāpatī mit Namen, die gleichfalls mit dem Rāja Śuddhodana verheiratet war.

Soweit, von legendärem Beiwerk befreit, der Bericht der *Nidānakathā*. Er lässt erkennen, dass es sich bei dem Geburtsort Lumbinī um einen Zufallsort

Lumbinī, fotografiert 1989, der Zufallsort, wo Siddhārtha Gautama, der nachmalige Buddha, im Schatten eines Baumes geboren wurde. Der Māyādevī-Tempel von 1933/34 mit dem brandgeschädigten Steinrelief der gebärenden Buddhamutter in einem tiefer gelegenen Raum, ferner die *Puṣkariṇī*, der »Lotosteich« (ausgemauert 1939) und die von Kaiser Aśoka im 3. Jh. vor Chr. errichtete Inschriftensäule bilden den Kern der heiligen Stätte. Der Tempel wurde 1994 abgerissen und 2003 durch einen neuen ersetzt.

handelt. Der Text spricht von einem himmlischen Wasserguss über Mutter und Kind, nicht von einer Waschung in dem Teich, den man an der Geburtsstätte des Buddha findet. Der Teich war zur Zeit der Geburt des Buddhakindes nur ein Tümpel – erst recht im Mai (*vaiśākha*), dem Geburtsmonat des Meisters und heißesten Monat des indischen Jahres.

Die Geburtsstätte eines Menschen wird für die Allgemeinheit erst bedeutsam, wenn der Betreffende zu Berühmtheit gelangt ist. Siddhārtha war 35 Jahre alt, als er durch seine Erwachung (*bodhi*) zum *Buddha* wurde. Frühestens fünf Jahre später dürften Bhikṣus und Laienbekenner an seiner Geburtsstätte Interesse genommen haben. Der Strom von Pilgern hielt an, zwar dünn, aber stetig. Vom 10. Jh. ab geriet Lumbinī für buddhistische Pilger fast in Vergessenheit, wurde aber von den Hindus der Gegend als religiöse Opferstätte benutzt. Nicht einmal der Name des Ortes blieb der alte. Er wandelte sich von Lumbinī zu Rūpadevī – und bezog sich auf das am Ort befindliche Relief der

Lumbinī 1999. Der alte Māyādevī-Tempel ist abgetragen, seine Ziegel sind aufgeschichtet und durch ein Blechdach geschützt. Der Bau des neuen Tempels hat noch nicht begonnen. Tibetische Buddhisten haben Segensfähnchen ausgespannt, damit der Wind die darauf gedruckten guten Wünsche über die Welt verbreite. Ein einsamer Wächter hütet die Grabungsstelle.

gebärenden Buddha-Mutter Māyā, die von den Hindus nicht identifiziert, sondern als »die Göttin (*devī*) von der (Stein-)Figur (*rūpa*)« bezeichnet wurde.

Die Initiative, Lumbinī wieder Beachtung zu verschaffen, ging aus vom Generalsekretär der Vereinten Nationen, dem Burmesen U Thant. 1970 wurde bei den Vereinten Nationen in New York das *Lumbinī Development Committee* gründet, dem 15 Staaten angehören. Das Komitee beauftragte den japanischen Architekten Kenzo Tan'ge mit der Ausarbeitung eines Planes, der 1979 von der nepālischen Regierung genehmigt wurde. Die Verwirklichung des Geplanten ging schleppend voran, aber immerhin wurde der heilige Bereich mit Śāla-Bäumen aufgeforstet, ein Studienzentrum und eine Pilgerherberge gebaut und einige Straßen verbessert, 1994 wurde der alte Māyādevī-Tempel abgetragen, um Raum für einen neuen Tempel zu schaffen. Zur Motivierung des Abrisses wurde erklärt, man unternehme archäologische Grabungen, um die genaue Stelle von Siddhārthas Geburt zu entdecken. Die Begründung war dürftig, denn Lumbinī ist durch die monolithische Stele mit Inschrift des Kaisers Aśoka einwandfrei lokalisiert.

Im Mai 2003 wurde der neue Māyādevī-Tempel eingeweiht. Er war ursprünglich weiß getüncht, wurde aber dann mit »Safranfarbe« übermalt, um ihn als hinduistisches Monument erscheinen zu lassen. Dies entspricht der Auffassung der nepālischen Regierung, die in den Schulen zwar Hindu-Unterricht, aber keinen Buddhismus-Unterricht für nötig hält: Der Buddhismus sei lediglich ein Zweig des Hinduismus und der Buddha ein hinduistischer Reformator. – Die Verwaltung des Māyādevī-Tempels liegt in den Händen des 1995 gebildeten *Lumbinī Development Trust.*

Die offiziellen Broschüren, die zur Einweihung des neuen Māyādevī-Tempels verteilt wurden, sprechen von der »Restaurierung« des Tempels – in Wahrheit handelt es sich um einen totalen Neubau. Von außen gesehen ist das einzige religiöse Element des Bauwerks die weiße stūpaförmige Kuppel über der Tempelhalle und der goldene Dachaufsatz. Der kubische Unterteil des Aufsatzes zeigt zu jeder der vier Seiten ein Augenpaar. Über dem Kubus erheben sich goldene Hoheitsschirme.

Was fanden die nepālischen und japanischen Archäologen unter dem Fundament des abgerissenen Māyādevī-Tempels? – Sie entdeckten dort die Reste von fünf vorangegangenen Tempeln, der älteste zurückreichend bis ins 3. Jh. vor Chr., und einen ungewöhnlichen Stein von 70 cm Länge ohne Inschrift. Der Stein wird von der nepālischen Regierung als Markierstein bezeichnet und als schlüssiger Beweis für die Lokalisierung der Buddha-Geburtsstätte gefeiert – so, als sei die vor mehr als hundert Jahren gefundene Aśoka-Säule nicht existent.

Der fromme Pilger, der den neuen Māyādevī-Tempel betritt, hatte wahrscheinlich erwartet, eine Kultstätte vorzufinden, in der er der Buddha-Mutter und ihres Sohnes gedenken, vor dem Standbild der gebärenden Māyā ein Räucherstäbchen entzünden und Blüten niederlegen kann. Er hat sich getäuscht. Der Māyādevī-Tempel ist ein museal aufbereitetes Grabungsfeld. Der Besucher kann an den Innenwänden der Tempelhalle auf einem Steg entlanggehen und auf die Steinfundamente früherer Tempel hinabschauen. Die freigelegten Restmauern umschließen 15 rechteckige Räume, deren ehemalige Funktion nicht geklärt ist; sie sind mit grauen Schottersteinen ausgefüllt.

Von der Südwand der Museumshalle führt eine Brücke über die freigelegten Fundamente zur zentralen Cella, die nach oben durchbrochen ist und über der sich die Kuppel mit Dachaufsatz erhebt. Vom Ende der Brücke kann der Besucher hinabschauen auf das wichtigste Fundstück der archäologischen Grabungen, den »Markierstein«, der die auf den Quadratmeter genaue Stelle der Geburt des Buddha-Kindes bezeichnen soll. Die nepālische Regierung hatte die Entdeckung des Steins, der keine Inschrift aufweist, 1996 als Sensation gefeiert und weltweit publiziert.

Der Markierstein hat die Maße 70x40x10 cm und ist durch Panzerglas geschützt, das ihm auf dem Foto die grünliche Farbe verleiht. Autor Santuṭṭho beschreibt die reale Farbe als weißlich-silbern. Der ungewöhnlich geformte Stein, der bisher nicht mineralogisch bestimmt wurde, könnte ein Konglomerat sein (so Bidari 2004: 183). Gläubige Besucher haben einen Seidenschal und Blumen auf den Schaukasten geworfen.

Das TIME Magazine vom 26. Mai 1997 beschreibt das Fundstück als einen nicht eindrucksvollen Steinbrocken von rötlich-brauner Farbe aus einem Material, das im Umkreis von Lumbinī nicht zu finden ist. Die japanischen Archäologen, die an der Grabung personell und kostenmäßig beteiligt waren, seien in ihrem Urteil über den Fund skeptisch und hätten das Schlussprotokoll über die Grabung nicht unterschrieben.

Das vielleicht aus dem 5. Jh. nach Chr. stammende, schwer beschädigte Steinrelief (1,20 m hoch) der gebärenden Buddha-Mutter war der Blickfang im alten Māyādevī-Tempel von Lumbinī, der 1994 abgerissen wurde. Es wurde in den neuen Tempel übernommen und dort so hoch angebracht, dass es für die Hände der Gläubigen nicht erreichbar ist. Die Beschädigung des Reliefs stammt vermutlich von einem Tempelbrand, der die Oberfläche des Steins zum Abplatzen gebracht hat.

Solange das beschädigte Māyā-Relief wegen des Abbruchs des alten Māyādevī-Tempels keine Heimstatt hatte, war es in einem Behelfstempel untergebracht. Zu seiner Erläuterung war ihm dieses Relief der gleichen Szene zur Seite gestellt – nach dem Stil der Darstellung und der Variante der Nāgarī-Schrift wahrscheinlich ein Werk des 19. Jh. nach Chr. Es zeigt die Buddha-Mutter Māyā, die sich mit der rechten Hand am Ast eines Śāla-Baumes festhält, während das (nicht dargestellte) Kind aus ihrer rechten Hüfte austritt. Die Schwester der Buddha-Mutter fungiert als Hebamme. Zwei Götter, der rechte Śakra (= Indra), nehmen das Kind auf Tüchern in Empfang. Auf die Erde gestellt, inspiziert es sofort die zehn[6] Himmelsrichtungen und macht sieben Schritte.

Das Relief wird dem Besucher von Lumbinī heute nicht mehr gezeigt. Möglicherweise ist es in einen hinduistischen Dorftempel gebracht worden, denn die Hindus verehren die Māyā als die »Lumbinī-Göttin« und erhoffen von ihr die Erfüllung von Wünschen und problemlose Kindgeburten. Zum Kult gehört das Niederlegen von Blüten vor dem Standbild und das Betupfen der Stirn der Figuren mit Zinnoberpulver.

Der eindeutigste Fund in Lumbinī ist die im 3. Jh. vor Chr. von Kaiser Aśoka aufgestellte Monolithsäule vor der Westmauer des Māyādevī-Tempels – nur etwa 10 m entfernt von dem im Tempel gezeigten »Markierstein«. 6,81 m der Säule ragen (heute) aus der Erde hervor. Ursprünglich könnte der Schaft zwei Meter länger gewesen sein. Die Säule ist vor dem 4. Jh. nach Chr. von einem Blitzschlag getroffen worden, der das Kapitell und das krönende Symboltier zerstört und die Säule der Länge nach gespalten hat. Sie wird heute durch zwei eiserne Reifen zusammengehalten und ist oben durch eine runde Steinplatte gegen Verwitterung abgedeckt. Xuanzang (7. Jh.) spricht von einem Säulenkapitell in Form eines Pferdes, sagt aber nicht, dass er es mit eigenen Augen gesehen habe (Deeg 2003: 55). Vielleicht ist er falscher Information aufgesessen, denn moderne Archäologen glauben, dass die inzwischen gefundenen Steintrümmer eher als Stücke eines Elefanten zu interpretieren sind (Falk 2006: 178). Der weiße, Glück bringende Elefant, der in den Schoß der Buddha-Mutter einging, stünde als Symbol dem Ereignis des Ortes näher (Deeg 2003: 22).

Aśoka war der Enkel des Königs Candragupta, der um das Jahr 320 vor Chr. die Maurya-Dynastie gründete, und ein Sohn des Königs Bindusāra, dem er 272 vor Chr. – zusammen mit seinen Brüdern – auf den Thron folgte. Nach vier Jahren gemeinsamen Regierens übernahm Aśoka 268 die Alleinherrschaft über das Maurya-Reich.

Um sein Herrschaftsgebiet im Osten bis an den Indischen Ozean auszudehnen, unterwarf er, acht Jahre nach seiner Thronbesteigung, mit seiner Armee die (im heutigen Orissa ansässigen) Kaliṅgas. Der Sieg war so blutig und

Kuppel und Dachaufsatz des neuen Māyādevī-Tempels folgen dem Vorbild des Svayambhūnāth-Stūpa in Kāthmandu. Der Stil ist typisch nepālisch und soll suggerieren, dass es sich bei dem an dieser Stelle geborenen Buddha um einen großen Sohn Nepāls handelt (das freilich zur Buddhazeit noch nicht als Staat existierte).

schuf so viel Leid, dass Aśoka, bis dahin nur nominell Buddhist, tiefe Schuld empfand. Er ließ ein Edikt in den Fels schlagen (archäologisch gezählt Nr. XIII), in dem er seine Reue öffentlich bekannte und versprach, zukünftig als Schützer der Buddhalehre (*dharmapāla*) der Lehre gemäß zu handeln und sie zu verbreiten. In der Tat folgte er diesem Gelöbnis bis zu seinem Tod 232 vor Chr. Überall in seinem Reich ließ er Inschriften einmeißeln, in denen er die Bevölkerung zu Ehrlichkeit, Güte und Toleranz ermahnt.

Der Buddhismus hat dem Kaiser sein historisches Überleben zu verdanken, denn es war Aśoka, der durch seinen als Mönch ordinierten Sohn Mahendra die Insel Ceylon für die Buddhalehre gewann und ihr dadurch außerhalb Indiens eine Heimat verschaffte, wo sie den Untergang der Lehre in Indien (um 1200 nach Chr.) unbeschadet überstand. Eine Tochter Aśokas, die Nonne Saṅghamitrā, brachte einen Schößling des Erleuchtungsbaumes von Bodhgayā nach Ceylon, der in Anurādhapura zu einem starken Baum heranwuchs. Nach Zerstörungen des indischen Baumes wurde dieser mehrfach durch Ableger des ceylonesischen Baumes ersetzt.

Die Inschriftensäule des Kaisers Aśoka vor der westlichen Außenmauer des Māyādevī-Tempels. Die Inschrift in Brāhmī-Lettern befindet sich etwas über der Augenhöhe des Betrachters.

Es waren europäische Archäologen, die im 19. Jh. die Suche nach dem Geburtsort des Buddha aufnahmen. Im Jahr 1896 grub, nach Hinweisen des britischen Militärarztes L. A. Waddell, der nepālische General Khadga Shamsher Rana in Lumbinī eine Steinsäule aus, von der man schon einige Zeit wusste, der man aber wegen belangloser Graffiti am oberen Teil des Säulenschaftes keine Bedeutung beigemessen hatte. Auf dem unteren Teil des Schaftes, der bislang unter der Erde verborgen war, entdeckte der General in Brāhmī-Schrift das Edikt des Kaisers Aśoka, war aber nicht in der Lage, den Text zu lesen. Er nahm zwei Abklatsche der Inschrift und gab sie dem dazugekommenen Dr. Führer, damals *Archaeological Surveyor* in britisch-indischen Diensten, zur Entzifferung. Führer sandte ein Exemplar des Abklatsches an seinen indologischen Lehrer, Professor Georg Bühler in Wien, und benutzte das andere Exemplar, das er als Indologe zu lesen im Stande war, um sich gegenüber der indischen und britischen Presse als »der Entdecker von Lumbinī, der Geburtsstätte des Buddha« darzustellen. Wenige Wochen später veröffentlichte Bühler seine Übersetzung des Brāhmī-Textes im Journal der *Royal Asiatic Society*, wobei er Dr. Führer als »Finder des Gartens von Lumbinī« anerkennend nannte (Allen 2008: 141).

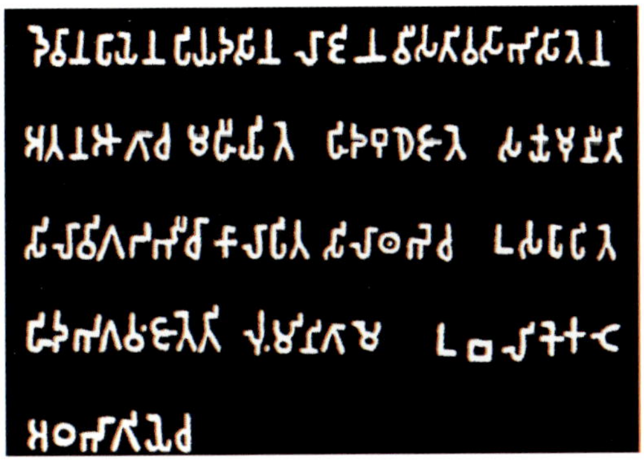

Kaiser Aśokas Edikt auf der Säule von Lumbinī in Brāhmī-Schrift. Anregungen von außen folgend, hatte der Kaiser die Entwicklung einer eigenen indischen Schrift in Auftrag gegeben. An seinem Hof in Pāṭaliputra unterhielt er eine Schreibkanzlei.

1899 wurde Dr. Anton Führer wegen der genannten und weiterer »Unrichtigkeiten« seiner Berichte, unter anderem auch wegen der Schilderung nicht existenter angeblicher Funde, aus dem archäologischen Dienst Indiens entlassen (Chakrabarti 1988: 110). Sein akademischer Lehrer, Professor Bühler, war ein Jahr zuvor, am 8. April 1898, im Bodensee ertrunken. Es ist ungeklärt, ob er durch einen Bootsunfall zu Tode kam oder, nachdem ihm die wissenschaftlichen Betrügereien seines Schülers bewusst geworden waren, sich selbst das Leben nahm (a. a. O.: 173).

Als guter Buddhist machte der Kaiser Aśoka die im Pāli-Kanon empfohlenen Reisen zu den »sehenswerten und ergreifenden« Buddhaorten auch selbst und ließ an den Plätzen jeweils eine Gedenksäule aufrichten. Dank der Entzifferung der Brāhmī-Schrift im Jahr 1837 durch den britischen Münzmeister James Prinsep kann man die Inschriften lesen. Die Säule von Lumbinī teilt in Māgadhi-Prākrit-Sprache mit:

> Zwanzig Jahre nach seiner Weihe (d. h. 248 vor Chr.) kam König Devānāmpriya Priyadarśin (= Aśoka) hierher und bezeigte seine Verehrung, weil der Buddha, der Weise aus dem Śākya-Geschlecht, hier geboren worden ist. Er ließ eine *vigadabhī* aus Stein und eine Steinsäule errichten, um anzuzeigen, dass hier der Erhabene geboren wurde. Das Dorf Lumbinī befreite er von Steuern und (setzte) seine Naturalabgaben (von dem üblichen Viertel) auf ein Achtel herab.[7]
>
> (Murti/Aiyangar 1951: 132 f.)

Die Selbstbezeichnung des Kaisers als Devānāmpriya, »Der Götterliebling«, bot dem Verständnis kein Problem, denn sie war (in ihrer Pāli-Form) schon Jahrzehnte zuvor in der Ceylonchronik *Mahāvaṃsa* entdeckt worden, wo sie auf den Maurya-Kaiser Aśoka gemünzt ist (Allen 2002:188). Mit dem zweiten Teil des Namens bezeichnet sich der Kaiser als der, »der freundlich (auf sein

Die Aśoka-Säule ist keine Reliquie, sondern ein Gedenkstein. Gleichwohl wird ihr Gitterzaun mit Andachtstüchern behängt und die Fläche um sie herum von Ordinierten und Laien für Andachten (*pūjā*) benutzt.

Volk) schaut«. Bis heute strittig im Lumbinī-Edikt ist nur der Sinn des Wortes *vigaḍabhī*; vielleicht handelt es sich um einen steinernen Zaun um die Säule (Falk 2006: 179 f.). Die Erklärung von Deeg (2003: 21), das Wort *vigaḍabhī* bezeichne die Steinausmauerung des Teiches, trifft nicht zu. Bidari (2004: 169) zeigt den Teich vor seiner Restaurierung von 1939: als Tümpel ohne Randeinfassung.

Der Wunsch des Kaisers, das Dorf Lumbinī durch Steuervergünstigung für Ansiedler attraktiv zu machen, hat sich nicht erfüllt. Wohl entstanden am Ort buddhistische Klöster. Für die Entwicklung zur Stadt jedoch war das Dorf Lumbinī zu abgelegen.

Ruinen zahlreicher, zwischen dem 3. Jh. vor und dem 9. Jh. nach Chr. entstandener Klosterbauten und Reste von Votiv- und Beisetzungsstūpas bedecken das archäologische Gelände. Vom 10. Jh. nach Chr. ab geriet Lumbinī bei buddhistischen Bekennern in Vergessenheit.

Während im Abenddunst noch späte Besucher dem Māyādevī-Tempel und der Aśoka-Säule zustreben, verlassen wir die Geburtsstätte des historischen Buddha. Kein anderer Mensch hat das Denken Asiens so nachhaltig geprägt wie er. Das Jahr der Geburt des Siddhārtha Gautama, des *Buddha*, war eine Sternstunde für die Welt.

2. Kapilavastu I (Tilaurakoṭ) – Die Heimatstadt des Buddha

Nach ihrer Niederkunft im Schatten eines Baumes bei dem Dörfchen Lumbinī hatte man Māyā, die Buddha-Mutter, mit ihrem Neugeborenen nach Kapilavastu zurückgebracht, und hier war sie eine Woche später gestorben. Die Pflege des kleinen Siddhārtha übernahm die Schwester der Verstorbenen, Siddhārthas Tante Mahāprajāpatī, die ebenfalls eine Gattin des Rāja Śuddhodana war. Kurz nach Siddhārthas Geburt brachte sie ein eigenes Kind zur Welt, den Nanda, Siddhārthas Halbbruder. Als Söhne des Rāja des Śākya-Stammes wuchsen die beiden Jungen im Wohlstand auf.

Die buddhistische Tradition bezeichnet den Rāja Śuddhodana gewöhnlich als König und seinen Sohn Siddhārtha als Prinzen; auch westliche Autoren haben diese Titel in ihre Werke übernommen. Aber: Ein Rāja ist kein König. Śuddhodana Gautama war zwar der vom Kriegeradel gewählte Vorsitzende (*Rāja*) der Ratsversammlung des Śākya-Stammes, aber er verwaltete die Śākya-Stammesrepublik nur halbsouverän, nämlich als Gouverneur unter der Oberhoheit des tatsächlichen Königs, des *Mahārāja* Prasenajit von Kośala, der in Śrāvastī residierte. Von Zeit zu Zeit rief der Mahārāja die Rājas seines Reiches zu einer Konferenz in Śrāvastī zusammen, zu der – gemeinsam mit seinen vier Kollegen aus den anderen Stammesrepubliken – auch der Rāja der Śākyas zu erscheinen hatte (S 3,12). Zwischen Kapilavastu und Śrāvastī liegen 90 km, zu Fuß ein Dreitagemarsch. Heute sind die beiden Orte getrennt durch die nepālisch-indische Staatsgrenze.

Auf die Hauptstadt des »Königs« Śuddhodana verweist auch das Ortsschild von Tilaurakoṭ. Der Text in Devanāgarī-Schrift hingegen spricht korrekt vom »Rāja« Śuddhodana, dem »Gouverneur« der Śākyas.

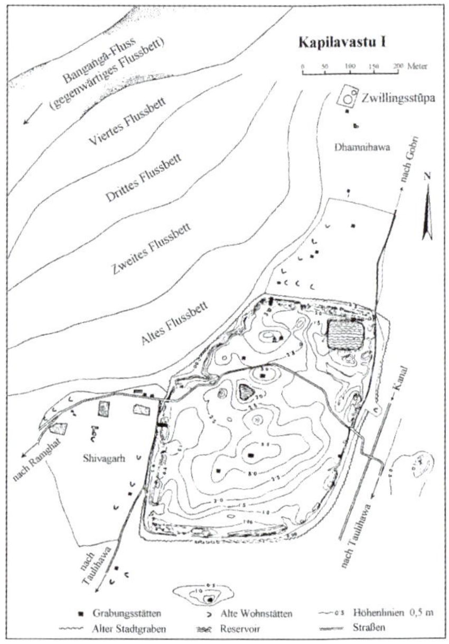

Kapilavastu, die Heimatstadt des Buddha, ist mit hoher Wahrscheinlichkeit identisch mit dem heutigen Ort Tilaurakoṭ, »Bastion Tilaura«[8], auf nepālischem Boden – in Luftlinie 30 km westlich von Lumbinī. Die Stadt lag einst an der Bhāgīrathī, die jedoch im Lauf der zweieinhalbtausend Jahre ihr Flussbett 500 m nach Nordwesten verlagert hat und Kapilavastu heute nicht mehr berührt. Der Fluss heißt jetzt Bangaṅgā. Ein Luftbild (abrufbar unter »Google Earth«) lässt erkennen, dass der Stadtbereich von Kapilavastu ursprünglich eine Sandbank oder Insel im Bhāgīrathī-Fluss war. Die Stadt liegt auf einem Plateau im Grundriss eines verzerrten Rechtecks von 400 x 300 m Seitenlänge, dem die linke obere Ecke fehlt. Das Plateau erhebt sich knapp 4 Meter über die von Reisfeldern bedeckte Ebene und wird von alten Bäumen beschattet. Als archäologisch geschütztes Gelände ist es unbewohnt. Etwa 10 km östlich

Der Wall von Kapilavastu verschaffte der Stadt in späterer Zeit den Namen Tilaura-koṭ, *Bastion* Tilaura.

von Kapilavastu fließt die Rohinī (heute Rowaī), die einst die Ostgrenze bildete zwischen den Stammesrepubliken der Śākyas und der Krauḍyas (Koliyas). Die Westgrenze des Śākya-Gebietes war der Fluss Aciravatī (heute Rāptī). Śākyas und Krauḍyas unterstanden der Oberhoheit des Königs von Kośala.

Es wäre allzu optimistisch, auf dem Gelände des alten Kapilavastu Ruinen aus der Zeit des Buddha (6. oder 5. Jh. vor Chr.) zu erwarten, denn die Baustoffe jener Zeit waren Holz und Lehm. Kleinobjekte aus gebranntem Ton, z.B. Tierspielzeuge und Puppen, gab es schon früher, aber aus Ziegeln gebaute Wohnhäuser wurden in Nordindien erst üblich im 2. Jh. vor Chr. (Härtel 1991: 62 + 72). Man kann allenfalls hoffen, in den Ziegelruinen von Tilaurakoṭ Hinweise auf ältere Zeiten zu entdecken. Tatsächlich wurde im Stadtgebiet von Kapilavastu neben anderen Artefakten ein Tonsiegel in der Brāhmī-Schrift des 2. Jh. vor Chr. gefunden. Es trägt die Zeichen *Sa-ka-na-sya*, »(Siegel) der Śākyas« (Rijal 1979: 36).

Auffallend in Kapilavastu sind die Ziegelbastionen, die im Westen und Osten der Stadt freigelegt wurden. Ihr Alter reicht nicht in die Buddhazeit zurück; sie stehen aber, wie Grabungen ergeben haben, auf einem gestampften Lehmwall, der einst eine Palisadenwand getragen haben dürfte.

Möglicherweise haben Siddhārtha und sein Halbbruder Nanda als Kinder auf dem Lehmwall gespielt und in der heißen Jahreszeit in der Bhāgīrathī geplantscht.

Etwa an der Stelle dieser Baureste dürfte das Stadthaus des Rāja Śuddhodana gestanden haben.

Die Frage, wo das mehrstöckige Haus (*prāsāda*), der »Palast« des Rāja Śuddhodana gestanden haben könnte, beantwortet sich fast von selbst: auf der höchsten Erhebung des Stadtareals. Hier lag das Wohnviertel der reicheren Śākyas. Ziegelfundamente von Wohnbauten, die bequeme Innenräume erkennen lassen und vielleicht Konturen der älteren Bebauung aus Holz und Lehm nachvollziehen, verraten einen großzügigen Lebensstil. Auch Reste von buddhistischen Klöstern sind zu sehen und an der Anordnung ihrer Zellen unschwer herauszuerkennen.

Die Beschreibung, die Siddhārtha, zum *Buddha* und Leiter eines Mönchsordens geworden, später seinen Bhikṣus gab, bestätigt seine unbeschwerte Jugend:

> Ohne Sorgen lebte ich, Mönche, frei von Sorgen, bar aller Sorgen. Im Haus meines Vaters (zu dem auch ein Garten gehörte) hatte man für mich Lotosteiche anlegen lassen: mit blauen, weißen und roten Lotossen – ganz für mich. Keine andere Sandelpaste benutzte ich als solche aus Benares; aus benareser Stoff waren auch mein Turban, meine Jacke, mein Untergewand und mein Übermantel. Ständig wurde ein weißer Schirm über mich gehalten, damit nicht Kälte oder Hitze, Staub, Spreu oder Tau mich belästigten. Ich besaß drei Paläste (Stockwerke?) – einen für den Winter, einen für den Sommer, einen für die Regenzeit. Während der vier Monate der Regenzeit war ich nur von weiblichen Musikanten umgeben. … (A 3,39)

Im 1./2. Jh. nach Chr. wurde der Buddha in Nordwest-Indien ein beliebtes Thema der Steinmetzkunst. Den Stil der Darstellung bestimmte anfänglich die Provinz Gandhāra (im heutigen Afghanistan/Pakistan), die unter griechischem Kultureinfluss stand. Man bezeichnet diesen Kunststil als gräkobuddhistisch. Eine Skulptur des 2. Jh. nach Chr. (in einer Londoner Privatsammlung) zeigt den Rāja-Sohn Siddhārtha, schätzungsweise zwanzigjährig, in »prinzlichem« Schmuck. Sein Haar ist nach griechischer Manier hochgebunden; schwerer Goldschmuck ziert die halb freie Brust, goldene Spangen umfassen die Oberarme. Siddhārtha wirkt jugendlich, aber nicht herrisch. Man glaubt ihm, dass Gedanken über die Leidhaftigkeit des Daseins ihm nicht fremd sind. Vielleicht ist er im Herzen bereits ein Erleuchtungssucher (*bodhi-sakta*).[9]

Der Jüngling Siddhārtha erhielt die Ausbildung, die einem Jungen aus der Kaste des Kriegeradels zustand: Er lernte Bogenschießen, Reiten und das Lenken eines Elefanten. Lesen und Schreiben gehörten nicht zum Lernpensum; Indien besaß in jener Zeit noch keine eigene Schrift.

Freude am Kampfsport, wie sie einem Kṣatriya eigen sein sollte, besaß Siddhārtha nicht, denn als man ihn im Alter von 16 Jahren mit der Tochter eines Onkels[10] verheiraten wollte, forderte der zukünftige Schwiegervater von ihm zuerst einen Beweis seiner kriegerischen Qualitäten. Die Legende berichtet, dass Siddhārtha im Wettkampf alle Gegner in den Schatten stellte und sämtliche Leistungsproben siegreich bestand. Die Hochzeit mit Yaśodharā fand statt mit Pomp. Die Ehepartner waren gleich alt und wohnten im Haus des Rāja Śuddhodana als Großfamilie. Ob Siddhārtha zum Lebensunterhalt selber Reisfelder bestellte, ist nicht überliefert, aber er wird die Zeit genutzt haben, um die Ratsversammlungen des Śākya-Stammes und die Gerichtsverfahren zu beobachten, bei denen sein Vater Śuddhodana den Vorsitz hatte. Hier eignete er sich den politischen Sachverstand und die juristischen Kenntnisse an, die ihm später bei der Leitung eines religiösen Ordens zustatten kamen.

Neunundzwanzigjährig, sofort nach der Geburt seines Sohnes Rāhula, ließ Siddhārtha Haus und Familie hinter sich und zog hinaus in das Leben eines besitzlosen Wandermönchs.[11] Die Erlösung von Wiedergeburt und Leiden zu finden war ihm wichtiger als seine Familie. Er verließ Kapilavastu durch das Osttor (Bild).

Der große Einschnitt im Leben des Siddhārtha Gautama geschah, als die Ehepartner 29 waren: Damals kam ihr gemeinsamer Sohn Rāhula auf die Welt. Mit der Geburt dieses Stammhalters war die Bedingung erfüllt, die der Rāja Śuddhodana seinem Sohn gesetzt hatte, bevor dieser seiner religiösen Sehnsucht nachgeben durfte. Siddhārtha berichtet darüber selbst:

> Als ich noch ein Erleuchtungssucher war, kam mir der Gedanke: »Eng ist das Leben in der Häuslichkeit, dieser Stätte der Unreinheit, das Wanderbettlerleben ist der freie Himmelsraum. ... Wie, wenn ich mir nun Haar und Bart scheren, die gelben (Mönchs-)Gewänder anlegen und aus dem häuslichen Leben in die Hauslosigkeit ziehen würde?«
>
> Und ich, der ich jung, (fast noch) ein Knabe war mit schwarzem Haar, der in glücklicher Jugend lebte, im ersten Mannesalter, schor mir, obwohl Vater und (Pflege-)Mutter damit nicht einverstanden waren, sondern Tränen im Gesicht hatten und weinten, Haar und Bart, legte die gelben Gewänder an und zog aus dem Haus in die Hauslosigkeit hinaus. (M 26,13 f. gerafft)

Keine legendären vier Ausfahrten des »Prinzen«, keine geheime Flucht bei Nacht und zu Pferd, kein begleitender Diener, sondern ein sachlicher Bericht

Das vom nepālischen Archäologie-Department aufgestellte Schild besagt: »Das östliche Tor, auch ›Tor des Hinausziehens‹ genannt, ist das Tor, durch das der Buddha sein weltliches Leben verließ. Der Torkomplex besteht aus einem 19 Fuß breiten Fahrweg, der beidseitig von Bastionen flankiert ist. Unter den bei Ausgrabungen gefundenen Gegenständen sind Terrakottafigürchen von Menschen und Tieren, Münzen, Schmuckperlen, Armreife, ein Siegel mit Inschrift in Brāhmī, ein Siegelabdruck, sowie Scherben von bemalter grauer und nördlich-schwarzer polierter Keramik.«

im Ich-Stil. Es überrascht, dass trotz der nüchternen Beschreibung des Hinausziehens des Rāja-Sohnes so viele Legenden über dieses Ereignis entstehen konnten.

Das Osttor von Kapilavastu, durch das Siddhārtha »in den freien Himmelsraum eines Wanderbettlerlebens« hinauszog, war Teil des ursprünglichen Lehmwalles um die Stadt; erst nach der Buddhazeit wurde das Tor durch Mauerwerk befestigt. Dennoch: Für den Pilger ist das Osttor von Kapilavastu ein bewegendes Monument.

Acht Jahre nach seinem Auszug aus Kapilavastu – d. h. zwei Jahre nach seiner Erwachung zur Buddhaschaft – hat Siddhārtha seine Heimatstadt wieder besucht. Die Wiederbegegnung mit seinem Vater verlief disharmonisch, denn Śuddhodana schalt seinen Sohn, weil er sich vor der Bevölkerung von Kapilavastu als Almosenbettler hatte sehen lassen. Bei einem neuerlichen Besuch in der Rāja-Residenz war es die von ihm verlassene Gattin Yaśodharā, die ihm ihren Unmut zeigte. Sie schob ihm den gemeinsamen, jetzt achtjährigen Sohn entgegen mit dem Auftrag: »Das, Rāhula, ist dein Vater. Geh hin zu ihm und frage ihn nach deinem Erbteil!« Gehorsam trug Rāhula sein Sprüchlein vor.

Ein Medaillon auf einem Pfeiler des Amarāvati-Stūpa aus dem 3. Jh. nach Chr. (heute im *British Museum*, London) zeigt den Buddha beim Besuch im Haus seines Vaters. Würdevoll, mit einem Nimbus um das Haupt, steht er auf zwei Lotossen. Alle Personen bezeigen ihm tiefe Verehrung, nur Yaśodharā, seine ehemalige Gattin, hat sich demonstrativ abgewandt, betrachtet ihn aber neugierig über die Schulter während sie den kleinen Rāhula instruiert, was er tun soll. Daneben rechts ist sie noch einmal abgebildet, wie sie den Rāhula dem Buddha entgegenschiebt. Der Kleine zupft an des Vaters Mönchsrobe, um sich bemerkbar zu machen.

Der Buddha nahm die Bitte wörtlich. Was er zu vererben hatte, war die Lehre (*dharma*). Auf der Stelle ließ er Rāhula durch den Bhikṣu Śāriputra als Novizen in den Mönchsorden aufnehmen (Mvg 105). Der Rāja Śuddhodana war untröstlich, als er sah, dass nun auch sein Enkel Rāhula der Familie entzogen war. Rāhula blieb sein Leben lang Bhikṣu, spielte aber im Saṅgha keine führende Rolle. Er starb lange vor seinem Vater.

Auf der Weiterwanderung von Kapilavastu ordinierte der Buddha mehrere Personen, von denen einige später im Orden zu Bedeutung kamen. Zu nennen sind der ehemalige Barbier Upālin, der sich zum Experten für Ordensrecht und Klosteretikette entwickelte, und Ānanda, der dem Meister bei seiner 45-jährigen Wandertätigkeit die letzten 25 Jahre als Assistent diente (Cvg 7,1,4).

Bei einem späteren Besuch in Kapilavastu wirkte der Buddha als Friedensstifter. Mitglieder des Śākya- und des Krauḍya Stammes waren wegen der Wasserentnahme aus dem Grenzfluss Rohinī aneinander geraten, ein blutiger Streit drohte auszubrechen. Der Buddha trat zwischen die Fronten, und mit dem Argument, Wasser ist weniger wertvoll als Blut, gelang es ihm, die wütenden Parteien zur Vernunft zu bringen (Jāt 536).

Von dem Stūpa östlich von Kapilavastu, der einst vielleicht die den Śākyas übergebenen Buddhareliquien enthielt, ist nichts geblieben als eine einen Meter hohe Erhebung in der sonst flachen Landschaft. Die Ziegelabdeckung aus der Aśoka-Zeit ist von Steinplünderern abgetragen worden. Die Landwirte der Gegend warten darauf, dass der Hügel vollends verschwindet, damit sie die Fläche für den Reisanbau verwenden können.

Von den Besuchern Kapilavastus gewöhnlich übersehen werden zwei Stūpareste, der eine 100 m östlich, der andere 100 m südlich des ehemaligen Wohnbereichs. Der Entdecker Kapilavastus, der Archäologe P. C. Mukherji, hat den östlichen Stūpa 1899 untersucht (Allen 2008: 195), anscheinend ohne Ergebnis. Wahrscheinlich war es einer dieser beiden Stūpas, in dem die Śākyas von Kapilavastu nach der Einäscherung des Buddha ihren Reliquienanteil beisetzten.

3. Siddhārthas Erlösungssuche

Der Pāli-Kanon hat uns (in M 26,14) den nüchternen Ich-Bericht des Buddha überliefert, in dem er seine Abkehr vom häuslichen Leben in Kapilavastu und seinen Eintritt ins Leben eines besitzlosen Wandermönchs schildert. Der weitere Text beschreibt, dass er sich zuerst dem Guru Ārāḍa Kālāma, danach dem Guru Udraka Rāmaputra als Schüler unterstellte. Den Legendenbüchern (Mvu und Llv) zufolge lag die Einsiedelei des Ārāḍa in Vaiśālī, die des Udraka in Rājagṛha.

Moderne Autoren glauben, die Örtlichkeiten der beiden Mentoren genauer bestimmen zu können. Pandey (1996: 10) lokalisiert Arāḍa Kālāma in Lauriyā-Ararāj (nordöstlich von Gopālgañj jenseits der Gandak) und begründet dies durch Etymologien und den Umstand, dass sich dort eine Aśoka-Säule befindet (Falk 2006: 162). Udrakas Wohnstätte ortet Pandey (1996: 12) im Südwesten von Rājagṛha an der Straße nach Gayā bei dem Ort Tapovana (»Askesewald«).

Als Schüler des Ārāḍa scheint Siddhārtha hauptsächlich Meditation in verschiedenen Tiefenstufen (*dhyāna*) praktiziert zu haben (M 26,15). Sie wurde für ihn später außerordentlich wichtig. Vorerst allerdings, zu Füßen des Ārāḍa als Schüler sitzend, war er mit dem Lernstoff unzufrieden – und wandte sich von diesem Mentor ab.

Das Landdreieck zwischen den Flüssen Mohinī (rechts oben im Bild) und Nairañjanā, wo Siddhārtha Askese betrieb, war zu seiner Zeit bewaldet; heute dient es dem Reisanbau. Am Horizont erkennbar ist der Gayāśīrṣa-Berg (heute Brahmayoni) bei Gayā, wo der Buddha sich gelegentlich kurz aufhielt. Das Foto wurde aufgenommen von dem Hügel, unter dem, 1989 noch nicht freigelegt, der Sujātā-Stūpa verborgen war.

Nicht anders erging es dem Rāja-Sohn bei dem Guru Udraka Rāmaputra. Der Pāli-Kanon (M 26,16) beschreibt Udraka gleichfalls als Meditationsmeister, jedoch scheint diese Definition irrig zu sein. Aus einem Gespräch des Buddha mit dem Novizen Cunda (in D 29,16) geht hervor, dass Udraka seinen Schülern Gleichnisse aus den Upaniṣaden-Texten vortrug, also ein Exponent der Upaniṣaden-Philosophie war.[12] Wie dem auch sei: Siddhārtha fand seine Lehrinhalte nicht überzeugend. Nach wenigen Monaten, vielleicht nur Wochen, nahm er von Udraka Abschied, um sich der Askese zuzuwenden (M 26, 16-17). Sie galt im alten Indien als Methode, übernatürliche Geisteskräfte zu entwickeln. Erst Jahre später sollte sich zeigen, dass Udrakas philosophischer Unterricht für Siddhārthas Suche nach Erlösung doch bedeutsam war.

Sich umschauend nach einem Platz für seine Askeseübungen, gelangte Siddhārtha »in das Dorf Senāni bei Uruvilva« (M 26,17), wo er einen lieblichen Hain fand an einem klaren Fluss. Der Ort Senāni (heute Bakraur) liegt 10 km südlich von Gayā auf der Landzunge zwischen der Nairañjanā (jetzt Nīlājana) und der Mohinī, die weiter nördlich zusammenfließen und die Phalgu bilden. Das Dorf Uruvilva (heute Urel) auf der westlichen Seite der Nairañjanā ist im Sommer von Bakraur aus zu Fuß erreichbar, denn in dieser Jahreszeit ist die Nairañjanā allenfalls ein bloßes Rinnsal.

Siddhārtha als Asket, dargestellt in der gräko-buddhistischen Kunst des Gandhāra-Gebietes (2./3. Jh. nach Chr.). Er trägt das Haar nach griechischer Mode hochgebunden. Die indo-buddhistische Kunst interpretierte den Haarknoten später als Schädelwulst (*uṣṇīṣa*), der nur einem Mann von der Vollendung eines *Buddha* zukomme. – Das Kopffragment ist zu sehen im *Bhārat Kalā Bhavan*, im Kunstmuseum der *Banāras Hindu University*.

Die Selbstquälereien, die Siddhārtha sich als Asket auferlegte, füllen im Pāli-Kanon mehrere Seiten (M 36,20-29).[13] Nach dem Versuch, seinen Geist gewaltsam zu bezwingen, ging Siddhārtha dazu über, seinen Atem zu kontrollieren. Sodann enthielt er sich ausreichender Nahrung und fastete bis knapp vor dem Hungertod – alles vergebens. Schließlich erinnerte er sich daran, dass er als Knabe, als sein Vater Śuddhodana (auf dem Feld) Furchen zog[14], im Schatten eines Baumes gesessen hatte und dabei unversehens in einen Meditationszustand nicht-sinnlicher Glücksfreude geraten war: Sollte dies der Weg zur Erwachung sein? Um den ausgemergelten Körper zu Kräften zu bringen, nahm er wieder das Essen auf. Fünf Asketen, die Siddhārtha bisher als ihr Vorbild bewundert hatten, empörten sich darüber und ließen ihn allein: Der Rāja-Sohn schien sein Streben verworfen zu haben (M 36,31-33).

Senāni, der »liebliche Hain am klaren Fluss« gegenüber von Uruvilva (dem späteren Bodhgayā), wo Siddhārtha fast sechs Jahre Askese betrieb, ist nicht durch ein Monument markiert. Gekennzeichnet durch einen breit ausladenden Ziegel-Stūpa ist aber das Haus der jungen Sujātā, der Tochter eines vermögenden Landbesitzers aus Senāni, die Siddhārtha nach dem Abbruch seines Fastens süßen Milchreis zur Stärkung gereicht haben soll; angeblich war es Siddhārthas letzte Mahlzeit vor seiner Erwachung (*bodhi*) zum *Buddha*. Eine

Der nach der Sujātā benannte mächtige Stūpa, dessen Kern möglicherweise auf das 2./1. Jh. vor Chr. zurückgeht (Falk 2006: 229), wurde zwischen dem 4. und 11. Jh. nach Chr. in drei Bauphasen vergrößert. Er war ursprünglich dreistufig, weiß gekälkt und umschlossen von einem schweren Holzbalkenzaun mit vier Zugängen. Ziegelplünderer haben breite Breschen in das Bauwerk gerissen. Die Restaurierung des Monuments durch den *Archaeological Survey of India* wurde in den Jahren 2001–2006 durchgeführt.

in dem Stūpa entdeckte Inschrift aus dem 8./9. Jh. lautet: »Das Sujātā-Haus, (eine Stiftung) des Rāja Devapāla«. Die Sujātā ist nur in der *Nidānakathā* erwähnt. Vielleicht darf man aus dem Fehlen eines aśokischen Monuments in Senāni/Bakraur folgern, dass die (im Ergebnis nutzlose) Askese Siddhārthas und die Legende von Sujātās Speisegabe in der Aśoka-Zeit (3. Jh. vor Chr.) noch nicht als eines Denkmals würdig galten.[15] Die Säule, die einst hier stand und im 7. Jh. von Xuanzang bemerkt wurde (Xuanzang 1991: II 139), hat ihren Ursprung 600 Jahre nach der Aśoka-Zeit. Sie steht heute auf dem Gelände des Mahābodhi-Tempels (Falk 2006: 228).

Von den fünf Askesekameraden allein gelassen und durch Almosenspeise wieder bei Kräften, verließ Siddhārtha den Hain bei Senāni und überquerte das Flussbett der Nairañjanā in Richtung Uruvilva. Seine Absicht war, auf der anderen Flussseite die erlösende Erkenntnis durch Meditation zu suchen.

Trockenen Fußes konnte Siddhārtha im Mai des Jahres 528 vor Chr. die Nairañjanā überqueren. Sein Ziel war ein stiller Platz an dem Ort, wo jetzt der Mahābodhi-Tempel seine Spitze hochreckt. (Foto 1989)

Wo Siddhārtha einst die ausgetrocknete Nairañjanā kreuzte, haben japanische Buddhisten eine Brücke bauen lassen, um die Stätte von Siddhārthas Askese mit dem Bus und auch in der Regenzeit besuchen zu können.

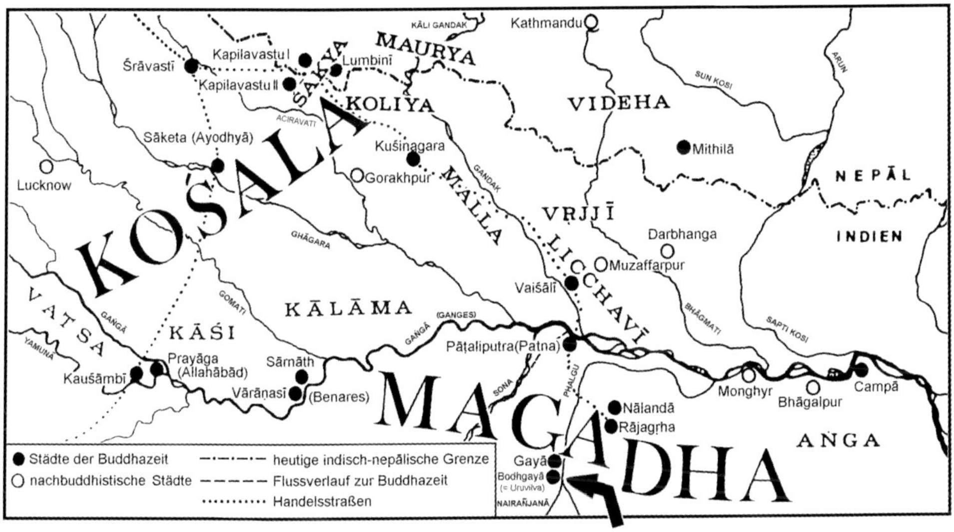

4. Bodhgayā – Siddhārtha wird zum Buddha

Der Ich-Bericht des Buddha über seine Erwachung (*bodhi*) zur Buddhaschaft erscheint im Pāli-Kanon drei Mal[16], enthält aber keine Auskunft darüber, wo genau die Erwachung stattfand. Die vielleicht historisch älteste Angabe dazu liefert der »Korb der Ordenszucht« (in Mvg 1), der feststellt, das Erwachen habe sich vollzogen in Uruvilva am Ufer des Flusses Nairañjanā, und zwar unter dem Bodhi-Baum. Im Dīghanikāya (D 14,1,8) wird dieser Baum botanisch bestimmt als Aśvattha (*Ficus religiosa*), der in Indien auch Pippala heißt. Es handelt sich um einen Pappelfeigen-Baum, der im November/Dezember winzige Früchte als Samen abwirft.

Kritiker haben den Baum für legendär gehalten: zu Unrecht. Kein hausloser Wanderbettler in Indien würde sich bei Tage in die sengende Sonne setzen und bei Nacht auf den Schutz vor dem kalten Tau verzichten. Dass Siddhārthas Erwachung zur Buddhaschaft unter einem Baum geschah, versteht sich von selbst, und dass er als *Buddha* den Mönchen gegenüber den durch seine Blattform markanten Baum als Pippala erwähnte, darf man getrost als Tatsache annehmen.

Der Bericht des Buddha über seine Bodhi enthält zwei Aussageblocks: die den Geist zur Einsicht fähig machende Vierstufige Meditation (die Siddhārtha bei dem Mentor Ārāḍa Kālāma einübte)[17] und die Erkenntnisobjekte Wieder-

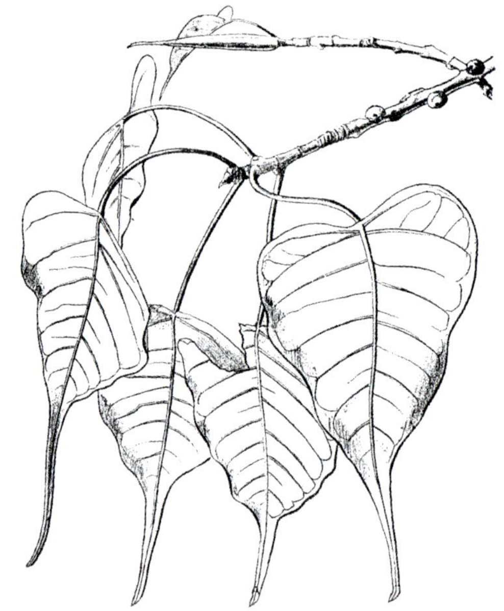

Anhand seiner herzförmigen Blätter mit der langen Spitze ist der Pippala- oder Bodhi-Baum leicht botanisch zu bestimmen.

geburt, Karman und Leidensantriebe (über die Siddhārtha bei dem Upaniṣaden-Lehrer Udraka Rāmaputra unterrichtet wurde).[18] Die sensationellste eigene Erkenntnis des Buddha, die Nichtexistenz einer den Tod überdauernden Seele (*ātman*), kommt im Erwachungsbericht noch nicht zur Sprache.

Die Vierstufige Meditation (*dhyāna*) (umrissen in M 36,34-37) hat die Bodhi keineswegs zwingend zur Folge, sondern wirkt präparativ. Sie bereitet der erlösenden Erkenntnis den Boden, die Erleuchtung aber bleibt ein eher seltener Fall.

Als Siddhārtha seinen Geist durch die Vierstufige Meditation »rein, klar, makellos, von Unvollkommenheiten frei, geschmeidig, gefügig, konstant und unbeirrbar« gemacht hatte (M 36,38), richtete er ihn auf die Erkenntnis seiner früheren Daseinsformen:

> Ich erinnerte mich an zahlreiche (meiner) früheren Existenzen, nämlich an eine Geburt, an zwei, drei, vier, fünf, zehn, zwanzig, dreißig, vierzig, fünfzig Geburten, (ja) an hundert, tausend, hunderttausend Geburten: »Dort war ich, so war mein Name, so meine Familie, meine Kaste, mein Lebensunterhalt, dieses Glück und Leid habe ich durchgemacht, so war mein Lebensende. Nachdem ich dort gestorben war, trat ich an anderem Ort wieder ins Leben, so war (dort) mein Name, von jener Art meine Familie, meine Kaste, mein Lebensunterhalt, dieses Glück und Leid habe ich durchgemacht, so war mein Lebensende.« – Auf diese

Weise erinnerte ich mich an zahlreiche frühere Existenzen mit den jeweils charakteristischen Zügen und Umständen. So ging mir während der ersten Wache der Nacht das erste Wissen auf. Unwissen schwand mir und Wissen entstand, Dunkelheit schwand mir und Licht entstand.

Als mein Geist (weiterhin) konzentriert war, richtete ich ihn auf die Erkenntnis des Vergehens und Wiedererstehens der Wesen. Mit dem himmlischen Auge, dem klaren, über menschliche Grenzen hinausreichenden, sah ich, wie die Wesen vergehen und erstehen, sah ich hohe und niedrige, schöne und hässliche, Glückskinder und Pechvögel, wie ihnen je nach ihren Taten günstige oder schlechte Wiedergeburt zuteil geworden war. Ich erkannte: »Die Wesen, die von Körper, Rede und Denken schlechten Gebrauch machen, die erlangen nach dem Zerfall ihres Körpers, nach dem Tod, schlechte Wiedergeburt, sinken ab, verderben, (geraten in) die Hölle. Jene Wesen hingegen, die von Körper, Rede und Denken guten Gebrauch machen, die erlangen nach dem Zerfall ihres Körpers, nach dem Tod, gute Wiedergeburt, (geraten in) den Himmel.« – So sah ich mit dem himmlischen Auge, wie die Wesen vergehen und erstehen entsprechend ihrem Tun. So ging mir während der zweiten Wache der Nacht das zweite Wissen auf.

Als mein Geist (weiterhin) konzentriert war, richtete ich ihn auf die Erkenntnis der (Methode zur) Vernichtung der Einflüsse (Gier, Hass und Verblendung). Der Wahrheit gemäß erkannte ich: »Dies ist das Leiden; dies ist der Ursprung des Leidens; dies ist die Aufhebung des Leidens und dies der zur Aufhebung des Leidens führende Weg.« Und indem ich dies erkannte und einsah, wurde mein Geist von den Einflüssen Sinneslust, Daseinsbegierde und Unwissenheit frei. Ich erkannte: »Vernichtet ist (für mich) die Wiedergeburt, verwirklicht habe ich das religiöse Leben, was zu tun war, ist getan, diese Art (von leidhaftem) Dasein gibt es nicht mehr für mich.« So ging mir während der letzten Wache der Nacht das dritte Wissen auf. Unwissenheit schwand mir und Wissen entstand, Dunkelheit schwand mir und Licht entstand. (M 36,38-44)

In dieser Nacht des Jahres 528 vor Chr.[19] hatte Siddhārtha Gautama, der fünfunddreißigjährige Sohn des Śākya-Rāja von Kapilavastu, die Erwachung (*bodhi*) erlangt, war er ein *Buddha*, ein Erwachter oder Erleuchteter geworden und damit vom Zwang zur Wiedergeburt erlöst: Er hatte das Nirvāṇa erreicht. Die Tradition datiert das Ereignis auf die Vollmondnacht im Monat Vaiśākha (April/Mai) und lokalisiert es bei Uruvilva (heute Bodhgayā) unter einen bestimmten Pippala-Baum. Der Vaiśākha-Vollmond gilt daher als der höchste Feiertag der buddhistischen Welt, der Pippala als ihr heiliger Baum und Bodhgayā als ihr wichtigster Pilgerplatz.

Dass der Bodhi-Baum von Bodhgayā schon zu Lebzeiten des Buddha ein Pilgerziel war, ist wenig wahrscheinlich, aber nach dem *Parinirvāṇa* (Tod) des Meisters (483 vor Chr.) war es nötig, den Baum durch einen Balkenzaun vor aufdringlichen Besuchern abzuschirmen. Einen nach oben offenen Pavillon, ein Schutzgehege aus Stein um den Baum, ließ (im 3. Jh. vor Chr.) der Kaiser Aśoka errichten. Ein Relief am Stūpa-Zaun von Bhārhut (120 vor Chr., heute im *Indian Museum* in Kolkata), hat sein Bild festgehalten. Der Bodhi-Baum war umgeben von achteckigen Steinsäulen, die ein umlaufendes Dach trugen, unter dem man den heiligen Baum im Rechtskreis umschreiten konnte.

Der Bodhi-Baum auf dem Relief überragt sein Gehege beträchtlich. Er zeigt die für den Pippala typischen Blätter mit der langen Spitze und ist überkrönt von zwei Hoheitsschirmen; seine Äste sind behängt mit Girlanden. Ein fliegender Halbgott besprenkelt den Baum mit Wasser, ein zweiter behängt ihn mit einer Girlande aus aufgefädelten Blumenköpfen. Zwei Götter, übergroß wiedergegeben, drücken in scheuer Ergriffenheit die Fingerspitzen der linken Hand an die Lippen und schwenken mit der anderen Hand ihre Schals. Zwischen ihnen und den beiden Rundbögen unterhalb des Baumes befindet sich in Brāhmī-Lettern der Satz »Der Bodhi(-Baum) des erhabenen Śākyamuni«.

Unter dem Bodhi-Baum liegt auf einem Sockel mit vier frontalen Halbsäulen der aus Sandstein geschlagene, wohl von Kaiser Aśoka gestiftete »Diamantsitz« (*vajrāsana*), der die genaue Stelle der Bodhi des Buddha kennzeichnet. Er *markiert* die Stelle, denn der Buddha hat nie auf ihm gesessen, sondern die Erwachung auf einem Polster aus Kuśa-Gras verwirklicht. Der aśokische Diamantsitz ist ein Altartisch, auf dem die Frommen an heiligster Stelle Opferspenden niederlegen können. Das Relief zeigt deshalb den Diamantsitz bestreut mit verschiedenartigen Blumen.

Der Buddha als Person ist nicht dargestellt, denn das Relief gehört der vor-ikonischen Kunstperiode an, die das Abformen der Person des Meisters vermied.[20] Die Präsenz des Buddha wird in dieser Kunstperiode angedeutet durch den Bodhi-Baum, den Diamantsitz, das Rad der Lehre[21] und das Triratna-Zeichen (hier: doppelt), das die »drei Juwelen« *Buddha*, *Dharma*, *Saṅgha* versinnbildlicht. Zu Seiten des Diamantsitzes bekunden zwei Ehepaare, vermutlich die Stifter des Reliefs, ihre Andacht durch Aneinanderlegen der Handflächen. Eine der Damen bringt einen Blumenstrauß. Die (heute verschwundene) Aśoka-Säule mit dem Elefanten-Kapitell trug wahrscheinlich die eingemeißelte Mitteilung, dass der Kaiser Bodhgayā persönlich besucht hat. Der Besuch lässt sich auf 258 vor Chr. datieren.

Ist der heute am Mahābodhi-Tempel stehende Baum noch der originale Pippala, unter dem Siddhārtha die Buddhaschaft erlebte? – Der Historiker muss die Frage verneinen, aber das hat für den Bekenner keine Bedeutung. Nach buddhistischer Überzeugung ist es nicht der Gegenstand der Verehrung, der den Verehrungsakt karmisch heilsam macht, sondern die geistige Einstellung des Pilgers. Es ist überliefert, dass der Baum im Lauf der Jahrhunderte mehrfach abstarb oder zerstört wurde.

Ein erstes Absterben des Baumes wird berichtet aus der Zeit des Kaisers Aśoka, der den Baum zwar verehrte und ihn durch ein Steingehege schützte, aber gerade dadurch so viele Pilger anzog, dass der Baum an Überpflege einging – wahrscheinlich durch das Begießen seiner Wurzeln mit fetter Milch, das Behängen seiner Äste mit allzu vielen Girlanden und die Entwendung von Blättern als Talismane. Der Legende nach hat Tiṣyarakṣitā, die Zweitgattin des Kaisers, den Baum aus Eifersucht zum Absterben gebracht. Ein »Sohn« des originalen indischen Baumes existierte weiter, denn der Kaiser hatte viele Jahre zuvor durch seine als Nonne ordinierte Tochter Saṅghamitrā einen Ableger des Pippala-Baumes nach Ceylon bringen lassen, wo er in der (damaligen) Hauptstadt Anurādhapura kräftig angeschlagen hatte. Durch Samen des jeweiligen Vorgänger-Baumes oder durch Ableger des ceylonesischen Baumes wurde der Bodhi-Baum von Bodhgayā in der Folgezeit wiederholt ersetzt.

Dass Puṣyamitra, der buddhismusfeindliche Gründer der Śuṅga-Dynastie (185 vor Chr.), den Bodhi-Baum von Bodhgayā zerstört habe, wird nur vermutet, aber nachweisbar ist die Zerstörung durch den śivaitischen Bengalen-König Śaśāṅka zu Anfang des 7. Jh. nach Chr. Śaśāṇka ließ den Bodhi-Baum fällen, seine Wurzeln ausgraben und verbrennen (Xuanzang 1991: II 118). Den Ersatzbaum nach Śaśāṇkas Tod soll König Pūrṇavarman von Magadha gepflanzt haben.

Die Westseite des Mahābodhi-Tempels, unmittelbar davor der Bodhi-Baum.

Inzwischen war in Bodhgayā ein Tempel entstanden, und Pūrṇavarman pflanzte den Ersatzbaum nicht an der Stelle des alten, sondern auf einen Terrassenanbau am Tempel in 7,5 m Höhe, um ihn vor aufdringlichen Frommen zu bewahren. Der britische Archäologe Alexander Cunningham, der den Mahabodhi-Tempel von 1861 an immer wieder besichtigte, sah den Pippala-Baum in fortschreitender Verkümmerung; 1876 wurde der Baum durch einen Sturm vollends zerstört. Bei der großen Tempelrestaurierung ab 1877, anfangs unter burmesischer, später unter Cunninghams Oberaufsicht, wurde der halb zusammengebrochene Tempelanbau abgetragen und darunter Aśokas »Diamantsitz« freigelegt. Beim weiteren Graben vor dem Diamantsitz fand Cunningham zwei kleine Wurzelreste eines Pippala-Baumes – möglicherweise Überbleibsel des Baumes, den Śaśāṅka 1200 Jahre zuvor hatte vernichten wollen (Cunningham 1998: 31). Durch den Fund ermutigt, ließ Cunningham an der Stelle aus Samen des abgestorbenen Baums einen neuen Pippala setzen (Falk 2006: 284). Angesichts der Schnellwüchsigkeit, aber relativ kurzen Lebensdauer des Pippala schätzt Cunningham, dass es von der Erwachung des

Buddha bis 1892 zwölf bis fünfzehn, vielleicht sogar zwanzig Bodhi-Bäume gegeben habe.

Die buddhistische Tradition nimmt an, dass außer dem Schutzgehege um den Bodhi-Baum und dem Diamantsitz auch der Mahābodhi-*Tempel* von Aśoka stamme. Moderne Forscher stellen das infrage. Eine Frühform des Tempels scheint im 2. Jh. nach Chr. entstanden zu sein. Damals war die prä-ikonische Kunst, welche die figürliche Abbildung des Buddha ablehnte, verdrängt worden durch die ikonische Kunst des Buddhabildes. Den Erhabenen in Stein jedoch konnte man nicht dem Regen, der Sonnenglut und der Beschmutzung durch Vögel aussetzen: Er bedurfte des Schutzes durch einen Tempel oder eine Höhle. Sicherlich gab es ältere Buddha-Statuen in Bodhgayā: Die älteste dort *erhaltene* ist durch eine Inschrift datiert auf das Jahr 383 nach Chr. (Dhammika 1996: 32 + 34). Sie zeigt, wenn auch sehr beschädigt, den Buddha sitzend in der Geste der Erdberührung.

König Pūrṇavarman von Magadha, der nach der Zerstörung des Bodhi-Baumes durch Śaśāṅka den Ersatzbaum gepflanzt hatte, war es auch, der im 7. Jh. um das Tempelgelände einen erweiterten Steinzaun ziehen ließ; demnach war der Tempel inzwischen vergrößert worden. Dies war notwendig, denn inzwischen hatte sich der Pilgerstrom nach Bodhgayā verstärkt; außer Hīnayānins kamen nun auch Anhänger des Mahāyāna-Buddhismus und Pilger aus Ceylon und China. Die Toleranz der Buddhisten ging so weit, dass im Jahr 807 ein Hindu einen Stein-Phallus (*liṅgam*), das Symbol der Schöpferkraft des Hindugottes Śiva, im Tempel aufstellen konnte. Im 10. Jh. musste man beim Tempel ein großes Wasserreservoir zur Versorgung der Durstigen anlegen.

Schon im frühen 6. Jh. nach Chr. unter den Hūṇa-Königen Toramāṇa und Mihirakula und dann wieder im 7. Jh. durch den bengalischen König Śaśāṅka waren Buddhisten verfolgt und ihre Tempel und Klöster verheert worden; im 10./11. Jh. und nochmals im 12. Jh. geschah das Gleiche durch muslimische Angreifer. Die Klöster von Bodhgayā wurden in Brand gesetzt, die Mönche vertrieben, der Mahābodhi-Tempel wurde geplündert, seine Bildwerke zerschlagen – der Bodhi-Baum jedoch und der Tempelturm blieben trotz Beschädigung erhalten. Dennoch war der muslimische Angriff fast tödlich, denn Bodhgayā geriet in Vergessenheit und Verfall. Jeder Monsunregen setzte den Vorhof und die unteren Teile des Tempels unter Wasser. Um das Jahr 1400 scheint auch der letzte Einwohner von Bodhgayā den Ort verlassen zu haben. Immerhin verraten Einritzungen an den alten Steinsäulen, dass einzelne Fromme auch zwischen dem 14. und 16. Jh. die beschwerliche Pilgerreise zum Bodhi-Baum und Mahābodhi-Tempel unternahmen.

1590 siedelte sich der erste Hindu-Mönch in Bodhgayā an, ein Anhänger des Gottes Śiva. Aus seiner am Ufer der Nairañjanā gelegenen Einsiedelei erwuchs in der Folgezeit – unter Verwendung von Steinen des buddhistischen Tempelbereichs – ein großer Hindu-Maṭh (Kloster). Etwa 30 buddhistische Skulpturen holten die Hindu-Mahants (Äbte) vom Mahābodhi-Tempel auf ihr Grundstück. Soweit möglich, wurden sie zu hinduistischen Wesenheiten umgedeutet, aber so immerhin vor der Entwendung oder gänzlicher Zerstörung gerettet. Maßnahmen zum Schutz und zur Erhaltung des verfallenden Mahābodhi-Tempels ergriffen die Hindu-Mahants nicht. Ungehindert konnten Kunstliebhaber und Museen sich buddhistische Skulpturen aneignen.

Mit dem Argument, der Buddha sei der neunte Weltauftritt (*avatāra*) des Hindu Gottes Viṣṇu, ließen die Hindu-Mahants von Bodhgayā Buddha-Skulpturen aus dem verlassenen Mahābodhi-Tempel in ihr eigenes Kloster schaffen. Durch Überstreichen mit Safranfarbe sollten die Buddhas in Viṣṇu-Bildnisse umgewandelt werden. Das Foto stammt von 1989. Als Anagārika Santuṭṭho den Hindu-Maṭh 2007 besuchte, waren die drei Skulpturen an dieser Stelle nicht mehr zu sehen.

Die von muslimischen Bilderstürmern im Gesicht zerschlagenen Buddha-Skulpturen des Mahābodhi-Tempels, die sich zur hinduistischen »Safranisierung« nicht eigneten, wurden im Hindu-Maṭh in einem Seitengang an die Wand zementiert. Buddhistische Fromme haben die Buddha-Bildnisse trotz ihrer Lädierung mit Goldfolie beklebt.

Der im Dienst der *East India Company* stehende britische Arzt und Naturkundler Dr. Francis Buchanan, der auf einer Inspektionsreise 1811 nach Bodhgayā kam, verfasste über die marode Tempelruine einen aufrüttelnden Bericht. Er weckte Interesse, aber keine Aktion. Erst als nach dem Sepoy-Aufstand (1857) die britische Königin Victoria den Titel *Empress of India* angenommen hatte (1877), unternahmen die Buddhisten Burmas (heute Myanmar) im Tempelbereich einen Aufräumfeldzug gegen den Schutt der Jahrhunderte. Von Archäologie allerdings verstanden sie wenig. 1880 übernahm deshalb die britisch-indische Regierung die Arbeiten und setzte Cunninghams Assistenten, den Architekten Joseph D.M. Beglar als Bauleiter für die Restaurierung und den Generaldirektor des *Archaeological Survey*, Generalmajor Alexander Cunningham, als archäologischen Berater ein. Als Vorlage, wie der Tempel wieder aussehen sollte, diente ein kleines Speckstein-Modell des Tempels, das während der Arbeiten auf dem Tempelgelände gefunden worden war. Aufgrund dieses

Der Mahābodhi-Tempel in Bodhgayā vor der Restaurierung 1880, Ostseite.[22] Der Bodhi-Baum steht an der Rückfront des Tempels.

Für das Foto ist das Bauwerk bereits vom Grünbewuchs befreit. Die älteste Darstellung des Tempels, eine Zeichnung von Captain J. Crockett von ca. 1799, zeigt den verfallenen Bau unter schwerem Grünbewuchs bis an die Spitze (Allen 2002: 82 r.).

Modells konnten auch die vier Ecktürme und das Eingangsportal des Tempels rekonstruiert werden (Cunningham 1998: ix). Die Instandsetzungsarbeit der Britischen Regierung und der großartige Einsatz von Cunningham und Beglar wurden auf einer Gedenktafel anerkannt, die über der Tür zur Innenkammer des Tempels eingelassen wurde. In der ekstatischen Freude der Inder über das Ende des *British Rāj* wurde sie 1947 mit Verputz überstrichen und unerkennbar gemacht (Dhammika 1996: 86).

→

Bodhi-Baum, Tempel und das religiöse Gelände um ihn herum liegen etwa drei Meter unter dem Straßenniveau des Ortes Bodhgayā. Die Archäologen hatten meterhohen Schutt und Ablagerungen beiseite räumen müssen, um auf die Eingangsebene des Tempels zu gelangen.

Von den Stufen der Zugangstreppe blickt man auf die Ostseite des Tempels. Der Turm (*śikhara*) hat quadratischen Grundriss und ist 52 m hoch. Er verjüngt sich gleichmäßig nach oben und trägt eine runde Spitze mit goldenen Hoheitsschirmen.

Der Unterbau des Tempels, von größerer Grundfläche als der zentrale Turm, trägt an den Ecken vier kleinere Türme, die von den britischen Archäologen rekonstruiert wurden. Stilgetreu rekonstruiert ist auch das vorgebaute Eingangsportal des Tempels.

Beim Betreten des Tempelbereichs fällt dem Besucher auf, dass die den Tempel umgebenden Gebäude ockerfarben gestrichen sind; der Haupttempel, der alte Steinzaun und die Votivstūpas sind von dieser »Safran-Farbe« freigehalten. Die »Safranisierung« drückt aus, dass die so eingefärbten Bauelemente von den Hindus als Besitz beansprucht werden. Von den Differenzen zwischen Buddhisten und Hindus um das Eigentumsrecht am Mahābodhi-Tempel wird noch die Rede sein.

Die Bauform des quadratischen Tempelturms mit kleineren Türmen an den Ecken hat in einigen buddhistischen Ländern Nachahmung gefunden. Tempel gleichen Entwurfs gibt es in Burma, Thailand, Nepāl und Tibet.

Durch ein 5 m hohes Tor (*toraṇa*) aus Granit schreitet der Besucher auf den Eingang des Mahābodhi-Tempels zu. Das Tor, das umgestürzt gefunden, aber in seinen Teilen kaum beschädigt ausgegraben wurde, wird von Cunningham auf das 4. oder 5. Jh. nach Chr. datiert (1998: 32). Es steht auf den originalen Fundamenten.

Der weiße Marmor auf dem Weg zum und um den Tempel ist die Stiftung nepālischer und tibetischer Spender und wurde gegen den Willen des *Archaeological Survey of India*, aber mit Genehmigung des *Commissioner of the Gayā Division* in den 90er-Jahren verlegt. Der weiße Stein ist ein Stilbruch, wird aber von den Pilgern, die ihn barfuß zu betreten haben, wegen seiner Sauberkeit und relativen Kühle geschätzt.

Schon vor dem Eintreten ins Tempelportal erblickt der Ankommende das vergoldete Bildnis des Buddha im Innenraum. Dennoch ist es ratsam, zuerst die Front des Gebäudes zu betrachten und die traditionelle Rechtsumschreitung (*pradakṣiṇā*) des Tempels zu machen.

Der rechts am Portal in einer Nische stehende, aus dem 7. Jh. stammende Buddha, der durch seine vom Schmuck langgezogenen Ohrläppchen als Sohn aus reicher Familie und durch seine Schädelerhebung (*uṣṇīṣa*) als zur Erleuchtung Erwachter definiert ist, heißt die Pilger willkommen durch Erheben der rechten, nach vorn geöffneten Hand. Die Geste soll dem Besucher die Befangenheit nehmen (*a-bhaya*) und drückt Ermutigung, Gruß und Einladung aus. Der übliche indische Gruß durch Aneinanderlegen der Handflächen kommt bei Buddhastatuen nicht vor, da ein *Buddha* als Vollendeter und Erlöster keinem weltlichen oder göttlichen Wesen Ergebenheit schuldet. – Die linke Hand hält einen Zipfel der Mönchsrobe und spannt sie über der linken Schulter, um ihr Herabgleiten zu verhindern.

Die am Körper eng anliegende Robe lässt unter dem Nabel das Einschneiden der Gürtelschnur erkennen. Der leicht vorgewölbte Bauch darüber macht deutlich, dass es sich bei dem Vollendeten nicht um einen Asketen handelt, sondern um einen ausreichend ernährten Lehrer, der zwischen den Extremen Selbstkasteiung und Übermaß die Mitte hält.

Oberhalb seiner sieben quadratischen, sich nach oben verjüngenden Etagen (*bhūmi*) geht der Turm (*śikhara*) des Mahābodhi-Tempels zu kreisrunden Formen über. Eine ornamentierte Trommel trägt eine gezahnte Deckplatte (*āmalaka*), auf der ein Stūpa steht. Auf dessen kubischem Aufsatz (*harmikā*) liegt ein Stein in Sternform, dessen zentrale Bohrung den Stab für mehrere goldene Ehrenschirme hält. Den Abschluss oben bildet eine Glücksvase (*kalaśa*).

Die Plattform des Tempels zwischen den vier Ecktürmen war bis vor einigen Jahren allgemein zugängig; heute ist sie für Besucher gesperrt. Der Innenraum dieser Etage enthält eine Bibliothek mit dem buddhistischen Kanon in Tibetisch. Alte Votivstūpas, die unter den Sedimenten des Tempelgeländes freigegraben wurden, haben ihren Platz auf der Brüstung gefunden.

Der Mahābodhi-Tempel von Süden. Links lehnt sich der Bodhi-Baum an den Tempel an. Hinter dem Eckturm zur Rechten ist der Aufgang erkennbar, durch den privilegierte Besucher auf die Tempelplattform gelangen.

Das Blumenrondell ist nicht bloß ein Gartenschmuck. Es markiert die Stelle, wo der von Kaiser Aśoka gebaute »Stūpa des gerechten Herrschers« (*dharmarājika-stūpa*) stand. Nachdem der Kaiser beschlossen hatte, ein *Dharmarāja*, ein Herrscher nach der Ethik der Buddhalehre (*dharma*) zu werden, kam ihm die Idee, allen Gegenden seines Reiches den Segen von Buddhareliquien zuteil werden zu lassen. Da nach der Einäscherung des Buddha (um 483 vor Chr.) acht indische Adelsgeschlechter Knochenreliquien des großen Lehrers empfangen und in ihren Hauptstädten in Stūpas beigesetzt hatten (D 16,6, 24+27), ließ Aśoka sieben von den acht alten Stūpas öffnen, um ihnen Anteile der Buddhareliquien zu entnehmen. An vielen prominenten Orten seines Reiches ließ er darüber Stūpas errichten. Einen solchen Dharmarājika-Stūpa erhielt auch Bodhgayā. Der chinesische Pilgermönch Xuanzang teilt mit, er sei 30 m hoch gewesen (Xuanzang 1981: II 123). Nach dem Volksglauben bezeichnet er die Stelle, wo der Buddha von dem Grasschneider das Bündel Kuśa-Gras erhielt, auf dem sitzend er die Bodhi verwirklichte.

Von Aśokas Stūpa ist nichts geblieben; während der Jahrhunderte der Vergessenheit des Buddhismus in Indien haben Ziegeldiebe ihn abgetragen und die Steine verbaut. Nur durch eine quadratische Fundament-Platte unter der Erde konnten die britischen Archäologen des 19. Jahrhunderts seinen ehemaligen Standort bestimmen.

Als Anagārika Santuṭṭho den Mahābodhi-Tempel im Dezember 2007 besuchte, war der Zugang zum Bodhi-Baum gesperrt und der Steinzaun um ihn herum durch ein gelbes Tuch verhängt. Um dem Baum trotzdem Ehrerbietung zu bezeigen, haben die Frommen die Stufen zum Baum mit Goldfolie beklebt.

Um wenigstens einen Blick auf den Diamantsitz (*vajrāsana*) werfen zu können, haben Besucher das gelbe Tuch auf der Nordseite der Umzäunung hochgerafft. Die weit ausladenden Äste des Pippala sind durch Stützen gesichert.

Der Grund der Absperrung: Der Pippala-Baum hatte durch die Kraft seines Wurzelwerks die gemauerte Einfassung gesprengt. Die Ummauerung ist völlig entfernt worden, um dem Baum mehr Raum und Feuchtigkeit zu gewähren. Als Devotionalgaben haben Pilger Blüten und weiße Schleier über die Absperrung geworfen.

Ein Foto von 1991 zeigt, dass der Bodhi-Baum seine Einfassung schon damals angehoben und zerbrochen hatte. Der Diamantsitz war zu der Zeit nur mit einem Tuch bedeckt.

2007 durch die Absperrung fotografiert: Der Diamantsitz – ein Altartisch unter dem Bodhi-Baum an der Stelle, wo Siddhārtha, auf einem Graspolster sitzend, das Nirvāṇa verwirklichte. Pilger haben den Sitz durch eine Prunkdecke »verschönt« und durch einen goldenen Baldachin geschützt.

Der Vajrāsana zwischen dem Bodhi-Baum und der Westfassade des Mahābodhi-Tempels besteht aus Sandstein und misst 2,37 x 1,41 m (Falk 2006: 284). Seine Frontkante war von herabstürzendem Gestein beschädigt und wurde von den Archäologen nach hinten zur Tempelwand gedreht. Die Deckplatte zeigt ein Muster von dreieckigen und spitzovalen Vertiefungen, die ursprünglich mit einem hellen Stein ausgelegt waren, wodurch die Platte eine glatte Oberfläche erhielt. Die längeren Schmalseiten der Platte sind mit einem Blütenmuster ornamentiert, die kürzeren mit Enten, die Körner (die Worte des Buddha?) aufpicken. (Foto 1989)

Die Westwand des Mahābodhi-Tempels ist unterteilt in 13 Nischen, die Skulpturen des Buddha enthalten. Das mittlere Buddhabild über dem Diamantsitz nimmt durch die Handhaltung der Erdberührung Bezug auf die Erwachung des Buddha an dieser Stelle.

Im Pāli-Kanon schildert der Buddha seine Bodhi zwar feierlich, aber ohne Ausschmückungen (M 26,18). Erst die Legendenbücher (Nk, Mvu, Llv) machen daraus eine erbauliche und lange Erzählung. Auf sie greift auch, zur Darstellung von Siddhārthas Erwachung, die buddhistische Kunst zurück.

Als der Rāja-Sohn, entschlossen, die Erleuchtung zu verwirklichen, bereits mit dem Blick nach Osten unter dem Bodhi-Baum saß, so heißt es (in der Nidānakathā), erschien vor ihm der Versucher Māra, der fürchtete, Siddhārtha aus seinem Einflussbereich zu verlieren. Seine Versuche aber, den Heilssucher von seinem Streben nach Erlösung abzubringen, schlugen fehl: Weder Māras grausige Armee noch die von ihm beschworenen Naturgewalten konnten Siddhārtha beirren. Darauf entspann sich eine Diskussion, wer von beiden größere Opfer dargebracht habe. Māra rief zum Beweis seine Armee zum Zeugen, Siddhārtha hingegen berührte mit der rechten Hand die Erde und rief *sie* an, seine in vielen Existenzen geleisteten Opfertaten zu bestätigen. Die Erde erbebte und sprach mit mächtiger Stimme: »Ich bin dafür Zeuge.« Entsetzt stoben Māras Streiter in alle Richtungen davon.

Die Erdberührung (*bhūmisparśa*), das ist die Geste der vergoldeten Skulptur über dem Diamantsitz. In einigen Büchern wird sie auch »Geste des Sieges über Māra« genannt. Von der Legende abstrahiert kennzeichnet sie den Buddha als Sprecher der Wahrheit.

Die indischen Bücher, die Siddhārthas Erwachung zur Buddhaschaft schildern, stimmen darin überein, dass der junge *Buddha* nach der Bodhi einige Zeit im Umkreis des Bodhi-Baumes verweilte. Wie lange er sich dort aufhielt, wird unterschiedlich angegeben. Der Majjhimanikāya (M 26,25) nennt keine Zeitspanne, andere Texte sprechen von einigen Wochen. Einige Begebnisse jener Wochen lassen einen historischen Kern vermuten; die je einwöchigen Aufenthalte des Buddha unter speziellen Bäumen dürften aber fromme Legenden sein.

Als glaubhaft darf man annehmen, dass der Buddha sich nach längerem meditativem Sitzen die Füße vertrat. An der Nordseite des Mahābodhi-Tempels wird der in West-Ost-Richtung verlaufende, 16 m lange Schreitweg (*caṅkramaṇa*) gezeigt, den er meditierend hin und zurück abgeschritten haben soll. Die Stellen, die sein Fuß berührte, sind durch einen Lotosstein markiert, 18 Steine sind es insgesamt. Cunningham (1998: 10) vermutet, dass die Schrittfolge ursprünglich doppelreihig war und linke und rechte Trittsiegel aufwies. In alter Zeit war der *Caṅkramaṇa* überdacht.

1991 lagen die 18 Trittsteine auf ebener Erde.
←

→
2007 waren sie – nach dem Vorbild eines alten Reliefs – durch eine Mauer emporgehoben und werden von den Besuchern durch Blumenopfer verehrt. Die auf dem Pflaster links liegenden topfförmigen Steine haben einst die Holzpfosten der Überdachung des Caṅkramaṇa getragen, Die entsprechenden Gegensteine sind bei der Vergrößerung des Mahābodhi-Tempels durch dessen Nordmauer überdeckt worden.

Um den inneren Steinzaun an der Westseite des Mahābodhi-Tempels, der nur den Bodhi-Baum und den Diamantsitz umschließt, verläuft ein weiterer Steinzaun, der den gesamten Sakralbereich des Tempels umgreift. Seine Pfosten und Querbalken kopieren die Bauweise aus Holz. Auf den Querbalken und auf den Pfosten, wo die Querbalken einmünden, befinden sich kreisrunde Medaillons mit Lotosblüten, Porträtköpfen, Tieren oder Szenen aus den Jātakas, dem Buch der Geschichten aus den früheren Existenzen des Buddha. Die Decksteine zeigen ein durchlaufendes Band mit vielerlei Motiven. In manche alten Pfosten sind die Namen ihrer Stifter eingemeißelt. Auf der Brüstung innerhalb des Steinzaunes haben die Archäologen monolithische Votivstūpas aus vielen Jahrhunderten aufgestellt, die auf dem Gelände außerhalb des Zauns gefunden worden sind.

Freien Blick auf Bodhi-Baum, Tempel und den größeren Steinzaun hat man von der Nordwestecke des Außengeländes. Die günstigste Jahreszeit für den Besuch des Mahābodhi ist nach dem jährlichen Monsunregen, d.h. in den Monaten Oktober bis Februar. In dieser Zeit zeigt sich der Bodhi-Baum sattgrün belaubt. Ab März werden die Tage heißer, und um den 10. Juni bricht die neue Regenzeit los.

Europäische und amerikanische Buddhisten lassen sich gern an der Nordwestecke des Außengeländes um den Tempel zur Meditation nieder, denn von hier hat man den Bodhi-Baum und den Tempel zusammen im Blick. Die Anhänger des tibetischen Buddhismus haben sich Pritschen vorbereitet, auf denen sie ihre rituellen Niederwerfungen vollziehen – je nach Ergriffenheit und physischem Vermögen 108 oder 1008 Mal.

Bei der Rechtsumschreitung des Mahābodhi-Bereichs sind wir an der Nordost-Ecke des Tempelkomplexes angelangt. Vom Straßenniveau von Uruvilvā schauen wir auf das vertieft liegende archäologische Gelände hinunter. (Der Baum rechts ist nicht der Bodhi-Baum.)

Die Schrägsicht von Nordosten auf das nach Osten offene Tor macht die Frontarchitektur des Mahābodhi-Tempels deutlich. Der Steinzaun um den Sakralbereich stammt, wie Einritzungen in Brāhmī-Schrift erkennen lassen, in den ältesten Teilen aus der Aśoka-Zeit, jedoch wurde der Zaun in späteren Perioden erweitert und durch neue Pfosten, Querbalken und Decksteine ergänzt. Bei Reparaturen wurden alte und neuere Teile gemischt.

Der ebenerdige *Shrine room*, das Sanktuarium des Tempels lotrecht unter der Tempelspitze. Das goldene Kultbild des Buddha wird elektrisch angestrahlt. Die Skulptur, die den Buddha mit dem Blick nach Osten auf dem Diamantsitz (*vajrāsana*) darstellt, hält die rechte Hand in der Geste der Erdberührung nach unten gesenkt. Das Werk aus dem späten 10. Jh. wurde auf Veranlassung von Cunningham 1880 aus dem Hindu-Maṭh von Bodhgayā wieder in den Mahābodhi-Tempel zurückverbracht. Es hat (ohne Nimbus und Sockel) eine Höhe von 1,7 m (Cunningham 1998: 54). Ein aus Śrī Laṅkā gestiftetes Mönchsgewand umhüllt die linke Schulter und den Körper der Figur, lässt aber gerade noch die rechte, mit den Fingerspitzen auf die Erde aufgesetzte Hand erkennen.

Der mittelgroße Tempelraum lädt zum Verweilen ein. Immer wieder hört man die in Pāli gesprochene Verehrungsformel: *Namo tassa Bhagavato Arahato Sammāsambuddhassa* (»Ehre ihm, dem Erhabenen, Heiligen, Vollkommen Erwachten«). Der Duft von Räucherstäbchen durchdringt die Luft – zuweilen so intensiv, dass der Besucher ins Freie strebt, um tief durchzuatmen.

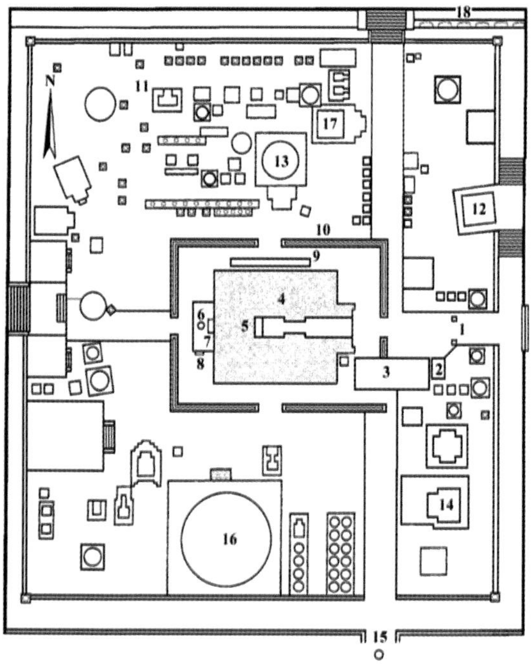

Der Mahābodhi-Tempel zu Bodhgayā – Archäologischer Bereich[23]

1. Torbogen über dem Hauptzugang zum Tempel.
2. Schrein mit steinernem Fußabdruck des Buddha.
3. Hindutempel mit fünf »safranisierten« buddhistischen Skulpturen.
4. Grundfläche des Mahābodhi-Tempels einschließlich der Ecktürme.
5. Innerer Vajrāsana, »Diamantsitz«. Er markiert den originalen Platz von Siddhārthas Erwachen zur Buddhaschaft.
6. Bodhi-Baum. Der originale Baum stand einige Meter weiter nach Osten und wurde, als der Tempel gebaut wurde, an die Westmauer des neuen Tempels versetzt.
7. Äußerer Vajrāsana aus der Zeit Aśokas. Ursprünglich lag er über dem älteren Vajrāsana (Nr. 5) und wurde beim Tempelbau – zusammen mit dem Bodhi-Baum – hierher versetzt.
8. Steinerner Fußabdruck des Buddha.
9. Meditations-Schreitweg.
10. Steinzaun aus verschiedenen Jahrhunderten.
11. »Juwelenhaus«-Schrein.
12. Jüngerer Tempel unbestimmter Funktion.
13. Nach Xuanzang (1981: II 123) der Tempel, wo der Buddha nach der Erwachung über den Bodhi-Baum meditiert haben soll.
14. Südost-Tempel, wo der Gott Brahma den jungen Buddha bewog, den Dharma zu verkünden.
15. Gupta-Säule im Hof nach dem Durchgang zum Mucilinda-Teich.
16. Grundfläche des abgetragenen Dharmarājika-Stūpa des Aśoka.
17. Mahānāma-Tempel, Stiftung des ceylonesischen Mönches Mahānāman[24] aus dem Jahr 588 nach Chr.
18. Außenbegrenzung des archäologischen Bezirks.

Schon in der Zeit der an-ikonischen buddhistischen Kunst Indiens, als der Buddha noch nicht als Person ab gebildet wurde, gab es Symbole, die seine geistige Gegenwart andeuteten; ein solches Symbol war der (stilisierte) Fußabdruck des Meisters. Mehrere in Stein gemeißelte Fußabdrücke wurden auf dem Gelände um den Mahābodhi-Tempel gefunden. Sie zeigen auf der Fußsohle das Rad der Lehre und sind oft durch weitere Glückszeichen dekoriert. Ihre Ausrichtung mit den Zehen auf den Betrachter soll diesem ermöglichen, sich vor dem als präsent gedachten Buddha zu verneigen.

Die meisten der Votivstūpas im Tempelbereich von Bodhgayā stammen aus der Zeit der Pāla-Dynastie (8.–12. Jh.). Ursprünglich sollen mehr als zweitausend Stūpas im Umkreis des Mahābodhi gestanden haben. Soweit sie vorgefertigt waren, wurden sie vor dem Tempeleingang verkauft (wie auf west lichen Friedhöfen die Grabsteine).

Neuere Forschungen haben deutlich gemacht, dass Votivstūpas oft den Zweck haben, karmisches Verdienst (*puṇya*) auf eine verstorbene Person zu übertragen. War die Totenasche nicht mehr verfügbar, wurden geschriebene Segenssprüche (*dhāraṇī*) in den Stūpa eingeschlossen in der Erwartung, dass sie für eine günstige wiedergeburtliche Zukunft des Toten wirksam werden. War die Asche zur Hand, wurde sie in einer kleinen Kammer unterhalb der Stūpaspitze beigesetzt und der Stūpa häufig mit einer Widmung versehen. Sie kann sowohl den Stifter als auch den Bedachten angeben; falls es sich um einen Mönch oder eine Nonne handelt, manchmal sogar dessen/deren Erlösungsgrad (Schopen 1997: 170 f.).

Die vielerorts schnurgeraden Reihen von Beisetzungsstūpas lassen erkennen, dass ein örtliches Klosterkomitee bestimmte, wer einen Stūpa erhalten sollte und an welcher Stelle. Die Bräuche waren an jedem Kloster anders und unterlagen auch zeitlichem Wandel.

Nach seiner Erwachung unter dem Bodhi-Baum blieb der Buddha noch einige Zeit in Uruvilva. Einmal soll er sich (einige Schritte nördlich des Baumes) beim »Juwelenhaus« (*Ratanāgāra*) aufgehalten haben, wo er über den Ursprung (*prasthāna*) des Leidens nachdachte, d. h. über das Gesetz von Ursache und Wirkung. (P.) *Paṭṭhāna*, »(Buch des) Ursprungs« ist auch der Titel eines Werkes im Pāli-Kanon, das sich mit den Beziehungen zwischen geistigen und materiellen Dingen befasst. Es gehört zu den sieben Büchern des (P.) *Abhidhamma-piṭaka*, des »Korbes der Scholastik«, dessen Studium vor allem in den Klöstern in Burma (Myanmar) gepflegt wird. Burmesische Mönche sind es auch, die hier in Ergebenheitshaltung auf den Knien vor dem Abbild des Buddha Kapitel aus dem *Paṭṭhāna*-Buch rezitieren. Frühere Besucher haben ihre Frömmigkeit durch das Ankleben von Blattgold an dem Schrein bekundet.

Rund hundert Meter südlich vom Eingang des Mahābodhi-Tempels überquert man einen vertieft liegenden Hof, der durch ein fünftoriges Portal zum Mucilinda Teich führt. Mittelpunkt des Hofes ist eine monolithische Säule ohne Inschrift und Kapitell. Sie wird von vielen Besuchern für eine Aśoka-Säule gehalten – irrigerweise, denn wahrscheinlich stammt sie aus der Gupta-Zeit (320–500 nach Chr.). Ursprünglich stand sie am Sujātā-Stūpa in dem Dorf Senāni (heute Bakraur) auf der Ostseite der Nairañjanā gegenüber von Uruvilva. Während des *British Rāj* wurde sie nach Gayā gebracht, wo sie der hinduistischen Ahnenverehrung diente. Von dort wurde sie Anfang des 20. Jahrhunderts in die Nähe des Mahābodhi-Tempels verpflanzt (Falk 2006: 228) – vermutlich um hier weitere hinduistische Bräuche anzusiedeln und den hinduistischen Anspruch auf den Bodhgayā-Komplex zu stärken. In der Tat wird die Säule von den Hindus rege besucht und als Schrein des Ahnenkults betrachtet; jedenfalls an astrologisch günstigen Tagen. An einem astrologisch ungünstigen Tag, als dieses Foto entstand, bleibt die Säule unbeachtet.

Um »das Glück der Erlösung« zu genießen, ließ sich der Buddha in der dritten Woche nach seiner Erwachung bei Uruvilva unter einem Mucilinda-Baum nieder (Ud 2,1; Mvg 3). Da brach mit Sturm und Kälte ein gewaltiger Regen aus, der den unter dem Mucilinda-Baum wohnenden Schlangenkönig gleichen Namens aus seiner gefluteten Höhle nach oben ins Freie trieb. Um den dort sitzenden Erhabenen vor den Unbilden zu schützen, umwand er den Buddha mit seinem Schlangenkörper und beschirmte ihn vor dem Regen, indem er seine Schlangenhaube über dem Erwachten ausbreitete. Als das Wetter sich gebessert hatte, löste er seine Windungen, erschien vor dem Meister in Gestalt eines jungen Mannes und ehrte den Buddha, sich verneigend, mit zusammengelegten Handflächen. – Der Legende mag eine tatsächliche Begegnung des Buddha mit einer Kobra zu Grunde liegen.

Mit keinem Wort erwähnt der Text einen Teich, in dem die Schlange gelebt habe. Schlangen (*nāga*) und Wasser treten jedoch nach indischer Erfahrung meist gemeinsam auf, ja gehören zusammen, wie viele glauben. In jüngerer Zeit hat man deshalb auf Wunsch der Pilger eine Darstellung des Buddha unter der Schlangenhaube in die Mitte des Teichs gesetzt. Der ehemalige Buddha-Teich heißt seitdem der Mucilinda-Teich.

Als historisch darf man annehmen, dass der Buddha einst in dem ursprünglichen, von Pflanzen überwucherten kleinen Weiher gebadet hat. Die Vergrößerung des Weihers für Pilger geschah im 10. Jh. nach Chr.; seinen heutigen Ausbau erhielt der Teich zwischen 1953 und 1956.

Freude macht der Mucilinda-Teich den Besuchern vor allem, wenn der Lotos blüht. Der allgemeine Name »Lotos« bezeichnet in Indien zwei Arten von Wasserpflanzen: Nymphaeen und Nelumbien (Syed 1990: 613). Von Zeit zu Zeit muss der Bewuchs allerdings entfernt werden, damit der Teich nicht versumpft. (Foto 1989)

Auch aus dem schmutzigsten Tümpel wächst der Lotos makellos sauber hervor. Er ist deshalb in den indischen Religionen das Symbol der ethischen Reinheit.

Die Sanskrit-Sprache besitzt für den Lotos etwa 30 Bezeichnungen und unterscheidet ihn nach den Farben blau, rot oder weiß, nach seiner Standhöhe auf oder über dem Wasserspiegel (M 26,21) und nach der Zeit seiner Blütenöffnung (bei Tag oder bei Nacht). Zudem gibt es für ihn Dutzende poetischer Umschreibungen. Der höchststänglige und weiße Lotos ist der Puṇḍarīka, nach dem der Mahāyāna-Buddhismus sein populärstes Sūtra – den »(weißen, alle anderen Lotosse überragenden) Lotos des guten Gesetzes« – (*Saddharmapuṇḍarīka*) benannt hat. Gelbe Lotosse werden in den alten Texten selten erwähnt, und wenn, werden sie als goldfarben bezeichnet.

1884, nach Abschluss der Restaurierung des Mahābodhi-Tempels von Bodhgayā, kam die Frage auf: Wem gehört der Tempel? Den Buddhisten, die ihn errichtet und bis zu ihrer gewaltsamen Vertreibung durch muslimische Truppen um das Jahr 1200 als Heiligtum gepflegt haben? Den Hindus, die sich um den Erhalt des Tempels niemals kümmerten, ihn aber beanspruchen, weil der Buddha ein Avatara (Weltauftritt) des Hindu Gottes Viṣṇu gewesen sei? Der britischen Indien-Regierung, die ihn archäologisch gerettet und für die Buddhisten aller Länder als Pilgerziel wieder attraktiv gemacht hat? – Eine Antwort auf diese Fragen wurde bis heute nicht gefunden und beschäftigt die Gemüter weltweit.

Der Erste, der öffentlich forderte, den Tempel in buddhistische Hände zurückzugeben, war Sir Edwin Arnold (1832–1904), der Verfasser des englischen Buddha-Epos »*The Light of Asia*« (1879). Nach einer Besichtigung des restaurierten Tempels 1885 appellierte er entsprechend an die indische und die britische Regierung sowie an die buddhistischen Länder. Eine Reaktion kam aus Ceylon, wo Anagārika Dharmapāla (1864–1933) im Jahr 1891 die *Mahābodhi Society* gründete mit dem erklärten Ziel, den Tempel von Bodhgayā wieder unter buddhistische Verwaltung und Obhut zu bringen. 1892 siedelte die Leitung der MBS nach Kalkutta über. Trotz größter, auch gerichtlicher Bemühungen Dharmapālas stellte sich ein Teilerfolg erst nach seinem Tod ein: als nach der Unabhängigkeit Indiens (1947) die Regierung des Unionslandes Bihār 1949 den *Bodhgaya Temple Act* beschloss und ein *Buddhagaya Temple Management Committee* einsetzte. Es hat zu bestehen aus dem *District Magistrate* von Gayā als Vorsitzendem und vier hinduistischen sowie vier buddhistischen Mitgliedern, die von der Regierung von Bihār nominiert werden und indische Staatsbürger sein müssen; im BTMC haben also stets die Hindus die Oberhand.[25] Im Mai 1953 übergab der Mahant (Abt) des Bodhgayā-Hinduklosters die Verwaltung des Mahābodhi-Tempels – die seinen Amtsvorgängern infolge der muslimischen Vertreibung der Buddhisten in den Schoß gefallen war – dem indischen Staatspräsidenten Dr. Radhakrishnan, blieb aber selber Mitglied des *Buddhagaya Temple Management Committee*. Finanzielle Hilfen von Regierungsseite erhält der Tempel nicht; er hat sich durch Spenden zu finanzieren.

Um die Mitte des 20. Jahrhunderts gaben einige Ereignisse in der buddhistischen Welt der Frage um die Mahābodhi-Verwaltung neue Aktualität. 1956 – in dem Jahr, das von den Buddhisten Süd- und Südost-Asiens als der 2500. Jahrestag des Parinirvāṇa (Verlöschen) des historischen Buddha begangen wurde – trat in Nagpur (Mahārāshtra) der als Kastenloser geborene indische Verfassungsjurist und ehemalige Justizminister Dr. B. R. Ambedkar (1891–1956) öffentlich zum Buddhismus über. Mit ihm gemeinsam konvertierten eine halbe Million seiner kastenlosen Landsleute. Ambedkar starb noch im gleichen Jahr, aber der von ihm in Gang gesetzte Trend, sich als Kastenloser durch den Übertritt zum Buddhismus der Verachtung der Hindus zu entziehen, hielt an. Heute (2008) sind die »Neo-Buddhisten« mit fünf Millionen Menschen, und die Buddhisten aus Ladakh, Sikkim und (soweit sie in Indien eingebürgert wurden) Tibet in der indischen Parteienlandschaft ein Faktor.

Beigetragen zur Bekanntheit des Buddhismus in der Welt hat zudem 1959 die Flucht des 14. Dalai Lama aus seinem (von China beanspruchten und seit 1950 besetzten) Heimatland Tibet nach Indien. Durch seine Friedenspolitik gegenüber Rotchina, seine buddhistischen, nicht missionierenden Vorträge und Bücher und durch seine Auszeichnung mit dem Friedens-Nobelpreis (1989) hat er die Zahl der westlichen Buddhisten vervielfacht und den Pilgerstrom nach Bodhgayā belebt. Der Spendenzufluss aus Japan, Korea, Hongkong, Taiwan, den USA und Europa ist seit etwa 1970 rege, wenn auch, wie indische Zeitungen mehrfach beklagten, die Gelder nicht immer in der richtigen Tasche landen. Ohne Frage wäre es im Sinn aller Buddhisten, dass das Tempel-Management von Bodhgayā wieder in buddhistische Hände kommt. Auch prominente Hindus haben sich in diesem Sinn ausgesprochen.

Im Frühjahr 1992 nahmen die Neo-Buddhisten oder, wie man sie auch nennt, Ambedkaristen, die Sache selber in die Hand, angeführt von Bhikṣu Nāgārjuna Surai Sasai, einem gebürtigen Japaner mit indischer Staatsbürgerschaft. Am 16. Mai – dem Vollmondtag, an dem die Buddhisten der Geburt, der Erwachung (*bodhi*) und des Parinirvāṇa des Buddha gedenken – erschienen etwa 150 Buddhisten aus Mahārāshtra in Bodhgayā, rissen in einem Seitenschrein den dortigen buddhistischen Figuren die Gewänder herunter, mit denen die Hindus sie in hinduistische Wesenheiten umwandeln wollten, und drangen dann in den zentralen Mahābodhi-Tempel ein, um das in der Nähe des Buddhabildnisses stehende Śivaliṅgam (das phallische Allmachtssymbol des Hindugottes Śiva) zu entfernen. Natürlich wurden sie von Hindus gehindert. Es gab ein Gerangel, in dessen Verlauf ein Hindu-Mönch verletzt wurde. Die Polizei wurde gerufen und stellte für die Folgezeit Wachen auf. Die Buddhisten hatten sich durch die Handgreiflichkeiten ins Unrecht gesetzt und das buddhistische Gebot der Friedlichkeit verletzt, aber ihr Anliegen weltweit bewusst gemacht: »Dies ist der heiligste Platz für 300 Millionen Buddhisten, aber Kastenhindus verwalten ihn!« (*India Today*, 30. Juni 1992). Mehrere indische Politiker haben sich der Sache der Buddhisten angenommen und versprochen, sich für eine Neufassung des *Bodhgaya Temple Act* einzusetzen. Geschehen ist nichts, denn der jeweilige *Mahant* (Abt) des śivaitischen Hindu-Klosters von Bodhgayā ist als Eigentümer großer Flächenteile des Ortes und als Großgrundbesitzer von Bihār ins Grundbuch eingetragen und sein Argument, der Buddha sei ein Avatāra des Gottes Viṣṇu gewesen, ist im Agni- und im Bhāgavata-Purāṇa (2,7) belegt und wird von vielen Hindus geglaubt.[26] Der Hindu-Mahant von Bodhgayā hat angekündigt, dass die Hindus sich jedem Versuch der Regierung, den *Bodhgaya Temple Act* von 1949 neu zu fassen,

Die Toleranz der Buddhisten, die auf dem Gelände des Bodhgayā-Tempels auch hinduistische Skulpturen zuließen, wird heute gegen sie ausgelegt und liefert Argumente für die Leute, die den buddhistischen Tempel als hinduistisches Bauwerk beanspruchen: Der Buddha sei auf Erden erschienen als 9. Avatāra des Hindu-Gottes Viṣṇu. In der Nähe des Mahābodhi-Tempels stehen nebeneinander:
- der hinduistische Feuergott Agni, der die Opfergaben als Rauch zu den Göttern trägt,
- der Hindugott Śiva mit seinem Begleiter, dem Nandi-Stier, und die Göttin Pārvatī mit dem Löwen,
- der vierarmige (mahāyāna-buddhistische) Bodhisattva Avalokiteśvara, der durch das Mantra »Oṃ. Mani padme. Hūṃ.« zur Hilfe gerufen werden kann, und
- der elefantenköpfige Hindugott Gaṇeśa, der jeglicher Tätigkeit guten Anfang und Erfolg sichern soll.

Muslimische Eiferer haben allen Figuren die Nase abgeschlagen.

widersetzen werden. Die neo-buddhistischen Wortführer, die den Mahābodhi-Tempel von der hinduistischen Kontrolle »befreien« wollen, und als ehemalige Kastenlose und jetzige Buddhisten, befürchten, durch die hinduistische Vereinnahmung des Buddha wieder ins Kastensystem hineingerissen und verachtet zu werden – sie beabsichtigen, zwecks freier Ausübung ihrer Religion die Vereinten Nationen anzurufen. Inzwischen halten sie ihr Anliegen durch Agitationen in öffentlicher Erinnerung.

Warum scheut sich die indische Regierung, den buddhistischen Bodhgayā-Tempel unter buddhistische Verwaltung zu stellen? – Sie befindet sich in einer Zwickmühle, denn ob sie sich für das buddhistische oder das hinduistische Anliegen entscheidet: Unruhen und Blutvergießen wären in jedem Fall die Folge. Schon die britische Indienregierung, die den Tempel vor dem Verfall rettete und den Buddhisten wohlgesinnt war, hatte die Entscheidung nicht gewagt, denn Indien war und ist überwiegend hinduistisch, und die damalige Kolonialmacht wollte sich keine Schwierigkeiten mit der Bevölkerungsmehrheit einhandeln. In derselben Situation ist die souveräne indische Regierung heute. Die indischen Buddhisten stellen nur einen winzigen Prozentsatz der Milliardenbevölkerung und genießen als »Atheisten«, als Missachter des Veda und der Kastenordnung sowie als philosophische Gegner des hinduistischen Ātman-Glaubens bei Hindus wenig Sympathie. Nur zu Anlässen, wenn es gilt, Indiens Rolle als Kulturgeber für ganz Asien herauszustellen oder den buddhistischen Friedenskaiser Aśoka als Leitbild der indischen Regierung zu feiern – nur dann finden indische Politiker für den Buddhismus freundliche Worte.

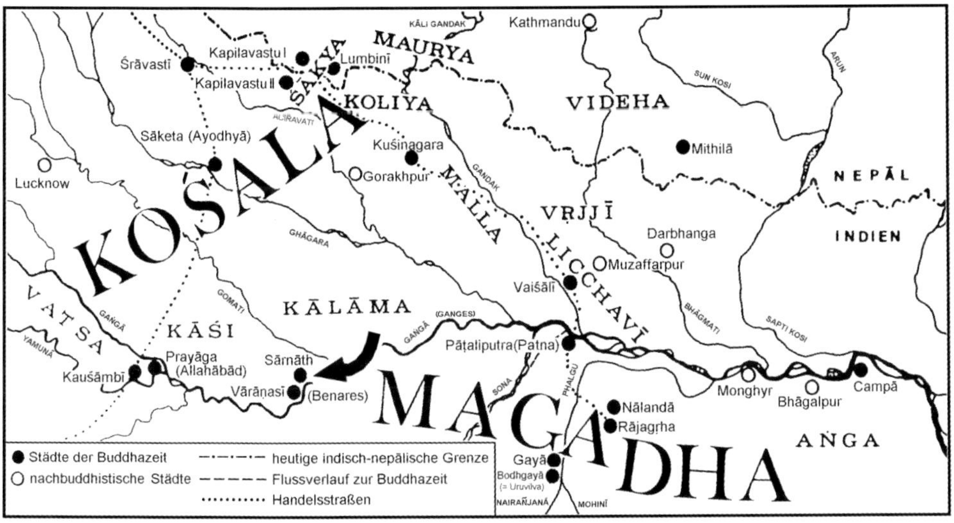

5. Sārnāth (Ṛṣpatana) – Das Rad der Lehre rollt an

Erst nach einigem Verweilen in Uruvilva wurde dem jungen Buddha bewusst, dass er den in der Bodhi gefundenen Erlösungsweg nicht als privaten Besitz betrachten durfte, sondern ihn der Menschheit zugängig machen sollte. Der Pāli-Kanon schildert diese Einsicht als das Ergebnis eines Gesprächs mit dem Gott Brahma. Am Ende der Wechselrede entschloss sich der Buddha, seine Erkenntnisse zu verkünden (M 26,19-21; Mvg 7-9).

Da seine ehemaligen Mentoren Ārāḍa Kālāma und Udraka Rāmaputra inzwischen verstorben waren, kamen ihm die fünf Mitbrüder aus der Zeit der Askese in den Sinn: Sie würden den Dharma verstehen. Um vor ihnen, die sich jetzt bei Benares (Kāśi) aufhielten, »das Rad der Lehre« in Gang zu setzen (M 26,22-24), begab sich der Buddha auf den (210 km langen) Marsch nach Nordwesten.

Kurz nach dem Aufbruch von Uruvilva begegnete ihm der Ājīvika-Wandermönch[27] Upaka, dem das Strahlen des fremden Mönchs auffiel, und der den Buddha darauf ansprach. Der Meister antwortete mit stolzem Pathos, angeblich in Versen:

> Gleich mir sind Sieger jene, die die Leidfaktoren[28] ausgemerzt.
> Üble Gedanken sind besiegt, darum bin auch ein Sieger ich.

Upaka erwiderte: »Schön wär's, Freund!« – schüttelte den Kopf und schlug einen Seitenweg ein. (M 26,25; Mvg 11)

Der Chaukhaṇḍī-Stūpa von Sārnāth liegt 10 km nördlich der Stadt Benares und 500 m außerhalb des dortigen archäologischen Bezirks. Er soll die Stelle bezeichnen, wo der Buddha die fünf Mitbrüder aus seiner Askesezeit wieder traf; wahrscheinlich hatten sie dort ihre Wohnhütten. Der Name des Stūpa bedeutet »der Vierseitige« (Skt: *catur-khaṇḍin*) und bezieht sich auf die quadratische Grundplatte des im Stūpa-Teil kreisrunden Bauwerks. Der Stūpa entstand im 4./5. Jh. nach Chr. unter der Gupta-Dynastie. Im 6. und 11. Jh. beschädigt, wurde er seit seiner weiteren Zerstörung durch muslimische Bilderstürmer im Jahr 1194 als Steinquelle ausgeschlachtet. Der achteckige Turm hat keine buddhistische Bedeutung. Er wurde 1588 auf dem damals herrenlosen Steinhügel errichtet und erinnert daran, dass Humayun, der Vater des Moghul-Kaisers Akbar, auf der Flucht vor Feinden einmal eine Nacht hier geweilt hat.

Nach der Stabilisierung des Turms ist der *Archaeological Survey of India* jetzt dabei, den Stūpa zu restaurieren. An bisher drei Seiten wurden die Ziegelabdeckung des Tumulus und die drei Stufen des Unterbaus wiederhergestellt. Die Außenwände der Stufen enthalten Nischen, in denen in der Gupta-Zeit Statuen ihren Platz hatten.

Die Wiederbegegnung des Buddha mit seinen ehemaligen Askesegefährten Kauṇḍinya, Bhadriya, Vāṣpa, Mahānāman und Aśvajit im Mṛgadāva (»Gazellenhain«) in Sārnāth (bei Benares) war anfänglich kühl, denn als die fünf ihn herankommen sahen, beschlossen sie, sich gegen den vermeintlich Abtrünnigen abweisend zu verhalten. Je näher Gautama jedoch herankam, desto weniger konnten sie an ihrer Absicht festhalten. Sie begrüßten ihn, nahmen ihm Almosentopf und Mantelrobe ab, boten ihm einen Sitz und brachten ihm Wasser zum Kühlen der Füße. Als sie ihn nach alter Gewohnheit mit »Bruder« anredeten, verbat sich der Buddha diese Vertraulichkeit. »Mönche, sprecht den So-Gekommenen[29] nicht (mehr) mit ›Bruder‹ an. Ein Vollendeter ist der So-Gekommene, ein (jetzt) Vollkommen Erleuchteter.[30] Hört, Mönche: Das Todlose (*Nirvāṇa*) ist erreicht. Ich werde euch unterweisen, ich werde euch die Lehre darlegen.« (M 26,27; Mvg 12) Dennoch dauerte es einige Zeit, bis die fünf ihren Zweifel überwunden und zu ihm als dem *Buddha* Vertrauen gefasst hatten.

Der Blick vom Humayun-Turm nach unten zeigt die Reste einiger kürzlich freigelegter Klöster aus der Gupta-Zeit.

Der archäologische Bezirk von Sārnāth erstreckt sich über eine Fläche von 300x300 m. Funde aus der Lebenszeit des Buddha gibt es nicht; die Baulichkeiten von Sārnāth entstanden zwischen der Zeit des Kaisers Aśoka (272–232 *vor* Chr.) und dem 12. Jh. *nach* Chr., also über 1400 Jahre. Seine religiös lebendigste Zeit hatte Sārnāth vom 3. bis 7. Jh. nach Chr. Im Jahr 1017 wurden Benares und der Pilgerort angegriffen und verwüstet durch die Soldaten des Sultans Mahmūd Ghaznī, dem es hauptsächlich um Beute ging; 1193/94 ein weiteres Mal durch die Truppen von Muhammad Ghurī, die Befehl hatten, »Götzenbilder« zu zerschmettern. Die Zerstörung Sārnāths und anderer buddhistischer Stätten war so perfekt, dass vom Beginn des 13. Jahrhunderts an nur noch Ruinen existierten. Der Buddhismus war damit aus dem Land seines Ursprungs vertrieben.

Als die britische *East India Company*, die damals große Teile Indiens verwaltete, 1794 auf Sārnāth als archäologisch bedeutsamen Ort aufmerksam wurde, lag das Ruinengelände 6 m tief unter angewehter Erde und war überwuchert von Büschen und Bäumen. Erste Grabungen in Sārnāth unternahm 1815 Col. C. Mackenzie. Weitere Grabungen wurden durchgeführt von Cunningham (1834–1836), Kittoe (1851–1852), Horne (1865), Rivett-Carnac (1877), Oertel (1904–1905), Marshall (1907–1908), Hargreaves (1914–1915) und Sahni (1921–1922).

Der Blickfang des archäologischen Bezirks von Sārnāth ist der 33,50 m hohe Dhamek-Stūpa[31], dessen acht vergoldete Statuen zwar aus ihren Nischen herausgerissen und zerschlagen wurden, der aber ansonsten durch seine Massigkeit und Höhe der muslimischen Totalzerstörung entging. Sein Name Dhamek war ungeklärt, bis der Fund eines Tonsiegels aus dem 12. Jahrhundert die Erklärung lieferte. Das Siegel trägt den Text *Dhamāka jayatu*, »Möge das Rad der Lehre siegreich sein«. Der Stūpa kennzeichnet demnach die Stelle, wo der Buddha vor den fünf ehemaligen Mitasketen das »Rad der Lehre« (*dharmacakra*) in Gang setzte, d. h. die Erkenntnisse, die ihn zum *Buddha* gemacht hatten, zum ersten Mal öffentlich vortrug. Der Stūpa, dessen unterer Durchmesser 28,40 m beträgt, verjüngt sich in 11 m Höhe. Der untere Teil besteht aus Natursteinblöcken, die durch Eisenklammern zusammengehalten werden, der obere, schmalere Teil ist aus Ziegeln gemauert und jünger.

Stūpas sind massive Bauwerke ohne betretbaren Innenraum. Sie werden verehrt durch Umwandeln im Rechtskreis. Manchmal enthalten sie eine Reliquie, manchmal einen Text, der die Lehre, »den Geist des Buddha«, repräsentiert. Die Steinplatte, die die Archäologen einen Meter unter der Spitze des Dhamek-Stūpa fanden, enthält in Sanskrit die Kurzdefinition der Buddhalehre:

> Von allen ursächlich entstandnen Dingen
> hat der Erhabene die Ursache erklärt.
> Und auch, wie sie zur Aufhebung zu bringen,
> hat uns der große Wandermönch gelehrt.

Der (im Original ungereimte) Vers, der in knappster Form die karmische Entstehung des leidhaften Daseins (aus der Gier) und die Beendigung des Wiedergeburtenkreislaufs durch die Aufhebung (der Gier) beschreibt, ist schon im Pāli-Kanon belegt (Mvg 60) und in der ganzen buddhistischen Welt verbreitet.

Der gelbe Tempel rechts im Bild ist nicht buddhistisch. Er wurde 1824 auf dem damals noch ungeschützten archäologischen Feld gebaut und ist der Erinnerung an den 11. Tīrthaṅkara (»Furtmacher« = Lehrer) der Jaina-Religion gewidmet. Der Stifter des Jainismus war ein Zeitgenosse des Buddha namens Vardhamāna. Bekannter ist er unter seinen Ehrentiteln Mahāvīra (Großer Held) und Jina (Sieger).

Der Archäologe Alexander Cunningham, der den Dhamek-Stūpa von 1834 bis 1836 untersuchte, ließ den Sockel des Bauwerks freilegen und den Grünbewuchs entfernen. Ein Foto des britischen Fotografen Samuel Bourne[32] – drei Jahrzehnte nach Cunninghams Grabung, d. h. 1865/66 aufgenommen – zeigt, dass einiger Bewuchs zurückgekehrt ist und dass Cunningham die von Steindieben an der unteren Stūpa-Trommel verursachten Schäden nur soweit gutmachen konnte, dass weiterer Verfall verhindert wurde. Auf dem Foto erkennbar sind links oben und rechts in der Mitte des Stūpa die noch offenen Stellen, durch die Cunningham den Turm 1835 auch von innen erforschte. Reliquien des Buddha wurden nicht gefunden, aber man entdeckte, dass sich in dem großen Stūpa ein kleiner Ziegelstūpa aus dem 3. Jh. vor Chr. verbirgt. Aus diesem Ur-Stūpa aus der Zeit des Kaisers Aśoka ist das heutige Bauwerk durch mehrere Ummantelungen und Aufstockungen entstanden.

Unter der Gupta-Dynastie (320–510 nach Chr.) erhielt der damals vermutlich nur 20 m hohe Dhamek-Stūpa die Steinummantelung mit den acht Erkern, in deren Nischen Buddhastatuen ihren Platz hatten. Zudem wurde die Ummantelung durch Steinmetzarbeiten aufgeheitert. Das Steindekor wiederholt wahrscheinlich die Muster der Tücher, mit denen man bei Festlichkeiten den unteren Teil des Stūpa verhängte. Es wäre denkbar, dass das skulpturierte Dekor farbig bemalt war.

Das Gupta-Dekor am Dhamek-Stūpa variiert von Bildfeld zu Bildfeld, aber die Motive sind stets nicht-buddhistisch neutral. Zu sehen sind Ranken, rechts- und linksläufige Swastikas, geometrische Muster, Leisten mit Blütenköpfen, Enten und Gänse und, in einem Fall, ein Naturgeist auf einer Blüte.

Die letzte große Reparaturlücke in der Ummantelung des Dhamek-Stūpa ist 1990 geschlossen worden. Die von den Restauratoren ersetzten Flächen sind glatt und können mit den alten Teilen nicht verwechselt werden. Anagārika Santuṭṭho hat eine der Nahtstellen zwischen alten und ersetzten Elementen 2007 im Bild festgehalten.

Eine Gruppe von jungen Indern umkreist den Dhamek-Stūpa im Schnellschritt, aber immerhin, wie traditionell geboten, rechtsläufig im Uhrzeigersinn (*pradakṣiṇā*). (Foto 1981)

Buddhistische Pilger umwandeln den Stūpa oft drei Mal und in Ehrfurcht. Manche tibetischen Pilger legen den Weg zurück, indem sie sich fortlaufend zu Boden werfen. Einen unauslöschlichen Eindruck macht der Stūpa am Vaiśākha-Tag (Vollmond im Mai), wenn er durch Tausende von Öllämpchen illuminiert ist und Pilger aus allen Teilen der Welt ihn andachtsvoll umschreiten.

An dem Platz in Sārnāth, wo heute der Dhamek-Stūpa steht, hielt der Buddha vor seinen ehemaligen Askesekameraden Kauṇḍinya, Bhadriya, Vāṣpa, Mahānāman und Aśvajit seine erste Lehrrede: das »Sūtra (P. *sutta*) vom Anschub des Dharmarades« (S 56,11 = Mvg 13-15). Er beschreibt darin seine Lehre als Mittleren Weg zwischen Ausschweifung und Selbstquälerei, gliedert ihre Inhalte in Vier Wahrheiten und benennt als die Quelle allen Leidens die Gier (*tṛṣṇā*, später: *lobha*).

> Einst weilte der Erhabene (Buddha) bei Benares im Gazellenhain Ṛṣipatana. Dort sprach er die fünf Mönche an:
>
> Diese beiden Extreme, ihr Mönche, sollte ein (in die Hauslosigkeit) Hinausgezogener nicht verfolgen. Welche beiden? (Einerseits:) Die Hingabe an Sinnesfreuden; sie ist die Weise des gemeinen Volkes, unwürdig, banausisch und zwecklos. (Andererseits:) Die Hingabe an Selbstquälerei, sie ist schmerzhaft, unwürdig und (gleichfalls) zwecklos. Diese beiden Extreme, ihr Mönche, hat der Erhabene vermieden, (denn) er hat erkannt, dass es der Mittlere Weg ist, der sehend macht, Wissen erzeugt, zur Beruhigung (der Leidenschaften), zur Erkenntnis, Erleuchtung und zum Nirvāṇa führt.
>
> 1. Dies, Mönche, ist die Edle **Wahrheit vom Leiden:** Geburt ist leidhaft, Altern ist leidhaft, Krankheit ist leidhaft, Tod ist leidhaft; Trauer, Jammer, Schmerz, Gram und Verzweiflung sind leidhaft; mit Unliebem vereint, von Liebem getrennt sein ist leidhaft; Begehrtes nicht erlangen ist leidhaft; kurz: Die Fünf Aneignungsgruppen (welche die empirische Person ausmachen) sind leidhaft.
>
> 2. Dies, Mönche, ist die Edle **Wahrheit von der Leidensentstehung:** Es ist die Wiedergeburt bewirkende, wohlgefällige, mit Leidenschaft verbundene Gier, die hier und dort Gefallen findet, nämlich: die Gier nach Lust, die Gier nach Werden, die Gier nach Vernichtung.

3. Dies, Mönche, ist die Edle **Wahrheit von der Aufhebung des Leidens:** die restlose Aufhebung, Vernichtung, Aufgabe, Verwerfung, das Freiwerden (und) die Abneigung gegen diese Gier.

4. Dies, Mönche, ist die Edle **Wahrheit von dem zur Leidensaufhebung führenden Weg:** Es ist dieser Achtspurige Weg, nämlich Rechte Ansicht, Rechter Entschluss, Rechte Rede, Rechtes Verhalten, Rechter Lebensunterhalt, Rechte Anstrengung, Rechte Achtsamkeit und Rechte Meditation.

So profund und richtungweisend diese »Ingangsetzung des Rades der Lehre« auch war, sie vermochte nicht, die fünf Gefährten sofort zur Erkenntnis zu bringen. Der Buddha gab ihnen deshalb weiteren Unterricht. Wenn drei der Männer auf Almosenrunde waren, unterrichtete er die übrigen zwei; an anderen Tagen, wenn zwei unterwegs waren, unterrichtete er die gebliebenen drei. Alle sechs lebten von dem, was die Almosensammler herbeibrachten (M 26, 29).

Der Erste, der die Grundlehren des Buddha verstand und um die Ordination als Mönch (*bhikṣu*) bat, war Kauṇḍinya, die anderen vier ehemaligen Asketen wurden etwas später Mönche (Mvg 17-19). Mit ihrer Anerkennung als Anhänger des Buddha war der buddhistische Mönchsorden (*saṅgha*) gegründet.

Nicht lange nach der Ordination der fünf gab der Buddha ihnen eine Lehrunterweisung, die in einem nicht-materialistischen System überrascht: Er unterrichtete sie über die Nichtexistenz einer Seele. Da die Seele (*ātman*, P. *attan*) in der indischen Philosophie stets als ewig, den Tod überdauernd verstanden wird, die empirische Person und ihre Komponenten aber alles andere als ewig sind, kann nichts in oder hinter der Person eine Seele sein. In der »Lehrrede von den Kennzeichen der Nicht-Seele« (S 22,59 = Mvg 20-24) führte der Buddha aus, dass die empirische Person aus fünf Komponenten (*skandha*) besteht: dem Körper und den immateriellen Faktoren Empfindung, Wahrnehmung, Willensregungen und Bewusstsein. Keiner von ihnen ist eine Seele, weil man von einer Seele Freiheit von Krankheit, zudem Beständigkeit über den Tod hinaus und Leidfreiheit erwarten muss. Nicht eine dieser Forderungen ist bei den fünf Persönlichkeitskomponenten erfüllt. – Mit der Ablehnung des Seelenglaubens hatte sich der Buddha zur indischen Theorie der Seelenwanderung in Opposition gestellt und sich verpflichtet, die Wiedergeburt anders als durch eine überwandernde Seele zu erklären.

Begeistert lauschten die fünf Mönche den Worten des Meisters, und noch während er sprach, ging ihnen die Erleuchtung und Erlösung auf.

In Sārnāth, vor den fünf Mitbrüdern aus der Zeit der Askese, setzte der Buddha das »Rad der Lehre« (*dharmacakra*) in Gang. Das Rad ist seitdem das Symbol des Buddhismus – analog dem Kreuz im Christentum. Als Ganzes in Rotation, aber in sich ein festgefügtes System aus Radkranz, Speichen und Nabe, in dem kein Teil verzichtbar ist, symbolisiert das Rad die Lehre des Buddha sehr treffend. Darstellungen aus der Aśoka-Zeit geben dem Rad 32 oder 24 Speichen, spätere indische Wiedergaben zeigen eine geringere Zahl. Anscheinend hatte die Zahl der Tragstreben ursprünglich keine symbolische Bedeutung.

Neben Darstellungen des Rades allein gibt es solche, die zu Seiten des *Cakra* zwei Gazellen abbilden: Hier die Symbolgruppe über dem Eingang zum heiligsten Tempel Tibets, dem Jokhang von Lhasa. Die Tiere verweisen auf den Ort der Andrehung des Rades, den Mṛgadāva (Gazellenhain) von Sārnāth. Der Hain heißt so, weil der Rāja von Benares das Areal zum Schutz der Tiere unter ein Jagdverbot gestellt hatte. Die Legende, wie es dazu kam, wird im Buch der Präexistenzen des Buddha erzählt (Jāt 12).

Auf den Wildschutz verweist auch der heute gebräuchliche Ortsname Sārnāth, der eine Verkürzung ist des Sanskritnamens *Sāraṅga-Nātha*, »Herr der Gazellen« (oder allgemeiner: der Tiere), der den Hindu-Gott Śiva bezeichnet. Dem Śiva ist bei Sārnāth ein Tempel gewidmet. Ein kleines Wildgehege nördlich des archäologischen Feldes hält die Tradition des Hains für Gazellen aufrecht.

Ungefähr 150 m nordwestlich des Dhamek-Stūpa liegen die Ruinen eines quadratischen Baus von 18,30 m Seitenlänge. Das Mauerwerk, unten Naturstein, darüber Ziegel, ist 2,50 m dick und soll, nach der Beschreibung des Chinesen Xuanzang, im 7. Jahrhundert einen Tempelturm von etwa 61 m Höhe getragen haben (Xuanzang 1981: II 45). Die vier Außenfronten des Turms seien durch goldene Buddhafiguren geschmückt gewesen. Das zentrale, aus Kupfer gegossene Kultbild in der Haupthalle habe den lebensgroßen Buddha in der Geste (*mudrā*) des Andrehens des Rades der Lehre dargestellt. – Der Schilderung nach war der Tempel dem Mahābodhi-Tempel von Bodhgayā ähnlich; die Ecktürme allerdings fehlten.

Der Tempel von Sārnāth steht auf der Stelle, wo die fünf ersten Mönche ihrem Meister eine Hütte errichtet hatten. Er wurde vermutlich im 4. Jh. nach Chr. erbaut und war der letzte nach mehreren Vorgängerbauten. Vom voran-

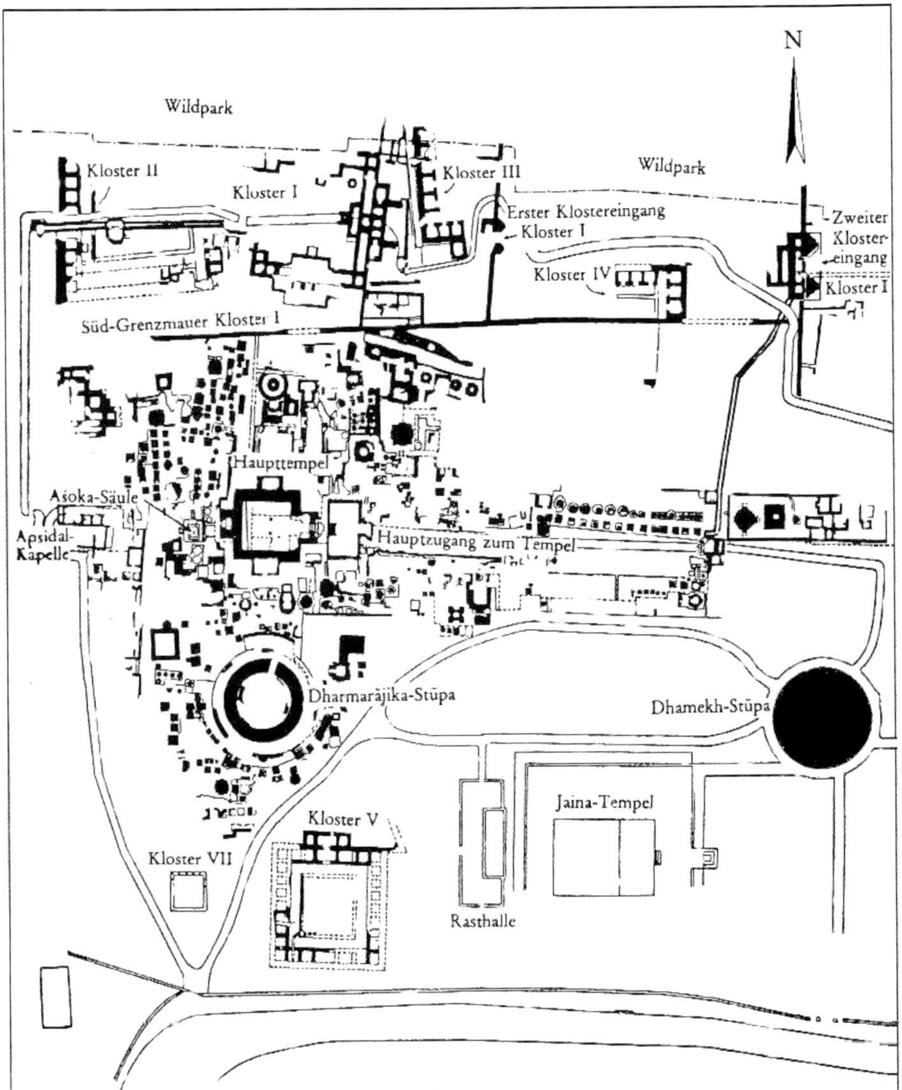

Sārnāth

das archäologische Gelände

Der Tempel kennzeichnet den Platz, wo die fünf ersten *Bhikṣus* für ihren Lehrer eine Hütte (*kuṭi*) aus Bambusspanten und Blättern für den Aufenthalt (*vihāra*) und zum Schutz vor Sonne und Regen gebaut hatten. Hier war des Buddha engerer Lebensbereich, hier brachte er seine erste Regenzeit als Ordensleiter zu. Der Name des Tempels, »Kloster der ursprünglichen Dufthütte (des Buddha)« (*Mūla-gandhakuṭi-vihāra*) verweist auf die Entstehung. Von einer *Duft*hütte ist die Rede, weil das Blattwerk der Abdeckung einen Geruch ausströmte. Übrigens verfügte der Buddha später, dass jeder Mönch seine selbstgebaute Hütte nach der Regenzeit wieder abreißen musste. Es durfte kein Besitzanspruch und kein Dauerwohnrecht entstehen.

An einer Reihe von zerstörten Votivstūpas vorbei schreitet der Pilger auf den Mūlagandhakuṭi-Tempel zu. Nach der muslimischen Verheerung von 1194 sind nur noch Mauerreste bis zu 4 m Höhe erhalten. Der Eingang der Tempelruine liegt nach Osten, denn alle frühen buddhistischen Tempel waren auf die Morgensonne ausgerichtet. Auch die altindischen Geografen zeichneten ihre Landkarten mit dem Osten nach oben. Der Osten heißt in Sanskrit *pūrva*, vorn.

Gemäß der Vermessung der Archäologen hatte die unversehrte Innenhalle des von den Guptas gestalteten Tempels einen Durchmesser von 13,70 m im Quadrat. Die Halle der heutigen Ruine ist enger, denn der Tempel ist zu einer nicht erschließbaren Zeit durch Säulen und massige Stützmauern vor den Zusammenbruch bewahrt worden. Die Innenhalle erhielt dadurch einen gestreckten Grundriss.

An der Westwand der Tempelhalle, mit dem Blick nach Osten, stand einst die zentrale Buddhaskulptur. Die Fläche davor wird heute gern von Bhikṣus und Pilgern zur Meditation benutzt. Pilger aus Thailand und Burma (Myanmar) haben ihre Verehrung des verloschenen Meisters durch das Anbringen von Blattgold bekundet. Die Mauern am Bildrand links und rechts sind später eingezogene Stützmauern. Auch die beiden nur als Stümpfe erhaltenen Säulen im Vordergrund dienten vermutlich der Stabilisierung der oberen Stockwerke.

gegangenen Tempel wurden zahlreiche behauene Steine in den Neubau übernommen.

Nicht lange nach der Gründung des Mönchsordens 528 oder 527 vor Chr. entstand auch eine buddhistische Laiengemeinde. Es war Yaśas, der Sohn eines reichen Kaufmanns aus Vārāṇasī (Benares), der den Anstoß gab. Trotz Wohllebens und Ehe gelangweilt und unzufrieden, besuchte er den Buddha im Wildpark Ṛṣpatana und erhielt von ihm eine gestufte Unterweisung, die ihn tief beeindruckte.

Inzwischen machte sich Yaśas' Mutter Sorgen um ihren Jungen, und sie bat ihren Mann, nach ihm zu suchen. Im Wildpark angekommen, erhielt auch Yaśas senior vom Buddha eine Unterweisung. Am Ende bekannte er sich durch das Aussprechen der »Dreifachen Zuflucht« (zum Buddha, zur Lehre und zur Mönchsgemeinde) als Laienbekenner (*upāsaka*) und lud den Buddha zusammen mit Yaśas junior zur Morgenmahlzeit ein. Durch Schweigen stimmte der Meister zu.

Sobald sein Vater den Wildpark verlassen hatte, bat Yaśas junior den Buddha, ihn als Mönch zu ordinieren. Der Meister entsprach dem Wunsch auf der Stelle. Gemeinsam mit dem »ehrwürdigen Bhikṣu Yaśas« nahm er am nächsten Morgen an der Speisung in Benares teil. Für den Dharma und seine Verbreitung wurde sie ein Erfolg. Yaśas' Mutter und seine ehemalige Ehefrau wurden Laienbekennerinnen (*upāsikā*), und vier Freunde des Yaśas ließen sich vom Buddha als Bhikṣus in den Orden aufnehmen. In der Folgezeit traten fünfzig weitere Freunde des Yaśas dem Saṅgha als Mönche bei (Mvg 25-31).

Mit dem Aussprechen der Dreifachen Zuflucht durch Yaśas' Vater, Mutter und (ehemalige) Ehefrau war neben den Mönchsorden eine zweite Gruppierung getreten: die Gemeinde der bürgerlich im Hause lebenden Laienbekenner. Sie ist für den Orden lebenswichtig, denn sie versorgt die Mönche mit Nahrung, Gewändern und Arzneien und stiftete im Lauf der Zeit zahlreiche Klöster (*vihāra*), die den gelb gewandeten Hauslosen während des jährlichen Monsunregens (Juni bis September) Obdach bieten. In der Regenzeit, wenn der Sturzregen die Wege aufweicht, Schlangen und Skorpione aus ihren Löchern kommen und die angeschwollenen Flüsse reißend und bedrohlich sind, müssen die Mönche an einem Ort sesshaft bleiben. In den übrigen Monaten des Jahres sind sie zum Umherwandern verpflichtet, um nirgendwo Anhaftungen zu entwickeln.

Seine erste Regenzeit als Ordensleiter verbrachte der Buddha in Sārnāth im Wildpark, wo die fünf Mönche ihm aus Bambusruten und Blättern eine Regenhütte (die *mūla-gandhakuṭi*) gebaut hatten. Gegen Ende des Monsuns (528 oder 527 vor Chr.) gab der Meister seinen Mönchen die Weisung, aus Mitleid mit den unerlösten Wesen in alle Richtungen der Welt hinauszuziehen, um auch dort die Lehre und den reinen Wandel darzulegen (Mvg 32). Die Mönche gehorchten und kamen nach einiger Zeit mit Männern zurück, die vom Buddha ordiniert werden wollten. Nach gründlichem Nachdenken kürzte der Meister das Verfahren ab: Er gab den Bhikṣus die Erlaubnis, fortan selber Bewerber in den Orden aufzunehmen (Mvg 34). Der Orden war damit zu einer eigenständigen Körperschaft geworden: abhängig vom Buddha in Fragen der Lehre und Ordensdisziplin, aber ermächtigt zu eigenen organisatorischen Entscheidungen.

Der Dhamek-Stūpa und der Mūlagandhakuṭi-Tempel von Sārnāth markieren Örtlichkeiten im *Leben* des Erhabenen, der Dharmarājika-Stūpa, die Aśoka-Säule und die Darstellungen des großen Lehrers in Stein dienen seinem *Angedenken*. Durch den Dharmarājika-Stūpa wurde das Augenmerk der britischen Indienregierung auf Sārnāth gelenkt.

1794 hatte Jagat Singh, der *Dewan* (Chefminister) des Rāja Chet Singh von Benares, den britischen *Commissioner* (Landrat) der Stadt, Jonathan Duncan, unterrichtet, dass seine Arbeiter bei der Beschaffung von Baumaterial in einer alten, von keiner Religion beanspruchten Ruine in »Sarnauth« eine Kammer freigelegt hätten mit einem runden Steinkasten, der eine zylindrische Dose aus grünem Marmor enthielt. Duncan besichtigte den Fund, der »aus einigen wenigen menschlichen Knochen ..., einigen verrotteten Perlen, Goldblättchen und weiteren Juwelen ohne Wert« bestand, und beschloss nach Beratung mit dem Dewan, die angekohlten Knochen nach Hindubrauch im Gaṅgā-Fluss zu versenken. So geschah es. Viele nahmen an, dass es sich um die Gebeine der Gemahlin eines verstorbenen Rāja gehandelt habe (Allen 2002: 93).[33] Duncan indes, bestärkt durch den Fund einer Buddhastatue, folgerte, dass das abgetragene Bauwerk eher ein buddhistisches Monument gewesen sei. Durch seinen Bericht darüber (1798) wurde der Fund in Indien publik. Endlich, 1815, erfolgte in Sārnāth die erste archäologische Grabung.

Endgültige Klärung der Bedeutung des zerstörten Stūpa erbrachte 1837 die Entzifferung der Brāhmī-Schrift durch den britischen Leiter der Münzprägeanstalt in Kalkutta und *Secretary* der *Asiatic Society of Bengal*, James Prinsep (1799–1840). Die Entzifferung machte es möglich, die in Säulen und Felswände gemeißelten Edikte des Kaisers Aśoka zu lesen. Um allen Teilen seines Reiches den Segen von Buddhareliquien zuteil werden zu lassen, hatte der fromme Kaiser sieben von den acht originalen Beisetzungsstūpas des Buddha öffnen lassen und ihnen Reliquienanteile entnommen. Sie wurden an vielen Orten des Aśoka-Reiches in speziell errichteten Stūpas beigesetzt. Alle diese Stūpas tragen den Namen Dharmarājika-Stūpa, »Stūpa des gerechten Herrschers« (Strong 1989: 110). Ein solcher Stūpa war der von Sārnāth gewesen, der 1794 abgetragen worden war, um mit seinen Steinen in Benares ein Stadtviertel zu bauen.

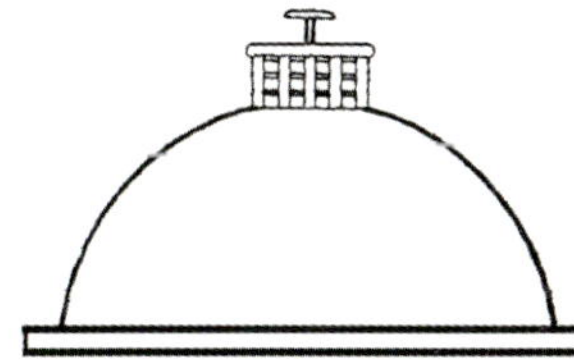

Der Dharmarājika-Stūpa von Sārnāth lag knapp 20 m südlich des Mūlagandhakuṭi-Tempels und war seit seinem Abriss nichts als eine kreisrunde Fläche mit einigen Ziegelresten am Rand und einem Markierstein im Zentrum. Der Durchmesser des ursprünglichen Baus betrug 13,50 m und lässt auf eine Stūpahöhe von etwa 6,50 m schließen, denn Aśoka-Stūpas hatten in der Regel die Form einer Halbkugel, die oben etwas abgeplattet war und unten nicht ganz bis zur Äquatorlinie reichte. Auf dem Scheitel der Kuppel stand entweder ein kubischer Aufsatz (*harmikā*) oder ein Steinzaun mit quadratischem Grundriss (*vedikā*). Aus der Mitte der Vedikā ragte ein steinerner Mast empor, der einen oder mehrere Hoheitsschirme (*chattra*) trug. Wenn chinesische Sārnāth-Pilger später in ihren Reiseberichten eine größere Höhe angeben, bezieht sich das auf eine Vergrößerung des Bauwerks, denn der originale Aśoka-Stūpa ist mehrfach ummantelt und aufgestockt worden. (Foto 1989)

In den Neunzigerjahren des 20. Jh. hat der *Archaeological Survey of India* den zerstörten Dharmarājika-Stūpa soweit wieder aufmauern lassen, dass der ursprüngliche Durchmesser und die sechs Phasen späterer Ummantelungen erkennbar werden. Die letzte Vergrößerung des Stūpa war im 12. Jahrhundert vorgenommen worden. Bei der Abtragung des Stūpa 1794 wurde die Reliquiendose des Buddha 8,50 m unter der Stūpaspitze gefunden (Agrawala 1984: 17).

Die gemauerte Trommel innerhalb der zerbrochenen Vedikā enthält noch einen Stumpf des einstigen Mastes für den Hoheitsschirm. In den Winkeln der Vedikā erkennt man die Steinösen, an denen (laut Dhammika 1999: 76) Ketten befestigt waren, die den Mast stabilisierten. Falk (2006: 214) hält den Steinzaun für ein Schutzgitter um einen Bodhi-Baum oder eine Säule; die Ösen hätten Flaggen gehalten.

Irgendwann, vielleicht bei einem Erdbeben oder einem Unfall während der Arbeiten zur Vergrößerung des Dharmarājika-Stūpa, ist die *Vedikā*, der monolithische Steinzaun, von der Stūpaspitze herabgestürzt und zerbrochen. Man behandelte das zerbrochene Stück aus der Zeit des großen buddhistischen Kaisers Aśoka mit Ehrfurcht und setzte es, soweit seine Konturen erhalten waren, in einer Außenkammer an der Südwand des Mūlagandhakuṭi-Tempels bei. Hier wurde es bei der Freilegung des Tempels 1904-1905 entdeckt, ebenso die gemauerte Steintrommel, die den Steinmast mit dem Hoheitsschirm einst gehalten hatte. Die Seitenlänge der quadratischen Vedikā beträgt 2,55 m, die Höhe 1,29 m (nach Falk 2006: 210).

Die Sārnāth-Grabung mit den sensationellsten Funden war die unter dem Archäologen F. O. Oertel (1904–1905). Er entdeckte und legte frei: den Mūlagandhakuṭi-Tempel mit der beschädigten Vedikā des Dharmarājika-Stūpa; die Aśoka-Säule mit den Löwenkapitell; den Gupta-Buddha in der Geste des Andrehens des Dharmarades und – als älteste Skulptur von Sārnāth – den

Eine Edikt-Säule des Kaisers Aśoka wurde wenige Meter westlich vom Mūlagandhakuṭi-Tempel gefunden. Sie ist zerbrochen, aber im Boden noch fest verankert. Bhikṣu Dhammika (1999: 75) schließt daraus, dass sie nicht von muslimischen Bilderstürmern niedergerissen, sondern von oben zerschlagen wurde, als schwere Brocken vom benachbarten Tempelturm herabstürzten. Dafür spricht auch, dass das Löwenkapitell der Säule zwar beschädigt, aber nicht mutwillig bis zur Unkenntlichkeit zertrümmert worden ist. Zur Zeit des großen muslimischen Angriffs (1194) war es vermutlich schon von Erde bedeckt.

Man könnte erwarten, dass die auf dem Säulenschaft in Brāhmī-Schrift und Magadhi-Sprache eingemeißelten Zeilen einen Pilgerbesuch des Kaisers an diesem Buddhaort dokumentieren – tatsächlich hat es eine solche zweite Aśoka-Säule gegeben. Von ihr sind aber nur Bruchstücke ohne Text gefunden worden. Nach einem Brand im Tempelbereich hat man die Trümmer benutzt, um den Boden zu ebnen (Falk 2006: 211). Die Säule war größer als die aufgefundene Säule mit dem Löwenkapitell.

Bodhisattva samt Steinschirm aus dem 3. Jahr der Regierung des Kuṣāṇa-Kaisers Kaniṣka (80–150 nach Chr.). Dazu kamen Funde von zahlreichen Bildwerken und Fragmenten. Alle wichtigen bewegbaren Funde fanden eine Heimat im Archäologischen Museum in Sārnāth, das 1910 eröffnet wurde.

Der Hauptteil der Löwensäule mit der Aśoka-Inschrift steht noch am Fundort und ist, zusammen mit einigen Bruchstücken, durch ein Steindach vor dem Wetter geschützt; drei weitere Fragmente der Säule sind im Museum am Ort konserviert. Im heilen Zustand hatte der Säulenschaft eine Höhe von etwa 11,50 m, von denen 2,28 m in die Erde eingesenkt waren. Zusammen mit dem krönenden Kapitell mit den vier Löwen (= 2,13 m hoch) ragte die Säule 11,35 m in die Höhe – nicht eingerechnet das steinerne Rad der Lehre, das die vier Löwen überragte (Maße nach Falk 2006: 210). Könnte Xuanzang (1981: II 46), der im 7. Jahrhundert die Säulenhöhe mit 21 m angibt, vielleicht die heute zerstörte zweite Aśoka-Säule gesehen haben? Zu Recht lobt Xuanzang die Hochglanzpolitur des Sandsteins, die sich auf allen Natursteinmonumenten aus der Maurya-Zeit bis in die Gegenwart erhalten hat.

Die Löwen-Säule trägt ein Aśoka-Edikt, dessen Wortlaut auch auf Säulen in Sāñci und Kauśāmbī zu finden ist. Es warnt vor der Spaltung des buddhistischen Ordens. Das Thema bewegte den Kaiser besonders nach dem neunmonatigen Konzil, das 17 Jahre nach seiner Krönung (Mv 5,280), d.h. 251 vor Chr., in seiner Hauptstadt Pātaliputra (heute Patna) stattgefunden hatte, und bei dem Fehlinterpreten der Buddhalehre aus dem Saṅgha ausgeschlossen worden waren. Das Edikt ist bis auf ein paar Beschädigungen gut lesbar. Wie auf allen seinen Dekreten bezeichnet sich der Kaiser auch in diesem als der, »der den Göttern lieb ist (und) mit liebem Blick (auf sein Volk schaut)«:

> (So verfügt) Devāṇām Priya Priyadarśin (= Aśoka): Der Orden darf nicht gespalten werden. Wer auch immer, Mönch oder Nonne, den Orden spaltet, muss die weißen Kleider (des Laienbekenners) anlegen und an einen Ort ziehen, wo der Orden nicht zu Hause ist.
> – Dieses Edikt ist im Mönchs- und im Nonnenorden bekannt zu machen.

Der letzte Satz war wohl nur eine Zwischenbemerkung gegenüber dem Aufnehmer des Diktats, ist aber mit in den eingemeißelten Wortlaut geraten.

Das Löwenkapitell der Aśoka-Säule, 2,13 m hoch und heute in der Eingangshalle des Archäologischen Museums in Sārnāth untergebracht, stellt in vollendeter Steinmetzarbeit vier mit dem Rücken gegeneinander sitzende Löwen dar. Die Mäuler sind zum Gebrüll geöffnet, denn der Buddha wurde häufig als der Löwe der Śākyas (*Śākyasiṃha*) und seine Predigt als das Löwengebrüll (*siṃhanāda*) bezeichnet; wie der Löwe unter den Tieren die lauteste Stimme hat und sie in alle Richtungen erschallen lässt, so war der Buddha der Vernehmlichste unter den Lehrern seiner Zeit. Die Symbolik gilt analog für den Kaiser Aśoka, der sein Löwengebrüll in alle Teile seines Reiches ausstieß.

Der Sockel des Kapitells zeigt vier Mal das 24-speichige Rad – auch dies ein doppeltes Symbol, das einerseits als das Rad der Lehre, andererseits als das des gerechten Herrschers (*Cakravartin*) zu interpretieren ist, der das Rad der Gerechtigkeit über sein Reich rollen lässt. Das Rad ist 1947 in die dreifarbene Nationalflagge der souveränen Republik Indien als zentrales Emblem aufgenommen worden.

Zwischen den Rädern auf dem Säulensockel sind vier Tiere dargestellt: Elefant, Stier, Pferd und Löwe. Sie sind die Symbole der vier Himmelsrichtungen und deuten die Ausdehnung von Aśokas Reich an. Nach einer zweiten Auffassung versinnbildlichen sie Ereignisse im Leben des Buddha: Empfängnis, Geburt, Auszug in die Hauslosigkeit und erste Lehrrede; nach einer dritten die vier großen Flüsse Indiens. Ursprünglich trugen die vier Löwen der Säule über sich ein weiteres Rad mit 32 Speichen. Einige Fragmente dieses Rades sind entdeckt worden und werden im Sārnāth-Museum aufbewahrt. Das Löwenkapitell ist seit 1950 das Staatswappen der Republik Indien. Es ist begleitet von dem Motto *Satyam eva jayate*, »Die Wahrheit siegt«, einem Vers der *Muṇḍaka-Upaniṣad* (3,1,6).

Unweit des Löwenkapitells in der Eingangshalle das Sārnāther Museums ist der berühmte Buddha aus der Gupta-Zeit (5. Jh.) ausgestellt, gefunden in Sārnāth 1904. Er sitzt in der Lotospositur (*padmāsana*) und hält die Hände in Brusthöhe. Die rechte nach außen offene Hand formt mit Daumen und Zeigefinger das Rad der Lehre, die linke Hand versetzt es mit dem Mittelfinger in Rotation (*dharmacakra-pravartana-mudrā*). Die große Gloreole hinter Kopf und Rücken des Meisters macht deutlich, dass das Werk als Andachtsbild an zentraler Stelle gedacht war.

Das flachere Relief am unteren Teil der Darstellung nimmt noch einmal auf Sārnāth Bezug. In der Mitte erkennt man das Rad der Lehre, das, von der Schmalseite gesehen, sich auf den Betrachter zu dreht. Die zwei Gazellen zu Seiten des Rades deuten den Ort des Geschehens an, den Gazellenhain (*mṛgadāva*). Die fünf männlichen Personen rechts und links des Buddha sind seine ehemaligen Askesekameraden, die nach der Lehrdarlegung seine ersten Mönche wurden. Links sitzt oder kniet eine Frau, vermutlich die Stifterin des Bildwerks, mit ihrem Kind. Alle Personen haben die Handflächen in der Ehrfurchtsgeste (*añjali*) zusammengelegt und in Richtung auf das Rad der Lehre erhoben.

Der *Archaeological Survey of India* ist gegenwärtig dabei, die zerstörten und ihrer Steine weitgehend beraubten Baulichkeiten von Sārnāth soweit herzurichten, dass ihre ursprüngliche Benutzung deutlich wird. Hundert Meter vom Haupttempel entfernt ist eine von einem Archäologen beaufsichtigte Gruppe von Maurern bei der Arbeit.

Der Gang durch das Museum von Sārnāth beschert dem Besucher noch viele weitere Augenfreuden und zeigt ihm zugleich die Entwicklung dieses Pilgerplatzes. Denn etwa vom 5. Jh. nach Chr. an erscheinen auf den Bildwerken auch Symbole und Gestalten des Mahāyāna-Buddhismus, vom 7. Jh. an treten zudem hinduistische Wesenheiten in Erscheinung. Sie wurden 1194 von den muslimischen Bilderzerschmetterern ebenso wenig verschont wie die buddhistischen. Eine Darstellung des Hindu-Gottes Śiva im Museum ist unfertig geblieben. Der Bildhauer ist mitten in seiner Arbeit vertrieben oder erschlagen worden (Valisinha 1948: 57). In der Ruine eines der sieben Klöster von Sārnāth wurde eine angeschlagene Essschale mit Speiseresten gefunden. Der Hungrige durfte seine Mahlzeit nicht zu Ende bringen.

Wie er seine Mönche aufgefordert hatte, hinauszuziehen, um der Welt die Lehre (*dharma*) darzulegen, so machte sich auch der Buddha selbst am Ende der Regenzeit auf die Wanderung. Sein Ziel war Uruvilva (Mvg 36). Er wollte die Menschen, die ihn und seine Gefährten während der Jahre der Askese versorgt hatten, an seinen Erkenntnissen teilhaben lassen.

6. Rājagṛha – König Bimbisāra stiftet das erste Kloster

Von Uruvilva wanderte der Buddha weiter nach Rājagṛha, und er ging nicht ohne Geleit. In Uruvilva hatten sich ihm zuerst eine Gruppe von jungen Männern (Mvg 36), sodann die Brüder Kāśyapa angeschlossen, drei Schulhäupter mit verfilzten Haarflechten und am Körper mit Asche beschmiert, die alle dem Feuer- und Wasserkult anhingen. »Uruvilva-Kāśyapa«, wie er von den Leuten genannt wurde, hatte 500 Anhänger, »Kāśyapa vom Fluss« 300 und »Kāśyapa aus Gayā« 200. Überwältigt von der profunden Lehre des Buddha hatten sie sich ihr Haupthaar geschoren, ihre hölzernen Kultgeräte in die Nairañjanā geworfen und waren, einer nach dem anderen, mit allen Anhängern dem Buddhaorden als Bhikṣus beigetreten (Mvg 37-52). Über den bei Gayā gelegenen Gayāśīrṣa-Berg (heute Brahmayoni), wo der Meister den ehemaligen Feuerkultlern die berühmte Rede vom Feuer hielt – »alles Wahrgenommene brennt, wenn es vom Feuer der Gier entzündet wird« (S 35,28 = Mvg 54) –, erreichte die Gruppe die südwestlichen Berge um die Königsstadt Rājagṛha.

Mit seiner Begleitschar von Mönchen kampierte der Buddha südwestlich von Rājagṛha auf einer Lichtung des Knüppelwaldes (heute Dorf Jethian). Hier suchte ihn mit seinem Gefolge von Leibwächtern, Brahmanen, Höflingen und Ordonanzen König Bimbisāra auf, der Mahārāja des Reiches Magadha, der in

Wer von Süden nach Rājagṛha reist, dem fallen zuerst die schroffen Hänge des Soṇa-Berges auf; die Stadt Rājagṛha liegt im Talkessel dahinter und ist ringsum von Bergen eingeschlossen.

Rājagṛha (»Königshausen«) seine Residenz hatte. Er war fünf Jahre jünger als der Buddha und regierte sein Land bereits seit 16 Jahren. Aufmerksam lauschte er dem Buddha, denn einen Meister zu treffen, der sich über das quälende, aber doch so verlockende Leben Gedanken gemacht hatte, war das intellektuelle Vergnügen jener Zeit. Das Gespräch beeindruckte den König so sehr, dass er sich am Ende öffentlich als Laienanhänger zum Buddha und seiner Lehre bekannte und den Meister mit seinen Mönchen für den Folgetag zur Morgenmahlzeit einlud (Mvg 55-57). Die Tore zur Verbreitung der Lehre im Königreich Magadha hatten sich aufgetan.

Das Gastmahl für den Buddha und seine Mönche fand statt in König Bimbisāras Palast, der im Zentrum von Rājagṛha lag, das durch eine zweite, engere Mauer (von 7 km Länge) abgeschirmt war und den Namen Girivraja trug, die »Bergumringte«. Mit eigener Hand bewirtete der König den ehrwürdigen Gast und schenkte nach der Mahlzeit »dem Saṅgha mit dem Erhabenen an der

König Bimbisāra von Magadha ließ seine Hauptstadt Rājagṛha durch eine Mauer aus Bruchsteinen über die Bergzüge schützen. Sie wurde unter seinem Nachfolger fertiggestellt und erreichte eine Länge von 40 km. Jeweils in Pfeilschussentfernung voneinander sind ihr an einigen Teilstücken Bastionen vorgelagert, von denen aus ein angreifender Gegner auch von der Seite beschossen werden kann.

Im Bild: Links unten die zerstörte Wachstation am Fuß des Udaya-Berges, in der Mitte oben die vom Soṇa-Berg herablaufende Zyklopenmauer mit der Gegenwache; beide kontrollierten das südliche Stadttor in die (rechts gelegene) Stadt Rājagṛha. Die Stadttore wurden abends geschlossen und selbst für den Herrscher erst am Morgen geöffnet. Das Königreich Magadha war ständig auf der Hut vor einem Angriff des unberechenbaren Königs Pradyota von Avanti. – Die moderne Straßenbrücke überquert das Flüsschen Bāngaṅgā.

Spitze« seinen vor dem Nordtor von Rājagṛha gelegenen Veṇuvana (»Bambushain«) als Aufenthaltsstätte (*ārāma*). Indem der König die zusammengelegten Hände des Buddha zeremoniell mit Wasser übergoss, wurde die Schenkung rechtsverbindlich. Der Veṇuvana war das erste Klostergelände (von neun weiteren), die dem Buddha zu Lebzeiten gestiftet wurden.

Der Buddha schätzte den Veṇuvana-Hain und brachte dort die zweite, dritte und vierte Regenzeit zu – vielleicht auch die 17., 20. oder 21. Er und die Bhikṣus wohnten in Hütten (*kuṭi*). Archäologische Grabungen im Veṇuvana haben keine Reste soliderer Bauten zu Tage gefördert.

Ein bevorzugter Ort des Buddha im Veṇuvana war der Eichhörnchen-Fütterungsplatz (*kalantaka-nivāpa*), der sich als Uferstelle an einem von Bäumen umsaumten Badeteich darstellt. Der Ort war der Schauplatz zahlreicher Lehrreden des Buddha und des Erlasses von Mönchsregeln. Der Teich (*hrada*) wird in den Pāli-Büchern nicht genannt, findet aber Erwähnung bei Xuanzang (1981: II 165). Wahrscheinlich ist eine unbedeutende Wasserstelle, in der der Buddha sich wusch, später zu dem Badeteich ausgestaltet worden.

Die Freundschaft mit dem einige Jahre jüngeren Magadha-König Bimbisāra und das stete Willkommensein in dessen Haupt- und Residenzstadt Rājagṛha waren für den Buddha und seinen Orden von enormem Wert. Sie bedeuteten die Billigung des buddhistischen Saṅgha als politisch unbedenklich und ermutigten Männer aus ganz Magadha, dem Orden als Bhikṣus beizutreten. Unter den Beigetretenen waren unter anderen die Freunde Śāriputra (Upatiṣya) und Maudgalyāyana (Kolita). Śāriputra, gleich Maudgalyāyana ein Gefolgsmann des Wandermönchs und Skeptikers Sañjaya, war in Rājagṛha dem Bhikṣu Aśvajit begegnet, der ihm auf die Frage nach der Lehre seines Meisters geantwortet hatte:

»Von allen ursächlich entstandenen Dingen
hat der Erhabene die Ursache erklärt.
Und auch, wie sie zur Aufhebung zu bringen,
hat uns der große Wandermönch gelehrt.«

Sofort verstand Śāriputra die philosophische Bedeutung dieses Ausspruchs. Er berichtete das Gehörte seinem Freund Maudgalyāyana, und gemeinsam gingen sie zum Buddha und wurden von ihm im Veṇuvana als Bhikṣus ordiniert. Binnen weniger Tage erreichten sie die Heiligkeit (Mvg 60-62) und wurden mit der Zeit Meisterjünger des Buddha. Śāriputra wurde gerühmt für seinen analytischen Scharfsinn, Maudgalyāyana für seine meditative Begabung.

Das Patronat des Königs Bimbisāra hatte zur Folge, dass allzu viele bisher bürgerlich bei ihren Familien lebende Männer dem Buddhaorden als Mönche beitraten und dass gegen den Buddha, den »Männerentführer« und »Witwenmacher«, Unwille aufkam. Zuweilen, vor allem wohl von Kindern, die den Vers bei den älteren aufgeschnappt hatten, wurden die Bhikṣus gehänselt:

Der Wandermönch, der große, nach Girivraja kam,
des Sañjaya Gefolgschaft er leitend übernahm:
Wen wird er jetzt entführen, wer ist als Nächster dran?

Der Buddha, mit bemerkenswertem Sinn für Public Relations, setzte über seine Mönche einen Gegenvers in Umlauf:

Die großen Helden, Wahrheitsfinder,
sie führ'n durch wahre Lehre an.
Wer ist wohl neidisch auf den Weisen,
der mittels Wahrheit führen kann?

Der Spruch wurde aufgenommen, weitergetragen, und brachte die Opposition zum Verstummen (Mvg 63).

Eine Steigerung der unechten Mönche im Orden hatte König Bimbisāra unabsichtlich dadurch bewirkt, dass er seinen Leib- und Hofarzt Jīvaka zum Betreuungsarzt auch für den Buddha und seine Mönche ernannte. Manche Männer, die sich keinen Arzt leisten konnten, traten dem Buddhaorden nur bei, um von dem berühmten Doktor behandelt zu werden; waren sie geheilt, legten sie die gelbe Mönchsrobe wieder ab. Um solchen Missbrauch auszuschließen bat Jīvaka den Buddha, den Trägern von Lepra, Beulenpest, Ausschlägen, Tuberkulose und Epilepsie die Ordination zu verweigern. Sofort erließ der Buddha entsprechende Weisung (Mvg 88-89).

Jīvaka wurde schließlich selber ein Anhänger des Buddha. Man hatte ihm erzählt, für den Buddha würden Tiere geschlachtet. Als der Meister sich eines Tages in Jīvakas Mangohain in Rājagṛha aufhielt, fragte der Arzt ihn, ob das stimme. Der Buddha stellte die Fehlinformation richtig und erklärte Jīvaka, dass die Mönche Fleisch (als empfangene Almosenspeise) nur essen dürfen, wenn sie weder gesehen noch gehört noch geargwöhnt haben, dass das Tier ihretwegen getötet wurde. Von der Auskunft befriedigt, erklärte sich Jīvaka zum Anhänger der Buddhalehre und machte dem Buddha den Mangohain (*āmravana*), in dem diese Unterhaltung stattfand, zum Geschenk (M 55). Bei einem weiteren Treffen am selben Ort (A 8,26) belehrte der Buddha den Jīvaka über die fünf Neins des Laienbekenners (nicht töten, nicht stehlen, Ausschweifung meiden, nicht lügen, keine Rauschmittel) und die rechten Bemühungen zur Erlösung.

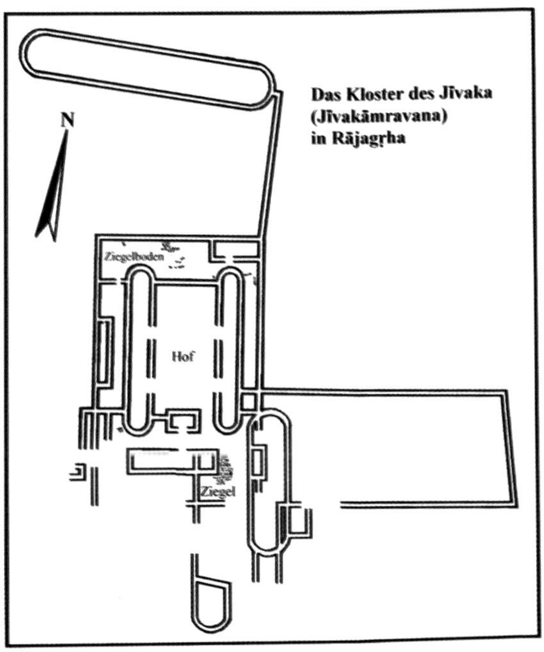

Der von Dr. Jīvaka gestiftete Mangohain vor dem Osttor Rājagṛhas am Weg zum Geiergipfel entwickelte sich zu einer ausgedehnten Anlage, von deren Baulichkeiten noch Fundamente aus Felssteinen erhalten sind. Der Buddha hat oft hier geweilt.

Auffällig sind die Grundrisse von vier Langhallen, über denen sich einst von Bambusbögen getragene, mit Matten gedeckte Tonnendächer erhoben. Die drei südlich gelegenen Hallen könnten dem Doktor Jīvaka als Hospital gedient haben, die größere, nördliche Halle (heute durch einen Zaun vom übrigen Komplex getrennt) war vermutlich ein *Vihāra*.

Auch nach der Schenkung an den Buddha blieb der Mangohain ein Ort für Jīvakas ärztliche Praxis; der Buddha wurde wiederholt hier behandelt. Zu den Verordnungen für den Meister gehörten Abführmittel, Inhalationen, warme Bäder in den örtlichen warmen Quellen und Obstsäfte (Mvg 336). Vielleicht darf man die rechteckigen Bauten als Behandlungsräume, die südlichen Langhallen als Krankensäle interpretieren. Mit Essen wurden die stationären Patienten von ihren Familien versorgt.

Der Ausbau des Jīvaka-Klosters und Hospitals mag sich über die Lebenszeit des Buddha hinaus hingezogen haben. Im Nordosten der Hallen sind auf den Bergen zu sehen: rechts auf halber Höhe der Geiergipfel, links davon auf dem fernen Śaila-Berg ein bisher unerforschter alter Stūpa mit einem aus Fundziegeln aufgeschichteten (jüngeren) Turm, und links auf dem Ratna-Berg der weiße japanische Weltfriedensstūpa von 1969.

Die warmen Bäder am Nordtor von Rājagṛha sind heute in den weißen hinduistischen Lakṣmī-Narāyan-Tempel integriert, stehen aber auch Nicht-Hindus offen. Sie werden gespeist aus mehreren natürlichen heißen Quellen, die am Fuß des Vaibhāra-Berges entspringen. In der Buddhazeit sprach man von den Quellen als dem Heißwasser-Park (*tapodārāma*). Der Buddha und die Bhikṣus benutzten die Quellen gern, zumal im indischen Winter, wenn die Temperatur am frühen Morgen nur etwa 5° beträgt. – Der Berg rechts ist der Vipula mit einem modernen Jaina-Tempel auf der Spitze.

→

In der Literatur ist oft die Rede von den fünf Bergen um Rājagṛha, es sind aber sieben, nämlich (mit modernen Namen): Vaibhāra, Vipula, Ratna, Chaṭhā, Śaila, Udaya und Soṇa. In der Pāli-Literatur tragen sie zum Teil ältere Namen, in der Jaina-Literatur heißen sie völlig anders. Einige der Berge sind langgestreckte Bergrücken und werden auf den Karten der Stadt Rājagṛha nur angeschnitten oder gar nicht gezeigt.

Die Bergkette gibt dem inneren Stadtbereich die Form eines Z. Besiedelt und landwirtschaftlich genutzt war auch das Gebiet außerhalb der großen Zyklopenmauer; man schätzt, dass das Tal einst 60.000 bis 80.000 Einwohner hatte. Rājagṛha war berüchtigt für seine Stickigkeit im Sommer und seine Überschwemmungen in der Regenzeit: Verständlich, dass Ajātaśatru, der Sohn und Nachfolger König Bimbisāras, außerhalb des Bergringes ein Neu-Rājagṛha gründete und die Magadha-Hauptstadt später noch weiter nach Norden, nach Pāṭaliputra an den Gaṅgā-Strom verlegte. Beim Besuch des chinesischen Indien-Pilgers Faxian zu Anfang des 5. Jh. nach Chr. war Neu-Rājagṛha noch bevölkert, das alte Rājagṛha innerhalb des Talkessels hingegen leer und verfallen (Faxian 1965: 82). Heute sind die beiden alten Städte unbewohnt; das moderne Rājgir liegt nördlich von Neu-Rājagṛha.

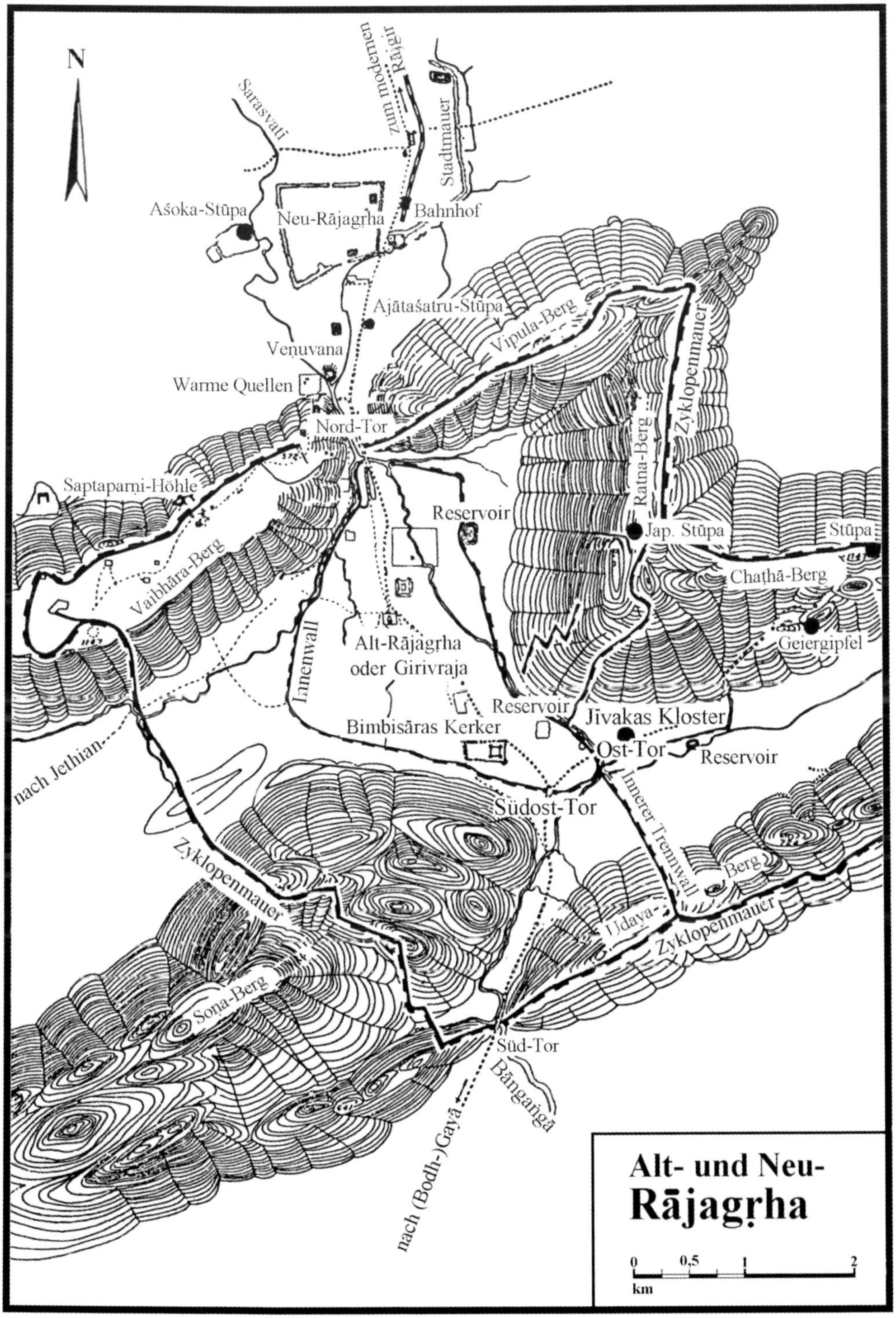
N
Sarasvatī
zum modernen Rājgir
Stadtmauer
Aśoka-Stūpa
Neu-Rājagṛha
Bahnhof
Ajātaśatru-Stūpa
Vipula-Berg
Zyklopenmauer
Veṇuvana
Warme Quellen
Nord-Tor
Ratna-Berg
Saptaparṇi-Höhle
Reservoir
Jap. Stūpa
Stūpa
Vaibhāra-Berg
Chaṭhā-Berg
Geiergipfel
Innenwall
Alt-Rājagṛha
oder Girivraja
Reservoir
Jīvakas Kloster
Bimbisāras Kerker
Ost-Tor
Reservoir
nach Jethian
Südost-Tor
Innerer Trennwall
Zyklopenmauer
Berg
Udaya-
Zyklopenmauer
Soṇa-Berg
Süd-Tor
Bāṇgaṅgā
nach (Bodh-)Gayā
Alt- und Neu-
Rājagṛha
0
0,5
1
2
km

Manche Pilger verschmähen den Gebrauch des Sessellifts und des vom Japan-Stūpa abwärts führenden Weges zum Geiergipfel und ziehen es vor, den Aufstieg zu Fuß zu unternehmen. Nach der Hälfte des Weges rückt der Geiergipfel mit der niedrigen Schutzmauer um die künstlich angelegte Plattform ins Blickfeld.

Ein häufiger Aufenthaltsort des Buddha war der Geiergipfel (*gṛdhrakūṭa*), eine schroffe Felsgruppe am Südhang des Chaṭhā-Berges, etwa 100 m über dem Ostteil von Rājagṛha gelegen. Einige der Felszacken haben die Form hockender Geier, daher der Name. Der Buddha schätzte den Platz – einerseits, weil er dem Lärm und Getriebe der Stadt Rājagṛha enthoben war und ein ruhiges Gespräch mit den Bhikṣus oder einem Besucher ermöglichte, andererseits, weil hier eine Brise zu spüren war, die die von Bergen umschlossene Stadt nicht erreichte. Die Magadha-Hauptstadt war klimatisch drückend und heiß.

Japanische Buddhisten haben 1969 auf dem Ratna-Berg[34], der den Chaṭhā-Berg und den Geiergipfel überragt, den Weltfriedens-Stūpa und einen Tempel gebaut; das Baumaterial wurde mittels einer Seilbahn auf die Höhe befördert. Sie wurde später zu einem Sessellift umgestaltet und kann heute den Besucher in acht Minuten zum japanischen Stūpa emportragen. Die Stūpa-Plattform bietet Ausblick in den von Buschwerk überwucherten Talkessel des einstigen Rājagṛha. Auf einem gut ausgebauten Weg kann man vom japanischen Stūpa mühelos zum Geiergipfel hinab wandern.

Vom japanischen Weltfriedens-Stūpa aus ist der Geiergipfel von oben zu betrachten. Magadha-König Bimbisāra war es, der den Pfad von Rājagṛha zum Geiergipfel ausbauen und pflastern ließ und selber benutzte. (Foto 1999)

Hat der Pilger die Brücke über die Felsschlucht passiert, gelangt er auf der Nordseite des Geiergipfels zu vier natürlichen Höhlen. In den beiden größeren haben schon vor der Buddhazeit Asketen und Einsiedler gewohnt.

Die tiefer gelegene und größere Höhle wird als die »von Ebern gemachte Grotte« (*sūkarakṛta-layana*) bezeichnet, weil sie angeblich von wilden Schweinen freigescharrt (und später von Menschenhand vergrößert) worden ist. Sie diente dem Buddha und wiederholt auch seinen Mönchen als Nachtquartier und Gewitterzuflucht. Die Eberhöhle ist für den buddhistischen Besucher ein ergreifender Ort, denn hier steht er genau auf einer Stelle, die der Buddha mit den Füßen berührte, und wo er mehrfach die Nacht zugebracht und Lehrreden gehalten hat.

Besucher haben in der Eberhöhle Votivgaben abgelegt und eine vergoldete Buddhastatue aufgestellt. Die fünffarbenen Flaggen sind die Gabe von theravādischen Bekennern, die hinter der Statue abgelegten weißen Schleier sind die Spende von Tibetern.

In der oberen (kleineren) Höhle des Geiergipfels soll der Bhikṣu Ānanda, Leibdiener, Adjutant und Vertrauter des Buddha, in einer Nacht von dem Versucher Māra geängstigt worden sein, der in Gestalt eines mächtigen Geiers vor ihm erschien. Der Buddha beruhigte seinen Jünger durch seine übernatürliche Macht aus der Ferne, indem er ihm die Hand auf die Schulter legte. Das legendäre Ereignis soll dem Geiergipfel seinen Namen gegeben haben (Faxian 1965: 83). (Foto 1989)

Die Höhle wird von Bhikṣus gern zur Meditation benutzt. Auch der Buddha selbst soll hier meditiert haben. (Foto 1991)

Weitere zwei Dutzend Stufen bringen den Pilger auf eine Fläche am Geiergipfel, die vor der Ausmauerung der vorderen Gipfelplattform vielleicht der Schauplatz von Ansprachen des Buddha war. Einst stand hier ein buddhistisches Kloster. Tibetische Fromme haben Leinen mit Segensfähnchen ausgespannt.

Die vordere Gipfelplattform im Zustand von 1991. Ein Mönch aus Śrī Laṅkā (Ceylon) umschreitet die heilige Stätte im Rechtskreis (*pradakṣinā*) mit zusammengelegten Händen.

Der *Archaeological Survey of India* hat die Plattform des Geiergipfels in jüngerer Zeit repariert. Die Pilger benutzen die Überreste eines mit dem Eingang nach Osten gerichteten Tempels, um dort Votivgaben niederzulegen. Der nach rechts ansteigende Berg ist der Ratna mit dem japanischen Weltfriedens-Stūpa auf der Spitze. Der Sessellift zum Japan-Tempel und -Stūpa ist vom Geiergipfel aus nicht zu sehen.

Eine Gruppe von Theravāda-Mönchen aus Myanmar (Burma) besucht den Geiergipfel gemeinsam mit einigen Laienbekennern. Ein bewaffneter Polizist schützt die Pilger vor Wegelagerern. Eine Bedrohung der zum Geiergipfel aufsteigenden Besucher durch wilde Tiere ist heute nicht mehr zu befürchten. (Foto 1999)

Außer zahlreichen Tonplaketten mit buddhistischen Motiven, die am Geiergipfel in Felsnischen und Höhlen gefunden wurden, entdeckte man eine Buddhastatue, die einst im Tempel auf der Hauptplattform ihren Ort hatte. Sie stammt aus dem 6. Jahrhundert und zeigt den sitzenden Buddha, der mit dem linken Mittelfinger das mit der rechten Hand durch Daumen und Zeigefinger angedeutete »Rad der Lehre« in Gang setzt. Auf dem Sockel des Reliefs ist das von zwei Gazellen flankierte Dharmacakra dargestellt. Das Werk[35] ist jetzt in der Obhut des archäologischen Museums von Nālanda.

Die Geste (*mudrā*) des In-Gang-Setzens des Rades der Lehre verweist nicht nur auf Sārnāth, wo der Buddha seine erste Lehrrede hielt, sondern auch auf den Geiergipfel von Rājagṛha: Nach dem Glauben der Mahāyāna-Buddhisten soll der Buddha hier das Rad der Lehre *ein zweites Mal* in Drehung versetzt haben, nämlich durch den Vortrag der Sanskrit-Sūtren Prajñāpāramitā (1. Jh. *vor* Chr.) und Saddharmapuṇḍarīka (1. Jh. *nach* Chr.); die Chinesen (Faxian 1965: 84) zählen auch das Śūraṅgamasamādhisūtra dazu. Alle diese Sūtras beginnen mit der Ortsangabe. »Einst weilte der Erhabene in Rājagṛha auf dem Geiergipfel, begleitet von einer großen Mönchsgemeinde, mit 1250 Bhikṣus, alles Heilige« (AsP 1,1; SP 1,1).

Der Buddha, der auf dem Geiergipfel diese mahāyānischen Texte vorgetragen haben soll, ist freilich nicht der historische Lehrer Siddhārtha Gautama, sondern der ins Transzendente erhobene, zeitlos-universal verstandene Buddha, der von sich selbst sagt:

> Die mich gesehen haben als Gestalt
> und mir gefolgt sind wegen meiner Stimme:
> Sie gaben sich vergebner Mühe hin,
> denn solche Leute werden mich nicht sehn.
>
> Als Dharmawirklichkeit soll man die Buddhas sehn,
> als Dharmawesen weisen sie den Weg,
> doch ist die Dharmaheit nicht wahrnehmbar,
> und nicht ist's möglich, sie sich vorzustellen. (VP 26)

Dharmagesetz und Buddhaheit sind eins; sie regulieren Ursache und Wirkung und agieren in uns, ohne dass wir sie begreifen. Die Mahāyānabekenner sehen im Geiergipfel nicht einen Platz weltlichen historischen Geschehens, sondern den sakralen Ort, wo der transzendente Buddha sich vollendeten Zuhörern offenbarte. Nur erlöste Heilige sind im Stande, den transzendenten und universalen Buddha zu erschauen – so die Auffassung des Mahāyāna-Buddhismus.[36]

Ein zweiter Blick auf den Geiergipfel von oben (November 2007). Nach der Regenzeit liegt das Tal von Rājagṛha in leichtem Dunst; der Bewuchs ist frisch und sattgrün. Pilgergruppen sind zur Gipfelplattform unterwegs.

Die beiden Höhlen liegen diesseits des Felsmassivs im Schatten: die Eberhöhle etwa in der Bildmitte, die zweite, kleinere Höhle links am Knick der Treppe.

Vom Geiergipfel nach Südwesten hinabschauend erkennt man die Stelle, wo der Aufstiegsweg zum Geiergipfel und der Abstiegsweg vom japanischen Weltfriedens-Stūpa sich treffen. Vielleicht an dem Wegstück im Bild soll der Mönch Devadatta versucht haben, den Buddha durch das Hinabrollenlassen eines Felsbrockens ums Leben zu bringen.

Eine Begegnung in Rājagṛha, die für den Buddha und seinen Orden erfreuliche Folgen hatte, war die mit dem reichen Kaufmann und Bankier Sudatta, der wegen seiner Freigebigkeit Anāthapiṇḍada, »Beköstiger der Armen«, genannt wurde. Anāthapiṇḍada stammte aus Śrāvastī im Königreich Kośala und war nach Rājagṛha gekommen, um mit seinem hier lebenden Schwager über Geschäfte zu sprechen.

Verwundert beobachtete Anāthapiṇḍada die Vorbereitungen, die im Haus seines Schwagers für die Speisung des Buddha und seiner Mönche für den nächsten Tag getroffen wurden; sie machten ihn neugierig auf den Mann, der den Ehrentitel eines *Buddha* trug. Am Tag nach dem Gastmahl erhob er sich nach ruhelos verbrachter Nacht vor Morgengrauen, um den Buddha aufzusuchen. Der Meister hatte am Leichenacker kampiert und sich bereits erhoben; in der Morgenkühle schritt er auf und ab, um die Frische zu genießen. Bald entspann sich ein Gespräch, in dessen Verlauf der Buddha dem Besucher eine Unterweisung in der Lehre gab. Durch Aussprechen der Dreifachen Zuflucht nahm Anāthapiṇḍada den Dharma als Laienbekenner an und lud den Meister für den Folgetag zur Morgenmahlzeit ein (Cvg 6,4,1-5).

Auch dieses zweite Gastmahl fand im Haus von Anāthapiṇḍadas Schwager in Rājagṛha statt. Es endete damit, dass Anāthapiṇḍada dem Buddha und dem Saṅgha eine Regenzeitunterkunft in Śrāvastī anbot. Der Buddha erklärte lediglich, dass eine solche Unterkunft an einem einsamen Ort liegen müsse (Cvg 6,4,7). Mit dem festen Vorsatz, sein Versprechen bald in die Tat umzusetzen, reiste Anāthapiṇḍada in seine Heimatstadt Śrāvastī zurück. Wir werden ihm in Śrāvastī wieder begegnen.

Eine zweite wichtige Bekanntschaft stellte sich her zwischen dem Buddha und dem Brahmanen Pippali, der später den Ordensnamen Kāśyapa erhielt. Der Meister hatte Rājagṛha verlassen und sich am Weg nach Nālanda unter einem Nyagrodha-Baum (*Ficus indica*) niedergesetzt, der durch seine Luftwurzeln einen schattigen Hain bildete. Hier suchte Pippali, der sich bereits Haupthaar und Bart geschoren und die gelben Gewänder eines Wandermönches (*śramaṇa*) angelegt hatte, den Meister auf und unterstellte sich ihm als Schüler (S 16,11,14-17). Der Buddha belehrte ihn über die Grundsätze der Selbstdisziplin, und schon am achten Tag darauf erlangte Pippali/Kāśyapa die höchste Erkenntnis (S 16,11,18-23). Durch strikteste Einhaltung der Mönchsregeln wurde er für alle Bhikṣus ein Vorbild.

Bei einer anderen Gelegenheit an anderem Ort, als der Meister sich im Schatten eines Baumes niederlassen wollte, faltete Kāśyapa sein aus Fetzen zusam-

Das so genannte Pippala-Steinhaus, eine Ausguckplattform oberhalb der Warmen Quellen am Aufstiegsweg zum Vaibhāra-Berg, ist weder ein betretbares Haus noch eine Höhle, bietet aber ein paar Nischen, die allenfalls das Hocken erlauben.

mengestückeltes Obergewand (*saṅghāṭī*) vierfach zusammen und lud den Buddha ein, darauf Platz zu nehmen. Der Buddha tat es und lobte die Unterlage wegen ihrer Weichheit. Sofort bat Kāśyapa den Meister, das Tuch zu behalten. Er erhielt dafür das abgenutzte Obergewand des Buddha (S 16,11, 24-30) und betrachtete diesen Kleidertausch sein Leben lang als Beweis seiner engen Vertrautheit mit dem Erhabenen. Es dauerte nicht lange, bis Kāśyapa von allen »der Große Kāśyapa« (*Mahā-Kāśyapa*) bezeichnet wurde.

Ein Ort, den der Buddha und einige seiner Mönche gern aufsuchten, war die aus Bruchsteinen aufgeschichtete rechteckige Wacht- und Ausguckplattform am Vaibhāra-Berg, die zur Befestigungsanlage um die Königsstadt Rājagṛha gehörte und einen Fernblick nach Norden gewährt. Das Hindī-Schild am Ort gibt den Namen Pippala-Höhle an, der Pāli-Text spricht von der Pipphalī-Höhle, die Leute in Rājagṛha sprechen vom Pippala-Steinhaus. Mit dem Ausdruck »Höhle« ist die echte Höhle etwa 20 Meter vom »Steinhaus« gemeint, wo der Bhikṣu Mahākāśyapa einmal mit Schmerzen krank darniederlag und der Buddha ihn besuchte (S 46,14). Von Besuchen des Buddha bei kranken Bhikṣus ist im Pāli-Kanon oft die Rede.

Wir bleiben in der Königsstadt Rājagṛha und überspringen eine Reihe von Jahren, in denen sich der Buddha an anderen Orten aufhielt.

Die Pipphalī-Höhle, in der der Buddha den kranken Bhikṣu Mahākāśyapa besuchte und durch eine Lehrrede aufmunterte, ist 1895 teilweise eingebrochen. Sie gibt dennoch einen Eindruck, mit welchen Lebensumständen sich die Mönche zuweilen abfinden mussten. Der Name Pipphalī bezeichnet den Pfefferstrauch, der wohl einst hier wuchs – falls er sich nicht aus dem fehlverstandenen bürgerlichen Vornamen »Pippali« des Mahākāśyapa ableitet.

Es mag im Jahr 493 vor Chr. gewesen sein, als der Bhikṣu Devadatta – der Vetter und Schwager des Buddha, den er drei Jahrzehnte zuvor gemeinsam mit Anuruddha, Ānanda, Upālin und anderen ordiniert hatte – den Ehrgeiz entwickelte, an Stelle des nun 70-jährigen Buddha die Leitung des Saṅgha zu übernehmen. Um sein Ziel zu erreichen, machte sich Devadatta an den Sohn des Königs Bimbisāra, den Prinzen Ajātaśatru heran und nahm ihn durch eine Vorführung magischer Kräfte für sich ein (Cvg 7,2,1).

Eines Tages, als der Buddha einer großen Hörerschaft, darunter der Mahārāja und Buddhafreund Bimbisāra, im Veṇuvana-Hain die Lehre darlegte, erhob sich Devadatta, verneigte sich vor dem Ordensoberhaupt und sagte: »Herr, Ihr seid jetzt alt, verbraucht, ein Greis, habt Eure Zeitspanne durchlebt und steht am Ende Eures Daseins. Herr, möget Ihr Euch damit bescheiden, in dieser Welt fortan unbeschwert zu leben: Überantwortet mir den Mönchsorden, ich werde den Orden leiten!« Der Buddha lehnte das Ansinnen ab, aber Devadatta wiederholte seine Bitte ein zweites und drittes Mal. Diese Dreistigkeit provozierte den Buddha zu schroffer Reaktion: »Nicht einmal Śāriputra oder Maudgalyāyana würde ich den Mönchsorden übergeben, um wie viel weniger dir, Devadatta, einem gemeinen Speichellecker!« Zutiefst getroffen von der auf seine Rolle beim Prinzen Ajātaśatru anspielenden Schmähung entfernte sich Devadatta. Der Buddha hatte sich einen Feind geschaffen, mit dem er in Zukunft rechnen musste (Cvg 7,3,1).

Reste eines separaten Palastes des Mahārāja Bimbisāra sind im Stadtgebiet von Rājagṛha bisher nicht entdeckt worden; wahrscheinlich ist der Palast identisch mit dem Bau, dessen Fundamente als Bimbisāras Kerker gezeigt werden. Ihre Stütze findet die Identifizierung als Verlies durch einen im Boden verankerten Eisenring, der zur Ankettung eines Gefangenen gedient haben könnte. Die 2 m dicke, aus Natursteinen gefügte Grundmauer des Bauwerks ist an den vier Ecken durch Bastionen verstärkt und umschließt eine Fläche von 60 m im Quadrat.

Wie Devadatta die Leitung des Buddhaordens begehrte, ebenso ersehnte sich Ajātaśatru die Herrscherwürde; es lag nahe, dass der Mönch und der Prinz sich verbündeten. Von Devadatta dazu ermutigt, bewaffnete sich Ajātaśatru mit einem Dolch und schlich eines Nachts, zitternd, aber entschlossen, in Bimbisāras Schlafgemach, um seinen Vater zu erstechen. Die Wachen waren indes auf der Hut und ergriffen ihn.

Da der als Gericht einberufene Ministerrat nicht wagte, über den Prinzen ein Urteil zu fällen, wurde die Entscheidung dem König Bimbisāra überlassen. Der verhörte seinen Sohn, der unumwunden erklärte, er habe die Tat begehen wollen, um die Herrschaft über das Reich Magadha zu erlangen. Bimbisāra reagierte auf überraschende Weise. Er erklärte: Wenn er, der Prinz, das Königreich so sehr begehre, dann solle er es haben – und dankte ab (Cvg 7,3, 4-5). Ungerührt von seines Vaters Milde, der er Leben und Thron zu verdanken hatte, ließ der neue Mahārāja den Exkönig ins Verlies werfen und dort verhungern.

Ajātaśatru war kaum als Mahārāja von Magadha an der Macht, als er dem Devadatta auf dessen Bitte eine Gruppe Soldaten zur Verfügung stellte, um den Buddha ums Leben zu bringen. Ein bewaffneter Mann wurde ausgesandt, den Buddha zu erschlagen; zwei Männer sollten dann dem Mörder den Tod bereiten, vier Männer den Mördersmördern, acht Männer den vieren und sechzehn den achten. Der Meuchelplan schlug fehl, denn der ausersehene Killer brachte die Tötung des würdigen alten Lehrers nicht über sich. Er warf sich dem Buddha zu Füßen und verriet ihm seinen Mordbefehl. Der Buddha wies ihn an, statt des ihm vorgeschriebenen Rückweges einen anderen Weg zu nehmen: So rettete jeder dem anderen das Leben (Cvg 7,3,6-7).

Ein zweites Attentat auf den Buddha führte Devadatta selbst aus, indem er unweit vom Geiergipfel einen Felsbrocken auf den Meister hinabrollen ließ; der Buddha wurde dabei am Fuß verletzt (Cvg 7,3,9). Zu einem dritten Attentat überredete Devadatta einige *Mahauts* (Elefantenlenker), in einer der Gassen von Rājagṛha den brünstigen Elefantenbullen Nālagiri auf den Buddha zustürmen zu lassen. So geschah es, aber der Meister besänftigte das rasende Tier, indem er ihm Güte entgegenstrahlte. Der Elefant hielt vor dem Buddha inne, senkte den Rüssel, nahm Staub vom Boden auf, den er sich über den Kopf blies, und trollte sich, rückwärts gehend, den Blick auf den Buddha gerichtet, in sein Gehege (Cvg 7,3,11-12). Devadatta fand nach den fehlgeschlagenen Attentaten ein Refugium in einem Kloster am Gayāśīrṣa-Berg (bei Gayā), das vom Mahārāja Ajātaśatru versorgt wurde.

Ein freundschaftliches Verhältnis, wie es der Buddha zum König Bimbisāra unterhalten hatte, stellte sich zu seinem Sohn Ajātaśatru nicht her, aber immerhin kam es in Jīvakas Mangohain-Kloster zu einem Treffen der beiden, bei dem Ajātaśatru sich zur Buddhalehre bekannte und dem Buddha sogar den Mord an seinem Vater gestand (D 2,99). Vielleicht sah er inzwischen im buddhistischen Saṅgha einen meinungsbildenden Faktor in seinem Reich und nahm darauf Rücksicht. Nach dem Tod des Buddha erhob er Anspruch auf einen Teil der Aschenreliquien des Meisters und förderte es, dass bei seiner Hauptstadt Rājagṛha ein Mönchskonzil abgehalten wurde.

Das Konzil von Rājagṛha fand statt wenige Wochen nachdem der Buddha in dem Städtchen Kuśinagara zum Parinirvāṇa verloschen war (483 vor Chr.). Nach der Einäscherung des Meisters hatte der Bhikṣu Mahākāśyapa das Treffen angeregt, denn ihm lag daran, die Worte des Buddha von Mönchen kodifizieren zu lassen, die den Meister persönlich erlebt und Belehrungen von ihm selbst gehört hatten. Fünfhundert Senior-Mönche, so der Vorschlag,

Der Aufstieg zur den Saptaparṇi-Höhlen auf dem Vaibhāra-Berg ist steil und beschwerlich. Er beginnt an den Warmen Quellen (weißer Bau rechts) und führt am so genannten Pippala-Steinhaus vorbei zur Bergspitze, von wo ein nach rechts (Norden) abzweigender Treppenweg etwa 30 m tiefer bei den Saptaparṇi-Höhlen endet.

sollten an dem Konzil teilnehmen. Als Zeitpunkt wurde die nächste Regenzeit vereinbart (Cvg 11,1,1-4), die im Gebiet um Rājagṛha erfahrungsgemäß am 10. Juni beginnt. Zwischen Kuśinagara und Rājagṛha liegen 240 km, also war Eile geboten.

Anfänglich hatte Mahākāśyapa vor, den Bhikṣu Ānanda nicht zu der Synode einzuladen; er hielt den gutherzigen alten Mönch, der mehrfach für die Interessen von Frauen und Nonnen eingetreten und 25 Jahre lang der umsichtige Leibdiener und Adjutant des Buddha gewesen war, für ein der Erlösung fernstehendes »Jüngelchen« (S 16,11,7). Erst auf die Fürsprache der anderen Mönche, die betonten, dass Ānanda mehr Lehrreden des Ordensleiters gehört hatte als jeder andere, stimmte Mahākāśyapa seiner Teilnahme zu (Cvg 11,1,2). In Rājagṛha angelangt, praktizierte Ānanda in der Nacht vor dem Konzil äußerste Konzentration. Kurz vor dem Morgengrauen, als er sich hinlegen wollte, erfuhr er »nach dem Abheben der Füße vom Boden und vor dem Niederlegen des Kopfes auf dem Kissen« die Erlösung von der Wiedergeburt (Cvg 11,1,6). Als erlöster Heiliger (*arhat*) nahm er an dem Konzil teil und wurde dessen wichtigster Referent.

Der Pāli-Kanon (Cvg) verschweigt, dass das Konzil auf dem Vaibhāra-Berg an der Saptaparṇi-Höhle oberhalb von Rājagṛha stattgefunden habe; diese Information liefern die Ceylonchroniken (Dv 4,5 und Mv 3,19), die beide von einer Halle vor den Höhlen sprechen. Sie wurde errichtet von König Ajātaśatru (Mv 3,16-19).

Die Saptaparṇi-Höhlen, angeblich benannt nach dem duftenden »Siebenblatt-Baum«, bestehen aus sieben Einkerbungen in den Fels: Nur zwei davon sind echte Höhlen; die eine ist etwa 15 m, die andere etwa 12 m tief in den Berg begehbar. Schauplatz des Ersten Buddhistischen Konzils waren nicht die Höhlen, sondern die sichelförmige Plattform davor, auf der Ajātaśatru eine Halle aus Bambus hatte errichten lassen. Anscheinend war die Plattform einst größer und ist durch einen Bergrutsch vermindert worden. Zur keiner Zeit aber hat sie Platz geboten für 500 Personen; die Zahl der Konzilteilnehmer ist nicht wörtlich zu nehmen und bedeutet nur: eine große Menge. (Foto 1981)

Die Saptaparṇi-Höhlen liegen etwa 100 m über der Ebene von Bihār und erlauben bei klarem Wetter herrlichen Fernblick. Sieben Monate hielten sich die Konzilteilnehmer hier oben auf. (Foto 1999)

Das Konzil lief ab in der Weise, dass Mahākāśyapa als Vorsitzender zuerst den Bhikṣu Upālin auf die Ordensregeln, dann den Bhikṣu Ānanda auf die Lehrreden des Buddha abfragte. Ein Disput entstand, als Ānanda erwähnte, kurz vor seinem Tod habe der Buddha dem Saṅgha freigestellt, die kleineren und weniger wichtigen Ordensregeln abzuschaffen (D 16,6,3). Sofort hakte Mahākāśyapa nach: »Hast du, Ānanda, den Meister gefragt, welche Regeln als kleinere und weniger wichtige gelten?« Beschämt musste Ānanda gestehen, die Frage unterlassen zu haben. Der Vorsitzende empfahl darauf, alle Ordensregeln wie bisher beizubehalten, und die Synode stimmte ihm zu (Cvg 11,1,9).

Nicht nur Upālin und Ānanda, sondern auch jeder andere Anwesende war aufgefordert, von ihm erinnerte Buddhaäußerungen zu Protokoll zu geben oder Ergänzungen zu machen. Eine der beiden Ceylonchroniken zählt als weitere Vortragende auf: den Vorsitzenden selbst und die Mönche Anuruddha, Vaṅgīśa, Pūrṇa, Kaumārakāśyapa, Katyāyana und Koṣṭhita (Dv 4,7-14). Die Liste ist mit Sicherheit inkomplett.

Hatte ein Referent seinen Beitrag vorgetragen, ohne dass sich Einspruch erhob, wurde der Wortlaut von der Versammlung nachgesprochen und galt damit als kanonisiert. Niedergeschrieben wurden die Texte nicht, denn es gab im 5. Jh. vor Chr. noch keine indische Schrift.[37] Die Buddhaworte wurden dem Gedächtnis eingeprägt und später durch Vorsprechen und Wiederholenlassen an jüngere Mönchsgenerationen weitergegeben.

Nach sieben Monaten hatte das Konzil einen Kanon von neun Gruppierungen zusammengestellt (Dv 4,19-20), die heute im gedruckten Pāli-Kanon nachweisbar sind.

In Rājagṛha sind zumindest drei alte Stūpas zu erwarten:
a) der Stūpa, in dem König Ajātaśatru nach der Einäscherung des Buddha (483 vor Chr.) »sein« Achtel der Buddhareliquien beigesetzt hat;
b) der Stūpa von 462 vor Chr., der Ajātaśatrus eigene Asche birgt; und der
c) Dharmarājika-Stūpa, in dem Aśoka im 3. Jh. vor Chr. eine kleine Menge der dem Stūpa a) entnommenen Reliquienanteile bestattete.

Zu a): Der Stūpa für die Buddhareliquien, die Ajātaśatrus Abgesandte von dem Brahmanen Droṇa erhalten und nach Rājagṛha gebracht hatten, ist bisher nicht entdeckt worden. Dass er im Talkessel der Stadt unweit vom Schnittpunkt der Nord-Süd- und der West-Ost-Achse liegen müsse, hat sich nicht bestätigt. Möglicherweise ist er nach der Verlegung der Magadha-Hauptstadt von Rājagṛha nach Pāṭaliputra von Steinplünderern abgetragen worden.

Ein umzäunter Bereich vor dem Nordtor von Rājagṛha am östlichen Straßenrand am Weg nach Neu-Rājagṛha wird durch ein Schild des *Archaeological Survey* als »Ajātaśatru-Stūpa« bezeichnet – ohne weitere Angabe. Der Stūpa, aus Bruchsteinquadern aufgehäuft, wirkt nicht buddhistisch. Die senkrechten Steine sind eine spätere Zutat ohne Bedeutung.

Zu b): Die Asche des Mahārāja Ajātaśatru, der um 462 vor Chr. von seinem Sohn Udayabhadra ermordet wurde, ist beigesetzt in einem Stūpa am östlichen Rand der Straße von Rājagṛha nach Neu-Rājagṛha. Der Bestattungsplatz ist angemessen, denn Neu-Rājagṛha ist Ajātaśatrus eigene Gründung.

Zu c): Während Faxian (1965: 81) den 300 Schritte vor dem Westtor von Neu-Rājagṛha (am Westufer der Sarasvatī) gelegenen Stūpa für den Stūpa a) hält, beschreibt Xuanzang (1981: II 165) ihn als von Aśoka errichtet. Vor dem Stūpa, der 18 m hoch sei, stehe eine Inschriftensäule von 15 m Höhe mit einem Kapitell in Form eines Elefanten. Archäologische Grabungen 1905–1906 ergaben für den Stūpa eine Resthöhe von 10 m. Reliquien oder Bruchstücke der Säule wurden nicht gefunden, aber immerhin Ziegel, deren Format auf Herstellung in der Aśoka-Zeit verweist, und zahlreiche 5 cm hohe Lehmstūpas mit einem Tonkern mit der buddhistischen Kurzformel in der Schrift des 8./9. Jahrhunderts. Der Stūpa gehört zur Gruppe der Dharmarājikastūpas, mit denen der Kaiser den von Buddhareliquien ausstrahlenden Segen über sein ganzes Reich verteilen wollte.

Ein vierter Rājagṛha-Stūpa ist vom Jīvakāmravana-Kloster, vom Geiergipfel und vom japanischen Weltfriedens-Stūpa aus zu sehen. Er steht auf dem Ostausläufer des Śaila-Berges[38] und fällt auf durch einen kleinen Turm auf der Spitze. Es handelt sich nicht um den (von Rājagṛha nicht sichtbaren) Stūpa von Giryak, sondern um ein Bauwerk anscheinend ohne Namen. Weder aus der archäologischen Literatur noch von Personen am Ort war Auskunft darüber zu erhalten.

Anagārika Santuṭṭho hat den Stūpa besucht und festgestellt, dass der ihn krönende Turm aus lockeren, dem Stūpa entnommenen Ziegeln aufgeschichtet und nicht höher als 2,50 m ist. Der Stūpa erscheint sehr alt und könnte bis vor die Zeitwende zurückreichen. Der Turm stammt aus christlicher Zeit. Vielleicht bezieht sich die von Xuanzang (1981: II 181) berichtete Legende über die Mönche auf dem Indraśailaguha-Berg auf den besprochenen Stūpa. Die Legende teilt mit, wie der ursprünglich theravādische Stūpa in einen mahāyānischen umgewandelt wurde.[39]

7. Śrāvastī – König Prasenajit fasst zum Buddha Vertrauen

Die zweite, dritte und vierte Monsun-Regenzeit verbrachte der Buddha im Veṇuvana-Kloster in Rājagṛha; die trockenen Monate dazwischen nutzte er zu Wanderungen, um seine Lehre in Nordindien bekannt zu machen. Nach der dritten Regenzeit machte er sich auf den Marsch von Rājagṛha zur Kośala-Hauptstadt Śrāvastī. Der Weg war lang und ging über das Örtchen Nālaka (wo im 5. Jh. nach Chr. die berühmte Klosteruniversität Nālanda entstand) nach Pāṭaligrāma am Gaṅgā-Fluss (das später unter dem Namen Pāṭaliputra die Hauptstadt des Magadha-Reiches wurde). Nach der Überquerung der Gaṅgā verlief die Marschroute durch Vaiśalī, Kuśinagara und Kapilavastu (wo der Buddha diesmal nicht Station machte). Drei Tagesmärsche weiter nach Westen wurde die Stadt Śrāvastī erreicht, wo Prasenajit residierte, der Mahārāja des Reiches Kośala, zu dem auch die Śākya-Republik gehörte.

Śrāvastī heißt heute Saheth-Maheth und besteht, wie der Name andeutet, aus zwei Ortsteilen. Saheth ist der Name des Hains, den der reiche Bankier und Kaufmann Sudatta, genannt Anāthapiṇḍada (»Beköstiger der Armen«), dem Buddha als Klostergelände zum Geschenk machte, und Maheth ist das eigentliche Śrāvastī, die alte Hauptstadt des Reiches Kośala. Zwischen den beiden Ortsteilen liegen etwa 500 m. Nach der Hälfte des Weges überquert man den Teich, an dem der Buddha einmal eine Gruppe von Jungen davon abhielt, kleine Fische zu quälen (Ud 5,4).

Die Legende hat den Kauf des Jeta-Hains (P. Jetavana) durch Anāthapiṇḍada so ausgeschmückt, als habe als Kaufpreis das ganze Gelände des Parks mit Münzen bedeckt werden müssen, und genau so stellt es ein Reliefmedaillon am Stūpa von Bhārhut (2./1. Jh. vor Chr.) dar.[40] Realistischer und künstlerisch eleganter gibt die gräkobuddhistische Gandhāra-Kunst des 2.–4. Jh. nach Chr. die Schenkung des Jetavana wieder.[41] Anāthapiṇḍada (dritter von links) ist mit drei weiteren Personen, wohl Sohn, Schwiegersohn und Tochter, dem Buddha entgegengeschritten und schickt sich an, aus dem kugelförmigen Gefäß, das er mitgebracht hat, die Hände des Buddha mit Wasser zu übergießen: das altindische Zeremoniell der Eigentumsübertragung. Der Schwiegersohn hält ebenfalls ein Wassergefäß bereit, vermutlich um als Mitstifter aktiv zu werden. Der Buddha (mit Nimbus), der sich soeben dem Anāthapiṇḍada zuwendet, ist von einem Mönch begleitet, damit dieser die Schenkung später bezeugen kann.

Nach seinem Eintreffen in Śrāvastī ließ der Buddha sich im Hain von Saheth nieder, der allen Wandermendikanten offen stand. Dort suchte Anāthapiṇḍada ihn auf, begrüßte ihn mit Ehrfurcht und Freude und lud ihn mit den Bhikṣus für den Folgetag in sein Haus zur Morgenmahlzeit ein (Cvg 6,9). Was dem Buddha zu dem Zeitpunkt vielleicht noch unbekannt war: Anāthapiṇḍada hatte den Hain inzwischen käuflich erworben.

Der Kauf war schwierig gewesen, denn der Hain hatte dem Prinzen (P.) Jeta (Skt. Jayata) gehört, der ihn nicht hergeben wollte. Nicht einmal für 100.000 Goldmünzen sei ihm der Park feil, erklärte er, eine Äußerung, die der in Rechtsgeschäften versierte Anāthapiṇḍada unverzüglich dem königlichen Schiedsgericht vortrug. Dieses befand, dass die Nennung eines Preises, zu dem man *nicht* verkaufen wolle, zum Verkauf verpflichte, wenn der Kaufwillige einen etwas höheren Preis bietet. Der Park ging damit in Anāthapiṇḍadas Eigentum über (Cvg 6,4,9).

Der Jetavana-Klosterhain des Anāthapiṇḍada wurde lokalisiert durch Alexander Cunningham (1996: 345) und wird seit 1863 archäologisch erforscht. Keines der freigelegten Ziegelklöster reicht freilich in die Buddhazeit zurück. Die Baureste von Klöstern, Stūpas und Tempeln stammen aus der Zeit der Kuṣāṇas (50–220 nach Chr.), der Guptas (320–510) und Jahren danach bis ins 12. Jahrhundert. Während dieser Zeit wurde der Klosterbereich mehrfach vergrößert. Im 13. Jahrhundert mit dem Niedergang des Buddhismus in Indien geriet der Jetavana in Vergessenheit.

Das Morgenmahl im Haus Anāthapiṇḍadas fand in aller Form statt; der Gastgeber selbst füllte dem Meister die Speisen in den Almosentopf. Nach dem Mahl setzte er sich ihm zur Seite und sprach ihn an:

Anāthapiṇḍada:	»Wie soll ich, Herr, in der Angelegenheit des Jetahains verfahren?«
Der Buddha:	»Lass ihn herrichten für den Orden der Vier Himmelsrichtungen, den gegenwärtigen und zukünftigen.«
Anāthapiṇḍada:	»So sei es, Herr.« (Cvg 6,9)

Das heutige Areal des Jetavana bedeckt 457x 152 m Fläche und weist über fünfzig Baureste aus Ziegeln auf. Die Bauten entstanden in sechs Bauphasen. Anāthapiṇḍadas Stiftungsgelände war kleiner und beschränkte sich auf den Nordostteil des heutigen Parks: den heiligen Bezirk. Faxian (1965: 59) teilt mit, der Vihāra für den Buddha habe exakt im Zentrum des (damaligen) Parks gelegen.

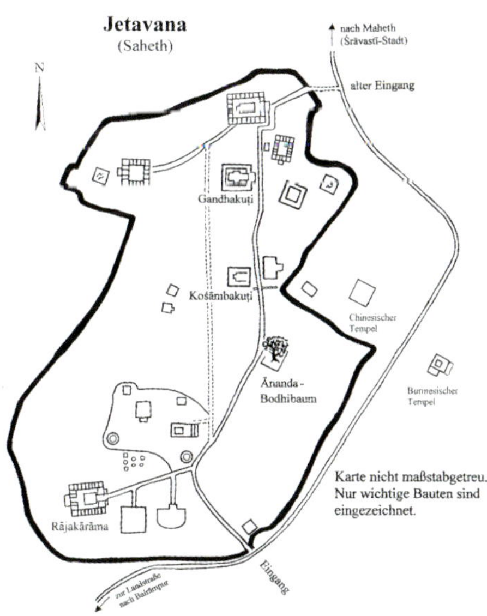

Die Stelle, wo Anāthapiṇḍada für den Buddha eine klösterliche Unterkunft, eine aus Holz gebaute »Dufthütte« (*gandhakuṭi*) errichten ließ, wird archäologisch als Tempel 2 bezeichnet. In einen Tempel umgewandelt wurde der Vihāra des Buddha jedoch erst durch spätere Bebauungen. Von Tempeln, die stets ein Kultobjekt oder ein Kultbild voraussetzen, kann man erst bei Bauten ab dem 2. Jh. nach Chr. reden.

Durch einen Mini-Stūpa, den fromme Pilger errichtet und vergoldet haben, hebt sich der Gandhakuṭi-Tempel von den anderen Bauresten des Jetavana ab. Der Ziegeltempel, den man an der Stelle des ursprünglichen Kloster-Holzbaus errichtet hatte, datiert in seinen ältesten Resten aus der Kuṣāṇa-, ansonsten aus der Gupta-Zeit. Faxian (1965: 57) gibt wieder, was man ihm (im frühen 5. Jh.) am Ort erzählt hat: der originale Holzbau der Gandhakuṭi sei ursprünglich sieben Stockwerke hoch gewesen, aber durch eine Ratte, die einen glimmenden Lampendocht im Maul trug, in Brand gesetzt worden und bis auf den Grund niedergebrannt. Beim Wiederaufbau (aus Stein) habe man sich auf zwei Stockwerke beschränkt.

Zwei Jahrhunderte später beim Besuch Xuanzangs (1981: II 4) war Anāthapiṇḍadas Park zerstört, von den Bauten waren nur noch Fundamente erhalten. Lediglich ein einsames Backsteingebäude stehe noch; es enthalte ein Buddhabildnis. Die schon von Faxian erwähnten zwei Aśoka-Säulen beschreibt auch Xuanzang. Sie stünden am Osttor des Jetavana, seien 21 m hoch und trügen als Kapitelle das Rad der Lehre bzw. einen Stier. Eine Unstimmigkeit in seiner Beschreibung weckt allerdings Zweifel, ob Xuanzang die Säulen tatsächlich selbst gesehen hat. Bruchstücke von ihnen sind bisher nicht entdeckt worden.

Für die buddhistischen Pilger ist der Gandhakuṭi-Tempel das wichtigste und bewegendste Besuchsziel im Jetavana, denn der Buddha hat hier 19 Mal während der Regenmonate Unterkunft genommen. Manchmal sieht man buddhistische Mönche, die hier meditieren. (Foto 1991)

In jüngerer Zeit hat der *Archaeological Survey of India* den hinteren Teil des Gandhakuṭi-Tempels um einige Ziegelschichten aufmauern lassen, anscheinend um die Höhe des originalen Holzklosters von angeblich sieben Stockwerken in Erinnerung zu bringen. Park und Wege des Jetavana werden vom ASI hervorragend gepflegt.

Sechzig Meter südlich vom Gandhakuṭi-Vihāra lag der Kośāmbakuṭi-Vihāra, archäologisch gezählt als Tempel 3, der ebenfalls von Anāthapiṇḍada gebaut worden sein soll und später durch einen Ziegeltempel ersetzt wurde. Vielleicht darf man annehmen, dass die Gandhakuṭi als Wohnkloster für den Buddha persönlich bestimmt und die Kośāmbakuṭi als Wohnkloster für die Begleitmönche des Buddha gedacht war. Lehrvorträge an die Mönche fanden zumeist in der Gandhakuṭi statt.

Dass die beiden Vihāras gleich nach Anāthapiṇḍadas Stiftung des Parks errichtet worden seien, ist unwahrscheinlich; erstmals in seinem 14. Missionsjahr nahm der Buddha seinen Regenzeitaufenthalt im Jetavana. Vom 20. bis zum 44. Missionsjahr – als die Holzbauten standen – kam er regelmäßig nach Śrāvastī und verbrachte 19 Monsune im Gandhakuṭi-Vihāra, 6 in dem bei Śrāvastī-Stadt gelegenen Osthain-Kloster der frommen Laienbekennerin Viśākhā. (Foto 1991)

Große Verehrung im Jetavana kommt einem Pippala-Baum zu, den viele Pilger für einen direkten Abkömmling des originalen Erleuchtungsbaumes von Bodhgayā halten. Man bezeichnet ihn als den Bodhibaum des Ānanda.

Die Bürger von Śrāvastī, so heißt es (in Jāt 479), hätten sich über den Bhikṣu Ānanda beim Buddha erkundigt, wo sie ihm in seiner Abwesenheit Verehrung darbringen könnten. Der Buddha habe empfohlen, zu dem Zweck im Jetavana einen Bodhi-Baum anzupflanzen. Ānanda ließ darauf eine Samenfeige des Erleuchtungsbaumes aus Bodhgayā zum Jetavana bringen, die dort vor dem Tor des Parks (!) von dem Laienbekenner Anāthapiṇḍada feierlich eingepflanzt wurde. Um den Baum zu heiligen, soll der Meister eine Nacht unter ihm meditiert haben. Heute mickert der ehrwürdige Baum. Seine Äste werden abgestützt.

Zu den Einwohnern von Śrāvastī, die den Buddha im Jetavana aufsuchten, gehörte auch der Mahārāja des Reiches Kośala, König Prasenajit, der in Śrāvastī seine Hauptstadt hatte. Er bekannte sich bislang zum Jainismus und begegnete dem Buddha durchaus skeptisch.

Prasenajit: »Erhebst auch du, Gautama, den Anspruch, ein Vollkommener Buddha, durch höchste Erwachung erleuchtet zu sein?«

Der Buddha: »In der Tat erhebe ich diesen Anspruch.«

Prasenajit: »Alle von mir befragten Wanderbettler und Mönche, die eine Gemeinde um sich haben, behaupten das von sich. Wie kannst du wohl ein solcher sein, der du noch jung bist an Jahren und nach dem Ordinationsalter?«

Der Buddha: »Vier Wesen (und Dinge), o Mahārāja, dürfen nicht gering geschätzt werden, nur weil sie jung sind: ein Kriegeradliger (*kṣatriya*), eine Schlange, ein Feuer und ein Mönch.« (S 3,1 gerafft)

Der König, der die Anspielung auf sein eigenes geringes Alter verstanden hatte, war von der trefflichen Antwort beeindruckt und bekannte sich durch das Aussprechen der Dreifachen Zuflucht als Laienanhänger zur Buddhalehre.

Das vom Mahārāja Prasenajit gestiftete Frauenkloster war, wie vor 2400 Jahren üblich, aus Holz und Lehm gebaut. Die 21 Zellen aus Ziegeln, die heute als Rājakārāma zu sehen sind, stammen von einem Nachfolgebau aus dem 6. Jh. nach Chr., der im 11. Jh. erneuert wurde.

Erstaunlich schnell entwickelten sich zwischen dem König und dem Buddha Vertrauen und Freundschaft, gefördert auch durch den Umstand, dass beide gleich alt waren und aus der gleichen Landschaft und Sprachgruppe stammten; bei einer Gelegenheit – sehr viel später – bezeichnete der König den Buddha und sich selbst als Kośalaner (M 89,19). Der Pāli-Kanon enthält Dutzende von Dialogen zwischen den beiden. Wiederholt hatte der Buddha den König zu trösten, so beim Tod seiner geliebten Gemahlin Mālikā (A 5,49) und dem seiner Großmutter (S 3,22). Ebenso beschwichtigte er des Königs Missmut, als ihm statt des erhofften Sohnes »nur« eine Tochter geboren war (S 3,16). Die Freundschaft zwischen dem König und dem Buddha ging so weit, dass der Buddha dem beleibten Herrscher sogar empfehlen durfte, weniger zu essen:

> Ein Mensch, der stets besonnen lebt,
> beim Essen übet Mäßigung:
> Viel Schmerzen bleiben dem erspart,
> wahrt Lebenskraft, bleibt länger jung. (S 3,13,3)

Sofort befahl Prasenajit einem jungen Mann, ihm das Verslein des Buddha vor jeder Mahlzeit ins Gedächtnis zu rufen.

Ein langlebiges Monument schuf sich der Mahārāja Prasenajit, als er, vielleicht zehn Jahre nach seinem ersten Gespräch mit dem Buddha, ein Kloster für buddhistische Nonnen stiftete. Der Rājakārāma-Vihāra, das »Kloster im königlichen Park«, lag südwestlich des ursprünglichen Jetavana-Hains und wurde diesem erst nachträglich zugeschlagen. Mahāprajāpatī, die Pflegemutter des Buddha, hielt sich als Nonne oft dort auf. Als alte Frau soll Prasenajits Schwester Sumanā, die Bhikṣunī geworden war, mit in dem Kloster gewohnt haben.

Der buddhistische Nonnenorden war im 6. oder 7. Missionsjahr des Buddha entstanden: auf Wunsch seiner Pflegemutter Mahāprajāpatī. Nach dem Kommentar zum Dhammapada war es der Buddha, der dem Mahārāja zur Stiftung eines Frauenklosters geraten hatte, denn ihm war berichtet worden, dass die junge Bhikṣunī Utpalavarṇā (die »Lotosfarbene«), die sich im Wald eine Regenhütte gebaut hatte, dort von einem Verwandten vergewaltigt worden war (Burlingame 2005: II 129). Lehrvorträge vor den Nonnen des Rājakārāma-Klosters hielten die Mönche im Turnus abwechselnd (M 146,3); auch der Buddha erfreute die Bhikṣunīs dieses Klosters durch ein Unterweisungsgespräch (S 55,11).

Wer Erfolg hat, der hat auch Neider, so auch der Buddha. Der Übertritt des Königs Prasenajit vom Jainismus zum Buddhismus, der Zulauf zum buddhistischen Mönchsorden, der Umstand, dass die Schenkung des vormals jedermann offenen Jetavana an den Buddha den Hain zu einem buddhistischen Refugium machte – alles dies ließ die Lehrer konkurrierender Schulen darauf sinnen, wie man den Buddha öffentlich als Heuchler erscheinen lassen könne. Sie fanden die hübsche Wandermendikantin Ciñcā, die sie aufforderten, sich öfter und auch nachts in der Nähe des Buddha sehen zu lassen. Nach einiger Zeit band sich Ciñcā ein Bauchpolster unter und erklärte allenthalben, vom Buddha schwanger zu sein. Schließlich, nach neun Monaten, trat sie, unverkennbar in Erwartung baldiger Niederkunft, vor den Buddha hin und warf ihm in Gegenwart der versammelten Mönche vor, keine Vorkehrungen für ihre Entbindung getroffen zu haben. Der Buddha schwieg dazu, aber, so heißt es, der Gott Brahma griff ein und bewirkte, dass Ciñcās Bauchpolster ins Rutschen geriet. Angespuckt und unter Schmährufen wurde sie aus dem Jetavana gejagt (Jāt 472).

Einen besonders perfiden Versuch der Herabsetzung des Buddha unternahmen Schulhäupter der Konkurrenzschulen mit der Wanderbettlerin Sundarī (die »Schöne«). Sie überredeten sie, sich häufig im Jetavana zu zeigen. Als dies geschehen war, ermordeten sie die Frau und warfen ihren Leichnam in einen Brunnenschacht. Dann stellten sie bei König Prasenajit einen Suchantrag nach der Vermissten – mit der Folge, dass der Herrscher die ach so besorgten Antragsteller selbst mit der Suche betraute.

Die Leiche wurde bald gefunden. Sie wurde auf eine Bahre gelegt und offen durch Śrāvastī getragen, wobei die Leichenträger ausriefen: »Sehet her, Leute, das ist die Tat der Śākyasöhne. ... Wie kann nur ein Mann, wenn er den Geschlechtsakt vollzogen hat, die Frau umbringen?« Der Spruch wirkte, und die Bhikṣus hatten beim Almosensammeln eine karge Zeit. Der Buddha reagierte wie seinerzeit in Rājagṛha: Er blieb gelassen und gab seinen Mönchen einen Vers, den sie in Umlauf brachten und mit dem sie die Unschuld des Saṅgha glaubhaft beschworen (Ud 4,8).

Śrāvastī-Stadt hat den Grundriss eines liegenden Halbmondes. Die einstige Hauptstadt des Kośala-Reiches bedeckte ein Areal von ca. 1,6 x 0,8 km und war nach außen gesichert durch einen etwa 7 m hohen und 5,23 km langen Schutzwall aus Lehm, der eine Ziegelmauer trug, deren großformatige Steine sich allenthalben noch finden. Der Schutzwall ist an vier Stellen durch Tore durchbrochen, die durch Bastionen geschützt und von Soldaten bewacht wurden. Der heutige Besucher von Śrāvastī benutzt das Tor im Südwesten der Stadt, das in Richtung auf den Jetavana liegt.

Zwischen dem Jetavana (Saheth) und Śrāvastī-Stadt (Maheth) liegen etwa 500 m. Wie oft mag der Buddha, aus dem Nordtor des Jetavana kommend, in 19 Regenzeiten den Weg gewandert sein, um in Śrāvastī Almosen zu sammeln? Wenn nicht einer der drei großen Gönner der Stadt – der Mahārāja Prasenajit, der Großkaufmann Sudatta Anāthapiṇḍada oder die reiche Laienbekennerin Viśākhā – zur Morgenmahlzeit eingeladen hatte, waren die Straßen, in denen die Bhikṣus um eine Speisegabe vorsprachen, mit den Anwohnern abgestimmt.

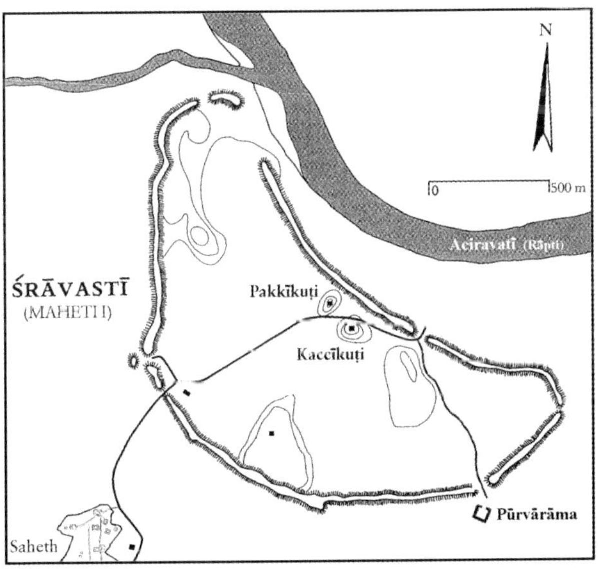

Die Halbmondform der Stadt Śrāvastī erklärt sich durch den Verlauf des Flusses Aciravatī (heute Rāpti), der ursprünglich dicht am nördlichen Schutzwall vorbeiströmte, seinen Lauf aber mehr nach Norden verlagert hat. So fließt er noch in der indischen Trockenzeit. Im Monsun aber, der in Śrāvastī etwa An-

Das ursprünglich 8 m breite Südwesttor von Śrāvastī, das der Buddha viele Male durchschritt, um in der Stadt Almosenspeise zu sammeln. Geld nahmen die Bhikṣus nicht an, Lebensmittel nur in zubereiteter Form.

Alle Stadttore von Śrāvastī waren auf beiden Seiten durch Bastionen gesichert und wurden von Posten bewacht. Der Lehmhügel links ist Teil des alten Stadtwalls.

fang Juli einsetzt, schwillt der Fluss an und füllt nicht nur sein früheres Bett aus, sondern überspült und versumpft auch die Landschaft östlich der Stadt bis heran an den Schutzwall. Das Osthain-Kloster der Buddha-Bewunderin Viśākhā ist diesen periodischen Überschwemmungen zum Opfer gefallen.

Wirtschaftliche Blütezeiten erlebte Śrāvastī während der Regierung des Kośala-Königs und Buddha-Freundes Prasenajit und unter der Herrschaft des Kaisers Aśoka (3. Jh. vor Chr.), denn die Stadt lag am Kreuzungspunkt mehrerer Handelsrouten. Ihr Ruin begann im 5. Jh. nach Chr. mit dem Ende der Guptas.

Was ihre Einwohner angeht, so kann man nach der Größe des Stadtareals auf höchstens 20.000 Personen schließen. Faxian (1965: 55) spricht im 4. Jh. nach Chr. von noch 200 Familien, Xuanzang (1981: II 2) im 7. Jh. fand die Stadt in Ruinen und nur von wenigen Personen bewohnt. Vor dem Nordtor von Śrāvastī am Ufer der nach Norden verlagerten Aciravatī lag das Fischerdorf Paṇḍupura.

Von Śrāvastī ist wenig übrig. Das Gebiet innerhalb der Umwallung ist überwuchert von Buschwerk, dazwischen liegen die Reste von einigen wenigen jainistischen, hinduistischen und buddhistischen Bauwerken.

Unter diesem Bau, dessen letzte Funktion ungeklärt ist, soll sich der Beisetzungsstūpa des Jetavana-Stifters Sudatta Anāthapiṇḍada verstecken. Die Archäologen hingegen nehmen an, dass es sich im Kern um einen Stūpa aus der Kuṣāṇa-Zeit (1.–3. Jh. nach Chr.) handelt, der unter der Gupta-Dynastie (4.–5. Jh.) übermantelt und bis zum 12. Jh. durch mehrfachen Umbau anderen Zwecken zugeführt wurde. Die Bezeichnung Kaccīkuṭi (»Behelfshütte«) ist Volksmund und bezieht sich auf eine provisorische Behausung, die sich ein muslimischer Einsiedler auf der Spitze der Ruine errichtet hatte.

Ebenfalls unklar ist der ursprüngliche Zweck der Pakkīkuṭi (»Backsteinhütte«), die im Volksmund diesen Namen zur Unterscheidung von der benachbarten Behelfshütte bekam. Eine runde Mauer, durch rechtwinklig dagegengesetze Stützmauern des *Archaeological Survey* gesichert, lässt auf einen ehemaligen Stūpa schließen. Xuanzang (1981: II 3) definiert ihn als den Aṅgulimāla-Stūpa (der freilich nicht dem Räuber, sondern dem zum Heiligen gewordenen Mönch gewidmet war). Andere Interpreten des Bauwerks meinen, es sei erwachsen aus der Großen Dharmahalle (*saddharma-mahāśāla*), die König Prasenajit in der Nähe seines Palastes gebaut haben soll (Xuanzang 1981: II 2).

Die Ereignisse um Aṅgulimāla spielten sich ab im 21. Missionsjahr des Buddha, als er Śrāvastī soeben zum ständigen Regenzeitquartier erkoren hatte. Aṅgulimāla kam aus brahmanischer Familie und hatte an der Universität Takṣaśilā (Taxila, im heutigen Pākistān) studiert. Sein Vater war der Hauspriester (*purohita*) des Königs Prasenajit, vielleicht eine Art Religionsminister. Auf die schiefe Bahn geraten war der junge Mann, so ein Pāli-Kommentar, weil er unter dem Sternzeichen der Diebe zur Welt gekommen war. Xuanzang (1981: II 3) spricht davon, er sei ein Aṅgulimālya gewesen, d.h. er habe zu einer Mördersekte gehört, deren Mitglieder einen Rosenkranz (*mālā*) aus den Fingerknöcheln (*aṅguli*) ihrer Opfer um den Hals trugen. Gombrich (1996: 135) hält es für möglich, dass Aṅgulimāla sich zu einer frühen śivaitisch-tantrischen Sekte bekannte. Jedenfalls galt er als gefährlicher Wegelagerer und Mörder.

Der Buddha schlug alle Warnungen in den Wind, als er sich aus Śrāvastī hinausbegab in die von Aṅgulimāla verunsicherte Gegend. Tatsächlich begegnete er dem Räuber, der über den Mut des einsamen Wanderers erstaunt war. Nach einem Gespräch, dessen Inhalt der Pāli-Kanon nicht mitteilt, war Aṅgulimāla innerlich so bewegt, dass er seine Waffen fortwarf und sich zur Lehre des Buddha bekannte. Der Meister ordinierte ihn auf der Stelle zum Bhikṣu und stellte ihn damit frei von der Verfolgung durch die königlichen Strafbehörden, da der Orden Exemtion von der weltlichen Gerichtsbarkeit genoss. Gemeinsam wanderten Ordensleiter und Mönch zum Jetavana. Hier trafen wenig später der Mahārāja Prasenajit und der inzwischen kahl geschorene, in die gelben Mönchsroben gekleidete Bhikṣu Aṅgulimāla aufeinander. Wie es heißt, verwirklichte Aṅgulimāla das Ziel der Buddhalehre und wurde als Erlöster zum Heiligen.

Die Amnestie[42] des Königs für den bekehrten Mörder stellte die Bürger von Śrāvastī indes nicht zufrieden: Sie wollten Rache. Bei einem Almosengang durch die Stadt bewarfen sie den Bhikṣu mit Steinen, Knüppeln und Tonscherben und verletzten ihn (M 86). Er gesundete, scheint aber nicht mehr lange gelebt zu haben. Vielleicht starb er bei einem weiteren Ausbruch des Volkszorns.

Größter Wohltäter für den Buddha in Śrāvastī war neben Prasenajit und Anāthapiṇḍada eine Frau: die Laienbekennerin Viśākhā. Der Buddha war ihr schon einmal begegnet, als sie, siebenjährig, noch in ihrem Elternhaus in Bhadriya im Aṅga-Land lebte. Bei diesem Treffen hatte sie sich zur Buddhalehre bekannt. Später waren ihre Eltern nach Sāketa (Ayodhyā) umgezogen, und hier war sie, jetzt 16-jährig, den Brautwerbern des Kaufmanns Migāra aus Śrāvastī aufgefallen, der eine Frau für seinen Sohn Pūrṇavardhana suchte. Die Ehe kam zu Stande, und Viśākhā, mit reicher Mitgift versehen, lebte fortan in Śrāvastī bei ihrem Mann, dem sie zahlreiche Kinder schenkte. Ihr ältester Sohn hieß Migāra (nach seinem Großvater), weshalb Viśākhā auch Migāramātā, Mutter des Migāra genannt wurde.

Bei einem Aufenthalt des Buddha in Śrāvastī suchte Viśākhā ihn im Jetavana auf. Der Meister widmete ihr ein Lehrgespräch, das Viśākhā mit Freude erfüllte. Am Ende bat sie den Buddha und den Saṅgha für den Folgetag zur Morgenmahlzeit in ihr Haus. Der Buddha stimmte zu durch Schweigen (falls er nicht, wie in Indien weithin üblich, sein Ja dadurch anzeigte, dass er mit der Kinnspitze das Zeichen ∞ in die Luft malte).

Viśākhā selbst war es, die den Buddha bei der Morgenspeisung bediente. Nach dem Essen bat sie ihn, ihr acht Wünsche zu gewähren. Solange sie lebe, wolle sie den Mönchen für die Regenzeit Ordensgewänder spenden, sie beköstigen, auch für Reisen und im Fall von Krankheit. Zudem wolle sie den Krankenpfleger mit versorgen, kranken Bhikṣus Arzneien stiften, stets (den Hunger dämpfendes) Reiswasser bereithalten und den Nonnen Badegewänder zukommen lassen (damit sie auch beim Waschen bedeckt bleiben können). Der Buddha billigte Viśākhās Wünsche und erlaubte Mönchen und Nonnen, von dem großherzigen Angebot Gebrauch zu machen (Mvg 349-352).

Ein Wohnkloster (*vihāra*) schenkte Viśākhā dem Buddha im Ost-Hain (*pūrvārāma*) von Śrāvastī vor dem Stadttor. Der Buddha selbst soll die Örtlichkeit vorgeschlagen haben (Burlingame 2005: II 79).

Just als Viśākhā das Baugrundstück erworben hatte und mit dem Bauen beginnen wollte, verließ der Buddha die Stadt Śrāvastī, um jetzt, zum Ende der Regenzeit, wieder als heimatloser Wandermönch durchs Land zu ziehen. Viśākhā versuchte, ihn zum Bleiben zu bewegen – vergebens. Da der Buddha ihr anheimstellte, einen Bhikṣu aus seinem Gefolge mit der Bauaufsicht zu betrauen, wählte sie den Bhikṣu Mahā-Maudgalyāyana. Binnen Kurzem beschaffte der Bhikṣu Steine für das Fundament und Baumstämme als Träger und zog in neun Monaten einen geräumigen und ansehnlichen Holz- und Lehmbau hoch. Wegen seiner Zweistöckigkeit und Gediegenheit sprach man von ihm als dem Nobelhaus (*prāsāda*) der Mutter des Migāra.

Der erhöhte Standpunkt auf dem südöstlichen Teil des Stadtwalles um Śrāvastī erlaubt einen Überblick über das ehemalige Osthain-Kloster. Vom originalen Bau sind aufgrund der damals üblichen Baumaterialien Holz und Lehm keine Reste mehr zu erwarten; was Faxian (1965: 59) im 4. Jh. nach Chr. »noch existent« nennt, war bereits ein Nachfolgebau. Zahllose Monsune und die jährlichen Übertritte des Flusses Aciravatī (Rāpti) haben das schwere Gebäude unterspült und zum Einsturz gebracht. Das Kloster wäre sicher nicht an dieser Stelle errichtet worden, hätte die Gefahr von Überschwemmungen zur Buddhazeit bereits bestanden.

Die Lage 50 Meter vor dem Südosttor von Śrāvastī und das Vorbeiströmen gebefreudiger Passanten haben zum Gedeihen des Osthain-Klosters geführt. Überrascht ist man als Besucher von der Massigkeit der Baureste. Die Mauern haben zum Teil eine Dicke von zwei Metern, was auf einen Bau von stolzer Höhe hinweist. Angesichts der jährlich drohenden Überschwemmungen hat der *Archaeological Survey of India* die Konservierung des Klosters eingestellt. Kein Wegweiser und kein Schild weist auf Viśākhās fromme Stiftung hin. (Foto 1999)

Die meisten Reiseführer am Ort verschweigen, dass es in Śrāvastī außer dem Jetavana des Anāthapiṇḍada auch das Kloster der Viśākhā gab. Kein Buch zeigt die Ruine im Bild. Die Bauern des unfernen Dorfes Kānd-Bhāri, deren Häuser großenteils aus Ziegeln des alten Klosters bestehen, fiebern danach, die für den Reisanbau ideale Fläche nutzen zu dürfen. Bald wird nur noch der Pāli-Kanon die Erinnerung an die famose alte Dame lebendig erhalten. (Foto 1999)

Als der Buddha von seiner Missionswanderung nach Śrāvastī zurückkam, um den Monsun im Jetavana zu erleben, fing Viśākhā ihn ab und ersuchte ihn, die Regenzeit diesmal in ihrem neuen Vihāra zuzubringen. Der Buddha stimmte zu. Dies war die erste von sechs Monsunzeiten, während derer der Meister im Osthain-Kloster Quartier nahm. Oft verbrachte er die Nacht im Osthain-Kloster und den Tag im Jetavana – oder umgekehrt.

Es lag nahe, dass Viśākhā den Buddha, wenn er in ihrem Kloster wohnte, gelegentlich aufsuchte. Bei einer Gelegenheit besänftigte er sie, nachdem sie einen Rechtsstreit verloren hatte (Ud 2,9); in einem anderen Fall tröstete er sie beim Tod einer geliebten Enkelin (Ud 8,8). Auch einige an Viśākhā gerichtete Lehrreden sind im Pāli-Kanon tradiert (z.B. A 3,70 und A 8,49). Nach Pandey (1996: 24) soll der Buddha im Pūrvārāma-Kloster der Viśākhā 23 Lehrreden, im Jetavana des Anāthapiṇḍada 844 Lehrreden gehalten haben. Allerdings gab es bei einer Gruppe von Texttradierern den Grundsatz, Lehransprachen des Buddha, die keine Ortsangabe enthalten, der Stadt Śrāvastī – vorzugsweise dem Jetavana-Kloster – zuzuweisen.

Das Pūrva-ārāma-Kloster der Viśākhā, das »Kloster im östlichen Hain«, liegt nicht vor dem Osttor der Stadt, sondern vor dem Südosttor, das heute, nach dem nächstgelegenen Dorf, Kānd-Bhāri-Tor genannt wird. Vielleicht gab es, als das Kloster gebaut wurde, noch keinen Ostausgang aus der Stadt, sodass die Bezeichnung des *relativ* östlichsten Klosters als Osthain-Kloster gerechtfertigt war.

Es ist ungeklärt, ob der »Stūpa des Doppelwunders« zum Andenken an das angebliche Wunder des Buddha errichtet wurde, oder ob der Volksglaube das Ereignis auf diesen älteren, vielleicht von Kaiser Aśoka stammenden Stūpa verlegt hat. Die Bergspitze ist in späterer Zeit sehr massiv bebaut worden. Die Bauruine ist archäologisch freigelegt worden, der Berg oder Stūpa aber ist noch unerforscht. Er liegt an der Landstraße von Balrāmpur nach Śrāvastī zur Linken.

Śrāvastī wird in der Literatur oft als der Schauplatz des Doppelwunders (*yamakapratihārya*) bezeichnet: Das Wunder wird beschrieben, als sei es ein historisches Ereignis. Für den Buddha-Historiker jedoch ist das Wunder nur erwähnenswert, weil es auf einem Berg stattgefunden haben soll, unter dem sich möglicherweise ein sehr alter Stūpa befindet.

Der Buddha hatte von Wundern eine negative Meinung und bezeichnete sie als gefährlich und abzulehnen (D 11,5). Jemandem ein Wunder vorzuführen, und sei es auch zum Zweck der Bekehrung, verbot er seinen Mönchen und legte sogar eine Ordensstrafe für den Verstoß fest (Cvg 5,8,2).

Diese ablehnende Haltung des Buddha ermutigte die nichtbuddhistischen Wandermendikanten zur Bekanntgabe, sie würden Wunder vorführen, wenn Gautama ein Gleiches tue. Gegen jede Erwartung erklärte der Buddha sich dazu bereit. Die magische Vorführung werde in Śrāvastī stattfinden. Eine große Menge Volkes machte sich nach Śrāvastī auf den Weg.

Das Doppelwunder bestand darin, dass der Buddha von der Erde emporschwebte: Aus seinen Schultern schlugen Flammen, aus seinen Füßen strömte Wasser. Gleichzeitig sprach er zu den Menschen über die Lehre. Da in der Menschenmenge niemand war, der ihm Fragen stellte, erschuf er durch übernatürliche Macht ein Doppel von sich selbst, mit dem er in ein Wechselgespräch eintrat (Burlingame 2005: III 45).

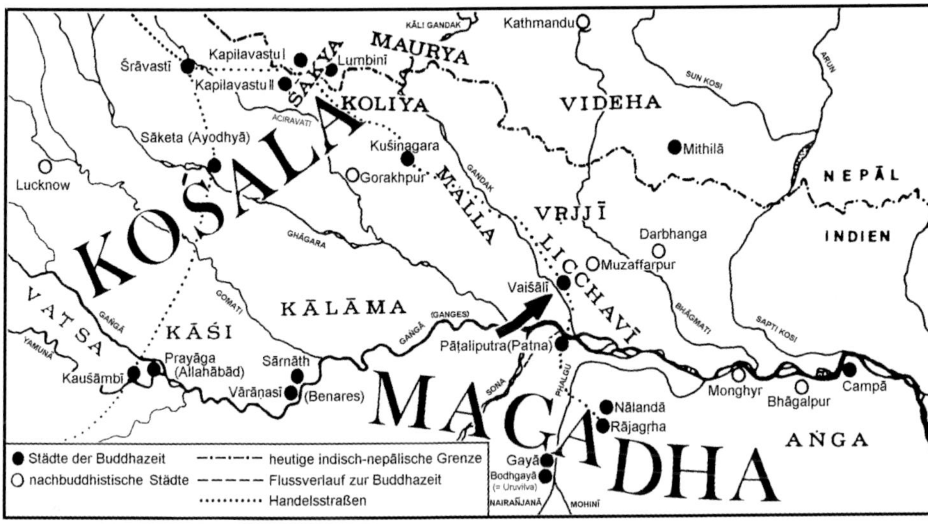

8. Vaiśālī – Wo der Nonnenorden entstand und das Zweite Konzil stattfand

Vaiśālī war zur Buddhazeit die Hauptstadt der oligarchischen Licchavi-Republik, die sich mit den Videhas (Hauptstadt Mithila) und einigen kleineren Stämmen zur Vṛjjī-Föderation zusammengeschlossen hatte. Oberherrscher über die Vṛjjī-Stämme und andere Territorien nördlich der Gaṅgā war der in Śrāvastī wohnende König des Reiches Kośala, der Mahārāja Prasenajit.

Der Stadtbereich von Vaiśālī war zu Zeiten des Buddha weit gestreckt, verödete aber beim Niedergang der Stadt im 5. Jh. nach Chr. Große Teile des ehemals besiedelten Stadtgebietes werden seitdem für die Landwirtschaft genutzt. Die Archäologen konzentrieren sich heute auf zwei Grabungsgebiete, die 3 km auseinander liegen. Der Bezirk im Südosten des alten Vaiśālī, den die Leute am Ort nach einem legendären Herrscher »die Residenz des Rāja Viśāla« nennen, ist vorbuddhistisch und besteht aus einer etwa zwei Meter hohen Erdaufschüttung von rechteckigem Grundriss mit 480x228 m Seitenlänge: das ehemalige Palastgelände. Hier soll nach Meinung einiger Historiker das Zweite Buddhistische Konzil getagt haben. Der Bau des Verteidigungswalles aus Lehm und die Aushebung des Wassergrabens um dieses Gelände wurden im 2. Jh. vor Chr. vorgenommen; Teile davon sind noch zu sehen. – Der zweite, für die Buddha-Archäologie bedeutsamere Grabungsbezirk ist der im Nordwesten von Alt-Vaiśālī: die Gegend um den Ziegel-Stūpa und die

Löwensäule des Kaisers Aśoka. Modern heißt sie nach dem nächstgelegenen Dorf Kolhuā.

Seinen ersten Kontakt mit Vaiśālī hatte der Erlösungssucher Siddhārtha Gautama, nachdem er als 29-Jähriger seine Heimatstadt Kapilavastu und seine Familie verlassen hatte, um ein Leben als hausloser Bettelmönch (*śramaṇa*) zu führen. In Vaiśālī soll es gewesen sein, dass er sich dem Meditationsmeister Ārāḍa Kālāma als Schüler unterstellte (Mvu II 117). Unzufrieden mit dem Gehörten verließ er Ārāḍa schon nach kurzer Zeit, um sich einen anderen Mentor zu suchen (M 26,15).

Nicht in jedem Detail historisch ist der Besuch, den Siddhārtha – inzwischen zum *Buddha* und Leiter eines Mönchsordens geworden – zehn oder elf Jahre später der Stadt Vaiśālī abstattete. Deren Bürger hatten ihn gerufen, damit er, so der Kommentar zum Dhammapada, »durch seine übernatürliche Kraft« den jahreszeitlich fälligen, aber bis dahin ausgebliebenen Monsunregen auf Vaiśālī herabziehen und die in der Stadt grassierende Cholera besiegen möge. Wie erbeten machte sich der Buddha von Rājagṛha aus auf den Weg, und kaum hatte er den Fuß auf das nördliche Ufer der Gaṅgā gesetzt, brach der erhoffte Regen auch in Vaiśālī aus. Trotzdem reiste er in die Licchavi-Hauptstadt weiter. Die Vertreibung der bösen Geister und die Heilung der erkrankten Einwohner überließ er seinem Jünger Ānanda, dem er als Wirkspruch (P: *paritta*)[43] das Juwelen-Sūtra (P: *ratanasutta*) an die Hand gab. Nach einigen Tagen hatte das Paritta seine Wirkung getan, und der Buddha und seine Begleiter, obwohl von den Einwohnern hoch gefeiert, brachen auf zur Rückreise nach Rājagṛha, um die Restzeit des Monsuns im Veṇuvana zu verbringen (Burlingame 2005: III 168).

Angeblich noch im Jahr seines Vaiśālī-Besuches, d. h. 524 vor Chr., erhielt der Buddha die Nachricht, dass sein Vater, der Rāja Śuddhodana Gautama, in Kapilavastu im Sterben liege. Sofort eilte der Buddha zu ihm und konnte ihn, wie es heißt, vor dem letzten Atemzug noch durch eine Lehrrede zur Erleuchtung führen.

Bei diesem Aufenthalt in seiner Heimatstadt Kapilavastu trat Mahāprajāpatī, des Buddha jetzt verwitwete Zieh- und Pflegemutter, an den Meister heran mit der Bitte, er möge auch Frauen den Eintritt in den Orden gewähren und einen Nonnenorden gründen. Dreimal lehnte der Buddha das Ansinnen ab. Weinend zog Mahāprajāpatī sich zurück. Der Buddha indes verließ Kapilavastu und erreichte nach längerer Wanderung die Stadt Vaiśālī, wo er Unter-

Der Name Spitz(giebel)wohnheim (*kūṭāgāraśālā*) verrät die Bauweise des originalen Hauses wie auch seinen Zweck. Nach der Beschreibung des Kommentators Buddhaghośa (in Malalasekera 1960: I 661), der aber im 5. Jh. nach Chr. den Urbau nicht mehr gesehen haben kann, war das (wohl aus Holz bestehende) Haus zweistöckig. Das Erdgeschoss war zu den Seiten hin offen und diente als Versammlungshalle, das Obergeschoss unter dem First war die »Dufthütte« (*gandhakuṭi*) des Buddha, beherbergte aber gelegentlich auch andere Gäste. Anscheinend diente das Gebäude den Licchavis zur Unterbringung prominenter Besucher. Der Buddha hat oft hier gewohnt und zahlreiche Gespräche geführt, jedoch nie eine volle Regenzeit hier zugebracht. Zuweilen störten die Vorsprechenden seine Ruhe und er suchte Stille im Wald.

Der heute als Spitz(giebel)wohnheim zu sehende Baurest soll in der Śuṅga-Zeit begonnen und in der Kuṣāna-Zeit zu einem Tempel ausgebaut worden sein. Unter den Guptas habe man den Bau durch das Einziehen von Zwischenwänden in ein Wohnkloster zurückverwandelt. Nach dem 12. Jh. wurde er nicht mehr benutzt.

kunft fand im Spitz(giebel)wohnheim im Großwald (*mahāvana*) (Cvg 10, 1-2). Das Haus lag am Ufer des Affenteichs (*markaṭahrada*) (Mvu I 300).

Trotz der dreimaligen Weigerung des Buddha, einen Nonnenorden zu gründen, ließ die alte Dame sich nicht entmutigen. Mit geschorenem Kopf, gekleidet in gelbe Mönchsgewänder, wanderte sie in Begleitung einiger Śākya-Frauen dem Buddha nach. Staubbedeckt und mit geschwollenen Füßen erreichte sie in Vaiśālī den Zugang zum Spitz(giebel)wohnheim, wo sie den Buddhajünger Ānanda traf. Mit Tränen in den Augen trug sie ihm ihren Herzenswunsch vor (Cvg 10,1,2). Tatsächlich machte sich Ānanda beim Buddha zu ihrem Fürsprecher, aber wiederum wies der Meister die Gründung eines Nonnenordens von sich. Ānanda verlegte sich daher auf Argumente.

Ānanda:	»Herr, wären Frauen, die in deinem Dharma und deiner Disziplin in die Hauslosigkeit hinausziehen, im Stande, die Vollkommenheit (= Nirvāṇa) zu verwirklichen?«
Der Buddha:	»So ist es, Ānanda.«
Ānanda:	»Da sie dazu im Stande sind, Herr, und da Mahāprajāpatī dir von großem Dienst war, sowohl als des Erhabenen Tante als auch nach dem Tod deiner (leiblichen) Mutter als Pflegemutter, Hüterin und Milchgeberin, eben darum wäre es gut (wenn du erlauben würdest), dass auch Frauen in deinem Dharma und deiner Ordensdisziplin in die Hauslosigkeit ziehen dürfen.«
Der Buddha:	»Ānanda, wenn Mahāprajāpatī verspricht, acht zusätzliche Regeln einzuhalten, möge dies als ihre Ordination (zur Nonne) gelten.«

(Cvg 10,1,3-4 gerafft)

Von Ānanda über die acht Bedingungen unterrichtet, stimmte Mahāprajāpatī zu und war damit als erste Bhikṣunī in den buddhistischen Saṅgha aufgenommen (Cvg 10,2,2). Der Nonnenorden wuchs schnell, aber die Zahl der buddhistischen Nonnen blieb stets geringer als die der Mönche. Im 11. Jahrhundert starb der Nonnenorden auf indischem Boden aus, weil nicht mehr genug vollordinierte Nonnen beizubringen waren, die als Zeuginnen für Neuordinierungen dienen konnten.

Möglicherweise ist das Svastika-Kloster von Vaiśālī älter als das Rājakārāma-Kloster von Śrāvastī und wäre somit das älteste buddhistische Frauenkloster überhaupt. Es hat seinen Namen von der rechtwinkligen Anordnung seiner vier Gruppen von je drei Zellen, die ihm einen Innengrundriss nach dem altindischen Glückssymbol Svastika (Skt: *su-asti-ka*), dem Winkelkreuz geben.

Nach mehr als einem Dutzend Aufenthalten in Vaiśālī, während derer er gewöhnlich im Spitz(giebel)wohnheim unterkam, besuchte der Buddha die Stadt ein letztes Mal ein paar Monate vor seinem Tod. Diesmal nahm er Quartier im Hain der reichen, schon bejahrten Stadtkurtisane[44] Āmrapālī. Sofort eilte Āmrapālī zu ihm, lauschte seinen Worten und lud ihn für den nächsten Morgen zur Mahlzeit ein. Die Speisung am Folgetag endete damit, dass Āmrapālī »dem Mönchsorden mit dem Buddha an der Spitze« ihren Hain als Geschenk übereignete (D 16,2,14-19). Vermutlich war die Stiftung nicht ganz selbstlos, denn Āmrapālī hatte einen Sohn, der im Buddhaorden Mönch geworden war. Sie hoffte wohl, dass ihr Sohn seine nächste Regenzeit in »ihrem« Kloster verbringen werde. – Im Alter soll die Kurtisane in den buddhistischen Nonnenorden eingetreten sein. In den Strophen, die ihr (in Thīg 252-270) zugeschrieben werden, ist allerdings keine religiöse Ergriffenheit zu spüren; sie beklagt darin nur ihre dahingeschwundene Schönheit.

Das Svastika-Kloster von Südwesten. Der Ziegelbau entstand unter der Gupta-Dynastie (5.–6. Jh.). Der kleine Anbau an der Südseite des Klosters (rechts im Bild), ein Toiletten- oder Badehäuschen, half den Archäologen, den Bau als Frauenkloster zu erkennen.

Die Frage, wo ihr gestifteter Klosterhain (*Āmrapālīvana*) in Vaiśālī gelegen hat, ist noch offen. Faxian (1965: 72) und Xuanzang (1981: II 69) verweisen auf den Südteil der Stadt, Singh (2003: 222) lokalisiert ihn bei dem Dorf Ambara im Westen.

Man hatte erwarten können, dass der Meister die folgende Regenzeit in Āmrapālīs Hain zubrachte; er zog es jedoch vor, sich in das Dorf Beluva vor dem südlichen Stadttor von Vaiśālī zurückzuziehen. Seine Mönche, ausgenommen den treuen Ānanda, hatte er gebeten, sich anderswo in Vaiśālī ein Regenzeitquartier zu suchen.

Es wurde eine schwere Zeit. Der Buddha, fast achtzig, wurde sehr krank, kam aber unter Ānandas umsichtiger Pflege wieder zu Kräften. Einige Zeit später konnte er seine Almosenrunde in Vaiśālī wieder aufnehmen. Bei einer Versammlung der örtlichen Bhikṣus, die er durch Ānanda in der Halle des Spitz(giebel)wohnheims hatte zusammenrufen lassen, ermahnte er die Mönche, auf dem Weg zur Erlösung unermüdlich zu sein; zugleich teilte er ihnen mit, in drei Monaten werde er verlöschen (D 16,3,49-51). Danach machte er sich in Begleitung seines Betreuungsmönchs (*upasthātṛ*) und Adjutanten Ānanda auf die Wanderung in Richtung Nordwesten.

Spitz(giebel)wohnheim und Svastika-Nonnenkloster reichen in ihren Ursprüngen in die Lebenszeit des Buddha zurück – nicht so die augenfälligeren Monumente Vaiśālīs: der Stūpa an der Löwensäule und die Säule selbst. Der Grabungsbezirk, der diese Baulichkeiten, zudem den Affenteich und eine Fläche mit Votiv- und Beisetzungs-Stūpas umfasst, liegt im Nordwesten des Stadtkerns von Vaiśālī und ist durch seine Lage in einem Außenbereich vom Getriebe der Stadt separiert.

Wie im Pāli-Kanon (D 16,6,24-27) beschrieben, wurden nach der Einäscherung des verstorbenen Buddha in Kuśinagara die Knochenüberreste in acht Teile aufgeteilt; je ein Anteil wurde den führenden Adelsfamilien Indiens zur Beisetzung in ihrer Hauptstadt übergeben. Auch die Licchavis von Vaiśālī erhielten ein Achtel. Lange Zeit hielt man den Stūpa an der Löwensäule beim Affenteich für den originalen Beisetzungsort: 1958 musste man die Annahme korrigieren. In jenem Jahr wurde in Vaiśālī der Stūpa entdeckt, der seitdem als der »originale Licchavi-Stūpa über einem Achtel der Buddha-Reliquien« gefeiert wird. Er liegt rund hundert Meter oberhalb des Kharauna- oder Abhiṣeka- (= Krönungs-)Teichs, in dem die Licchavi-Rājas nach ihrer Wahl rituell zu baden hatten. Zum Zeitpunkt seiner Entdeckung überragte der Stūpa infolge von Steinplünderungen das Erdniveau um nur 60 cm.

Im Zentrum des Stūpa fanden die Archäologen eine auf der Töpferscheibe gedrehte, zweiteilige Tonurne von 5,5 cm Durchmesser ohne Inschrift. Die Schale samt Deckel hat die Form einer leicht abgeflachten Kugel. Der Deckel, der knapp oberhalb der Äquatorlinie ansetzt, trägt einen Griffknopf und zwei umlaufende Kerblinien. Schale und Deckel waren zerbrochen, aber in Stücken komplett; sie konnten unschwer restauriert werden.

Dass die Vaiśālī-Urne tatsächlich Reliquien des historischen Buddha enthält, besitzt hohe Wahrscheinlichkeit, denn die Urne besteht aus Terrakotta und der Stūpa-Kern aus Lehm. Beide Indizien verweisen auf eine Entstehung in vor-aśokischer Zeit.

Die Landesregierung des indischen Unionsstaates Bihār stellte an dem Stūpa ein Informationsschild auf, das ihn als einen der acht originalen Reliquien-Stūpas (d.h. den der Licchavis) bezeichnet und seine Entstehung ins 5. Jh. vor Chr. datiert. Der Stūpa-Kern aus Lehm habe einen Durchmesser von 8,07 m. In der Maurya-, Śuṅga- und Kuṣāṇa-Zeit sei er mit Ziegeln übermantelt und in vier Phasen bis auf einen Durchmesser von 12 m vergrößert worden.

Die 1958 in Vaiśālī gefundene Urne wird nicht am Fundort gezeigt, sondern in Patna im *Patna-Museum*. Sie ist dort in einer Vitrine aus Panzerglas ausgestellt.

Der Inhalt der Reliquienurne von Vaiśālī ist im Patna-Museum nicht zu sehen, wird aber im Fundbericht von Altekar (o. J.: 8) beschrieben. Er besteht aus einer Kupfermünze mit (nicht zuschreibbarer) Punzmarke, dem Bruchstück eines goldenen Blattes, zwei durchbohrten Glasperlen und einem Schneckengehäuse. Die eigentlichen körperlichen Reliquien des Buddha, so Altekar, seien stark mit Erde gemischt. Insgesamt hätten die Fundstücke die kleine Urne nur zu einem Viertel ausgefüllt. Der Jahresbericht für 1960 (Jayaswal Res. Inst. 1962: Tafel IV) zeigt die Vaiśālī-Urne im Bild (oben). Brandgeschwärzte Partikel sind zwischen den Erdanteilen nicht zu erkennen.

Zum Schutz vor Sonne und Monsunregen hat die Regierung von Bihār über der Grabungsstätte von 1958 ein Schirmdach errichten lassen. Die Besucher können die Fundstätte der Urne durch ein Gitter betrachten. Die Urne selbst ist im Museum in Patna untergebracht.

Der Park um die Fundstätte ist so angelegt, dass das Schutzdach auf dem Schnittpunkt der Zugangswege liegt, denn (nach D 16,5,11) sollen Könige und Vollendete (*Tathāgata*) ihren Beisetzungs-Stūpa an einer Straßenkreuzung erhalten.

Unter dem Schirmdach sind die Fundstelle der Urne und die Grundmauern der späteren Ummantelungen zu sehen. Seine letzte Instandsetzung erfuhr der Stūpa im 2. Jh. nach Chr. (Altekar o. J.: 5). Ungestört hat die Asche des Buddha hier nicht geruht, denn auch der Licchavi-Stūpa musste in der Zeit des Kaisers Aśoka neun Zehntel seines Schatzes hergeben (Xuanzang 1981: II 67). Der Kaiser ließ einen Teil der Asche dort beisetzen, wo der Meister sich gern und häufig aufgehalten hatte: beim Spitz(giebel)wohnheim am Affenteich. Vielleicht war dies auch der Ort, wo das Zweite buddhistische Konzil abgehalten wurde, das zur Zeit des Aśoka in Vaiśālī stattfand.

Der Stūpa an der Löwensäule von Vaiśālī hat im heutigen Befund einen Durchmesser von 19,50 m. Er steht auf einer gemauerten Ziegelplattform für die zeremonielle Umschreitung im Rechtskreis (*pradakṣiṇa*).

Zur Reparatur der Beschädigungen durch Steinplünderer haben die Archäologen den unteren Teil des Löwen-Stūpa soweit wieder aufgemauert, dass an der Südseite oben eine Fläche des später übermantelten Stūpa frei geblieben ist. Auch der Innenstūpa ist aus Ziegeln erbaut. Er enthält einen Kern aus Lehm.

An den Ziegelschichten lässt sich die ungefähre Höhe des Stūpa errechnen. Die untere Plattform weist 8 Schichten Ziegel auf, die Kuppel 93. Nimmt man für jede Lage Ziegel einschließlich Mörtel 6 cm Höhe an, erschließt sich eine Stūpa-Höhe von leicht über 6 m. Zeitweilig soll ein kleiner Tempel auf der Stūpa-Spitze gestanden haben; nach einem Foto von 1904 hatte ein Bauer seine Wohnhütte auf der Stūpaspitze errichtet und sich eine Treppe angelegt (Falk 2006: 222).

An der Vielzahl von (heute geplünderten) kleinen Beisetzungsstūpas im Umkreis des Löwen-Stūpa erkennt man, dass dieser Ort, der durch häufige Besuche und Aufenthalte des Meisters geheiligt war, als segenskräftig galt.

Der Teich zwischen der Aśoka-Säule im Norden und dem Spitz(giebel)wohnheim im Süden trägt den Namen Affenteich (*markaṭahrada*), weil er angeblich von Affen gegraben worden ist. Er war ursprünglich ohne Einfassung und ist erst 1995 vom *Archaeological Survey of India* in die heutige Form und die Größe von 65 x 35 m gebracht worden. Die Einwohner von Kolhuā bevorzugen die Hindu-Bezeichnungen und nennen den Teich den Rāma-Teich (Rāmkund) und die Aśoka-Säule die Keule des Bhīma.

Die nach oben etwas schlanker werdende Aśoka-Säule von Vaiśālī ragt 14,60 m aus dem Boden; Glocke, Abakus und Löwe nehmen davon 2,53 m ein.

An den Verfärbungen des Schaftes lassen sich Zeitperioden erkennen. Der dunkle Ring ist die Wetterlinie und zeigt an, bis zu welcher Höhe die Säule durch Sandanflug und Bewuchs verschüttet war, bevor die Archäologen sie freigruben. Ein Landwirt hatte um die teilverschüttete Säule sein Gehöft angelegt: Die um die ausgebesserte dunkle Stelle herum sichtbare Abwetzung stammt von den Seilen der einst dort angebundenen Tiere. Bis etwa zur Hälfte ihrer heutigen Höhe ist die Säule mit indischen und englischen Einritzungen versehen. Das wohl älteste britische Grafitto ist datiert auf 1780.

Die Aśoka-Säule mit dem Löwenkapitell wirft drei Fragen auf: zu ihrer Ausrichtung, nach dem Anlass ihrer Aufstellung und zu ihrem Stil.

Dass der Löwe nicht exakt auf den Stūpa schaut, erkennt man schnell, aber er ist auch nicht auf Kuśinagara, den Ort des Verlöschens des Buddha ausgerichtet; Kuśinagara liegt weiter westlich. Möglicherweise hat die Blickrichtung des Löwen überhaupt keine Bedeutung und die Säule ist eine Hoheitssäule, die den Licchavis vor Augen halten sollte, dass sie unter der Maurya-Dynastie dem in Pāṭaliputra residierenden Magadha-Kaiser unterstanden.

Falls die Säule, die keine Brāhmī-Inschrift trägt, der Erinnerung an ein wichtiges buddhistisches Ereignis dienen soll, wäre vor allem an das Zweite buddhistische Konzil zu denken, das in Vaiśālī abgehalten wurde. Nach den Pāli-Büchern (Cvg 12,1,1) fand es einhundert Jahre nach dem Konzil von Rājagṛha (d.h. 383 vor Chr.) statt, jedoch ist die Zahl wohl nicht wörtlich zu verstehen; westliche Gelehrte glauben, zwischen dem ersten und dem zweiten

Die markanteste Abweichung der Vaiśālī-Säule von den anderen Aśoka-Säulen besteht darin, dass sie nicht die sonst übliche polierte Oberfläche aufweist und der Löwe nicht auf einer kreisrunden, sondern rechteckigen Grundplatte sitzt. Vielleicht darf man aus der Rechteckform der Grundplatte folgern, dass die Skulptur ursprünglich nicht als Säulenkapitell gedacht war; möglicherweise war sie dem Auftraggeber für die Verwendung als symbolischer Türwächter am Palasteingang nicht stolz und nicht grimmig genug.

Dhammika (1999: 129) hält es für denkbar, dass die Säule und ihr Kapitell vor der Regierungszeit Aśokas entstanden sind und einen Prototyp darstellen, den Aśoka später abwandelte. Dass Löwe und Säule aus der Maurya-Zeit stammen, steht auch für Falk (2006: 221) außer Frage.

Konzil weniger Jahre, vielleicht nur 50, annehmen zu können. Den Anstoß zu dem Konzil gaben Unsitten, die sich im Saṅgha der Vṛjjīs breitgemacht hatten. Um die alten Ordensregeln wieder in Erinnerung zu bringen, berief der Seniormönch Raivata eine Synode von (angeblich) 700 Bhikṣus zusammen, die (dem Cvg 12,2,7 zufolge) im (nicht identifizierten) Vālika-Kloster von Vaiśālī, der Ceylon-Chronik nach im Spitz(giebel)wohnheim tagte (Dv 5, 28-29) und die Missbräuche der Vṛjjī-Mönche verurteilte. Die Getadelten indes hielten ein Gegenkonzil ab und nannten sich, da sie sich in der Überzahl glaubten, fortan die »Großgemeindler« (*Mahāsāṅghika*); die Traditionalisten erhielten den Namen »Anhänger der Lehre der Alten« (*Sthaviravādin*, P: *Theravādin*). Dies war die erste Spaltung des buddhistischen Ordens, der mehrere andere folgten (Dv 5,39). Aus dem Kreis der *Mahāsāṅghikas* ging um die Zeitwende der Buddhismus des Großen Fahrzeugs (*Mahāyāna*) hervor.

9. Kauśāmbī – Fromme Laien und zänkische Mönche im Vatsa-Reich

Kauśāmbī am Yamunā-Fluss, die Hauptstadt des Vatsa-Reiches, war der westlichste Platz, den der Buddha bei seinen Wanderungen besuchte. Die Bedeutung der Stadt in alter Zeit ergab sich aus ihrer geografischen Lage. Bei Kauśāmbī überquerte der Karawanenweg zwischen dem Norden und dem Süden Indiens den Fluss Yamunā, und von Kauśāmbī aus war, wenn der Monsun genug Regen gebracht hatte, nach zweitägiger Flussfahrt stromabwärts die heutige Stadt Allāhābād (ehemals Prayāga) zu erreichen, wo die Yamunā in die Gaṅgā mündet. Von Prayāga aus gab es über die Gaṅgā Flussverbindung nach Westen und Osten und über Nebenflüsse der Gaṅgā nach Norden und Süden.

Der innere Stadtbereich des ehemaligen Kauśāmbī ist heute besiedelt von zwei an der Yamunā gelegenen Dörfern, genannt Groß-Garhua und Klein-Garhua, die durch einen Bergrücken getrennt sind. Außerhalb des alten Stadtgebietes liegen am Fluss zwei Dörfer, in deren Namen sich die alte Pāli-Bezeichnung »Kosambī« reflektiert: Im Westen liegt Kosam Inām, im Osten Kosam Khirāj.

Seine achte Regenzeit als wandernder Lehrer und Ordensleiter hatte der Buddha in Suṃsumāragiri (»Krokodilberg«) zugebracht, einer Stadt des

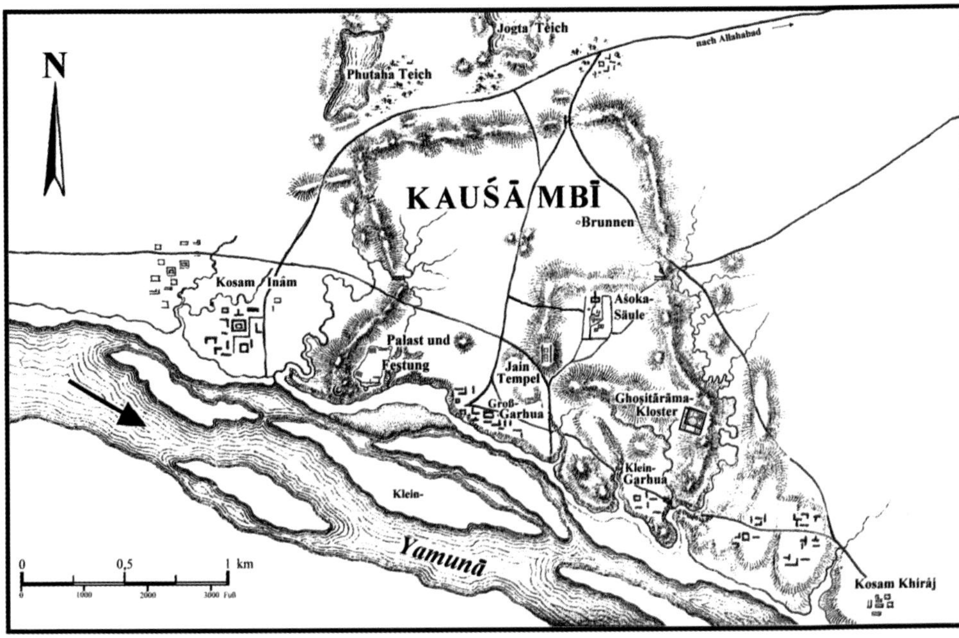

Die Vermessung Kauśāmbīs geschah 1862 unter der Aufsicht von Alexander Cunningham; 1875 wurde die Karte publiziert – und ist übersichtlicher als die zur Zeit vorhandenen Luftbilder. Die obige Wiedergabe ist in einigen Punkten vereinfacht, in anderen ergänzt. Buddhistische Bauten sind über Maßstab eingetragen.

Bharga-Stammes im Vatsa-Reich. Vizekönig über die Bhargas war der Prinz Bodhi, der Sohn des Vatsa-Mahārāja Udayana, dessen Hauptstadt Kauśāmbī war. Sehr bald stellte sich zwischen dem Prinzen und dem Buddha freundlicher Kontakt her, der schließlich dazu führte, dass der Prinz sich als Laienanhänger zur Buddhalehre bekannte (M 85,61). Vielleicht war er es, der dem Buddha nahelegte, seine neunte Regenzeit in der Vatsa-Hauptstadt zuzubringen. Tatsächlich quartierte sich der Meister, als der nächste Monsun anbrach, im Ghoṣitārāma-Kloster in Kauśāmbī ein.

Anders als die Mahārājas von Magadha und Kośala, die den Lehrreden des Buddha gern lauschten, war der Vatsa-Mahārāja Udayana ein weltlich gesinnter Mann. Religiöse Diskussionen waren ihm zuwider, und er war es satt, die Wortgefechte zwischen seiner buddhafreundlichen Gemahlin Sāmāvatī und der später dazugeheirateten, sich zum Hinduismus bekennenden Gemahlin Māgandiyā anhören zu müssen. Als er der Sāmāvatī einmal drei Wünsche freistellte, bat sie den König, den Buddha zur Morgenspeisung in den Palast einzuladen. Der Herrscher entsprach dem Wunsch, aber der Buddha, der

Bei Kauśāmbī ist das Ufer der Yamunā zerrissen und lässt den Fluss in der Regenzeit tief ins Stadtgebiet einschneiden.

inzwischen Udayanas Abneigung gegen Religion kannte, blieb fern und entsandte an seiner Stelle seinen Adjutanten, den Bhikṣu Ānanda.

Um dennoch einen Eindruck vom Buddha zu erhaschen, ließ Sāmāvatī in die Wand ihres Zimmers im Palast eine Öffnung brechen, durch die sie den Meister beim morgendlichen Almosengang aus der Ferne betrachten konnte. Das nutzte ihre Rivalin Māgandiyā sogleich, um dem König einzuflüstern, Sāmāvatī sei in den Buddha verliebt. Der Herrscher blieb jedoch gelassen und befahl lediglich, das Guckloch zuzumauern.

Māgandiyā aber war in ihrem Hass unermüdlich und erfand gegen die Buddhistin immer neue Intrigen. Als jeglicher Erfolg ausblieb, griff sie zum rabiatesten Mittel: Sie legte in Sāmāvatīs Gemächern Feuer. Eine größere Zahl von Frauen, darunter Sāmāvatī, kamen zu Tode (Ud 7,10). König Udayana fand die Brandstifterin heraus und ließ sie und ihre ganze Verwandtschaft auf grausame Weise hinrichten (Burlingame 2005: I 282).

Der östliche Teil der Befestigungsanlage über der Yamunā. Nach Süden, zum Fluss hin, fällt die Böschung steil ab und geht unten über in ein Flachufer, das im Monsun reißend überflutet ist.

Gegenüber älteren Gelehrten, die annahmen, dass mit dem Bau der Befestigung Kauśāmbīs schon 500 Jahre vor der Zeit des Buddha begonnen worden sei, zitiert Härtel (1991: 67) Archäologen, die das 6. Jh. vor Chr. als zutreffendere Datierung angeben. Wenn diese Alterszuschreibung stimmt, hat der Buddha die Befestigung und den Palast des Udayana in einem Frühzustand gesehen.

In Westrichtung wandernd, der Strömungsrichtung der Yamunā entgegen, passiert man eine zerfallene Bastion, die Kauśāmbī gegen Angriffe zu Wasser schützen sollte.

Unterhalb des Steilufers direkt an der Yamunā stand ein sehr solide gebauter Turm. Er diente sowohl als Wachturm gegen Angriffe wie auch zur Beobachtung des Bootsverkehrs. Vielleicht hatten Frachtboote hier einen Zoll zu entrichten.

Wälle, Graben, Mauern und Bastionen, heute stellenweise neun Meter hoch bedeckt von den Ablagerungen vieler Jahrhunderte, schützten Kauśāmbī auch zur Landseite, haben die Stadt aber zwischen 510 und 515 nach Chr. nicht vor der Eroberung durch die Weißen Hunnen (Hūṇas) unter Toramāṇa bewahren können. Toramāṇas Truppen erstürmten, plünderten und zerstörten die Stadt, die sich von dieser Brandschatzung nie wieder erholte. Sie geriet mehr und mehr in Vergessenheit und war um 585 fast verlassen, wurde aber vom 12. Jh. ab wieder schütter besiedelt.

Die sich ausbuchtende Südwestecke des Stadtbereichs war ausgebaut zur Verteidigungsfeste und umschlossen von einer doppelwandigen Bruchsteinmauer von 1,4 km Länge, deren Zwischenraum mit Stampflehm ausgefüllt war; im Bild: die Mauerfront nach Norden. Innerhalb des Festungsgeländes lag auch der Palast des Königs Udayana. (Die Treppe ist modern und dient der Wegverkürzung für Touristen.)

Das Verteidigungsareal des Mahārāja war im weiteren Umkreis noch einmal gesichert durch die Yamunā im Süden und einen Lehmwall von fast 11 m Höhe in den anderen drei Himmelsrichtungen, insgesamt ein Umfang von 6,1 km, der das gesamte Wohngebiet umschloss. Schlingloff (1969: 13 + 28) nimmt für Kauśāmbī eine bewohnte Fläche von 2,29 km^2 an und errechnet unter der Annahme doppel- und dreistöckiger Häuser eine Einwohnerzahl von »neunzig- bis einhundertachtzigtausend« Personen.

Der Palast des Mahārāja des Vatṣa-Reiches in Kauśāmbī lag auf dem Steilufer der Yamunā in der besonders befestigten Südwestecke des Stadtareals. Er fällt als Ruine auf durch die Großflächigkeit seiner Räume. Der Buddha hat den Palast nie betreten und den Mahārāja Udayana nie getroffen.

Das auffälligste architektonische Element der Palastruine sind drei Bogentore im Untergeschoss.

Das Desinteresse des Königs Udayana an der Religion und den Zuständen in den Klöstern war unter anderem ersichtlich am undisziplinierten Verhalten mancher Bhikṣus in der Öffentlichkeit. Wie peinlich für den Buddha, an einem der Stadttore Kauśāmbīs den Bhikṣu Svāgata auf der Erde liegend zu finden: bewusstlos betrunken, denn er hatte beim Almosenrundgang in der Stadt an jeder Haustür einen Becher Palmwein zu sich genommen. Die Bürger Kauśāmbīs mögen kräftig gewitzelt haben, als die gelben Mönche den berauschten Mitbruder ins Kloster trugen. Der Vorfall gab dem Buddha Anlass, für die Bhikṣus ein Alkoholverbot zu verhängen (Sv 51,1). Später setzte er fest, dass Novizen, die als alkoholsüchtig erkannt werden, die Vollordination zu verweigern ist (Mvg 108).

Der Buddhaorden besaß in Kauśāmbī drei Klöster, die die reichen Geldverleiher Ghoṣaka, Kukkuṭa und Pāvārika dem Buddha bei einer Begegnung in Śrāvastī gestiftet hatten (Burlingame 2005: I 280).

Die meiste Zeit seines Aufenthalts in Kauśāmbī verbrachte der Meister im Ghoṣitārāma-Kloster, das unweit des östlichen Stadttores gelegen war. Ausgerechnet hier brach während seiner Regenzeitzuflucht zwischen den Bhikṣus ein Streit aus. Die Mönche »verletzten einander mit den Speeren der Zunge«, so der Pāli-Kanon (M 48,2 = Mvg 451). Was war der Grund?

Das Ghoṣitārāma-Kloster liegt im südöstlichen Teil von Kauśāmbī unweit des Osttores der Stadt. 1999 (Foto) fand der Besucher es vor, wie die Archäologen es 1964 verlassen hatten: freigegraben von den angewehten Ablagerungen und geräumt von den Trümmern, die die Hūṇas unter ihrem Anführer Toramāṇa im 6. Jh. nach Chr. nach ihrer Zerstörung des Klosters hinterließen.

Völlig zum Erliegen gebracht hat Toramāṇas Angriff auf Kauśāmbī das buddhistische Leben nicht. Xuanzang (1981: I 235) teilt mit, die zehn buddhistischen Klöster der Stadt seien (im 7. Jh.) zerstört und verlassen gewesen, es habe aber (im Umkreis der Stadt?) noch etwa 300 hīnayānische Bhikṣus gegeben.

Ein prominenter Mönch des Ghoṣitārāma-Klosters hatte nach der Benutzung der Latrine den Rest des von ihm mitgebrachten Reinigungswassers nicht ausgegossen, sondern das Gefäß mit dem Wasserrest auf dem stillen Örtchen vergessen (Burlingame 2005: I 176). Ein Mönch warf ihm deshalb eine disziplinäre Verfehlung vor, gegen die der Beschuldigte erklärte, er sehe sein Versäumnis nicht als zu ahndende Verletzung der Ordenszucht an. Der Anklagemönch und seine Freunde befanden ihn darauf der Uneinsichtigkeit für schuldig und suspendierten ihn; die Freunde des Angeschuldigten hingegen bestritten die Rechtmäßigkeit der Suspendierung. So entstanden im Saṅgha zwei Fraktionen, die sich befehdeten. Bei diesem Stand der Dinge wurde die Angelegenheit dem Ordensleiter vorgetragen (Mvg 452).

Wie das von Ghoṣaka dem Buddha gewidmete Kloster im Urzustand aussah, lässt sich nicht erschließen; wahrscheinlich war es aus Holz, Lehm und Bambus gebaut, mit Geflechtmatten als Zwischenwände.

Von der Buddhazeit bis ins 6. Jh. nach Chr. war der Ghoṣitārāma-vihāra ständig bewohnt und wurde in den knapp tausend aktiven Jahren immer wieder umgebaut und erweitert. Die Archäologen unterscheiden 16 Bauphasen. Bei den Umgestaltungen hat man brauchbare alte Steine wieder verwendet, sodass an manchen Stellen jüngere Ziegelschichten tiefer liegen als solche älteren Datums.

Die Horizontlinie lässt die Höhe der Ablagerungen erkennen, die von den Ausgräbern abzutragen waren, um die Klosterruine zu untersuchen.

Einige Zeit später hielten die beiden Mönchsgruppen eine Vollversammlung ab, zu der sie den Buddha einluden. Eindringlich appellierte der Meister an die Mönche, ihren Streit beizulegen, aber die Opponenten waren so sehr in Rage, dass das Machtwort des Ordensleiters versagte. Frech schleuderte einer der Bhikṣus ihm entgegen: »Möge der Herr Dharma-Meister sich gedulden und sich unbekümmert und bequem hier niederlassen: Dieser Zank, Streit, Wortkampf und Disput ist allein unsere Sache!« (Mvg 457). Ohne auf die Ungezogenheit einzugehen, erzählte der Meister den Bhikṣus eine lange beispielhafte Geschichte – wiederum ohne Erfolg. Bald danach verließ er Kauśāmbī (Mvg 465).

Aber auch der Weggang des Ordensleiters stellte die Eintracht unter den Mönchen nicht wieder her. Sie zankten sich weiter und prügelten sich sogar vor den Augen von Laienbekennern. Schließlich wurde es den Laienanhängern zu bunt. Sie beschlossen, die Bhikṣus nicht mehr zu grüßen und ihnen keine Almosenspeise mehr zu reichen. Im Saṅgha von Kauśāmbī brach akute Versorgungsnot aus, die die Bhikṣus zwang, den Buddha, der sich inzwischen in Śrāvastī im Jetavana-Kloster aufhielt, um Schlichtung zu bitten (Mvg 467).

Der Meister taktierte sehr geschickt. Als die Freunde des suspendierten Bhikṣu äußerten, der Mönch habe seine Verfehlung jetzt eingesehen, wies der Buddha sie an, den Suspendierten wieder in seinen geistlichen Rang einzusetzen. Als dies geschehen war, sprach er mit der gegnerischen Gruppe und betonte, dass das Schuldbekenntnis des Bhikṣu und seine Wiedereinsetzung die Rechtmäßigkeit der Suspendierung nachträglich beweise. Sodann ersuchte er sie, die Wiedereinsetzung anzuerkennen. Durch Schweigen, d.h. Nichterhebung eines Einspruchs, bestätigten die versammelten Mönche die Reordinierung. Jeder der beiden Gruppen war damit Genüge getan, keine hatte ihr Gesicht verloren. Die Sache war somit beigelegt, eine Ordensspaltung verhindert (Mvg 474-5). Dem Buddha jedoch war Kauśāmbī verleidet. Nie wieder in den vielen ihm noch vergönnten Missionsjahren hat er eine Regenzeit in König Udayanas Vatsa-Reich zugebracht.

Der König scheint seine anfängliche Abneigung gegen religiöse Lehren später gemildert zu haben. Nicht nur war sein einziger Sohn, Prinz Bodhi, ein Laienanhänger des Buddha geworden, auch die Bevölkerung des Vatsa-Reiches hatte sich in großer Zahl dem Buddhismus zugewandt. Die Staatsraison zwang den Herrscher, den Religionen in seinem Land als meinungsbildenden Faktoren Beachtung zu schenken. Dass er selber Buddhist geworden sei, wie einige Autoren behaupten, ist unwahrscheinlich und auch daraus zu folgern, dass er nach der Einäscherung des verstorbenen Buddha keinen Anteil von dessen Reliquien einforderte.

Ghoṣaka, der Stifter des Ghoṣitārāma-Klosters in Kauśāmbī, war der Gildepräsident der örtlichen Geldverleiher und Großkaufleute und zugleich der Schatzmeister des Königs Udayana. Sein Stiftungskloster, das von mehreren Metern Ablagerungen und Pflanzenbewuchs bedeckt war, ist 1862 von Alexander Cunningham lokalisiert worden. Freigegraben wurde es zwischen 1949 und 1964 durch den Archäologen G.R. Sharma. 1951 förderte Sharma einen Inschriftenfund zu Tage, der die Identifizierung des Klosters als Ghoṣitārāma zweifelsfrei bestätigte.

Infolge der rücksichtslosen Überbauungen der älteren Architektur ist es ausgeschlossen, durch Herumklettern auf der Ruine einen Eindruck der Anlage zu gewinnen.

Fest steht, dass der Ghoṣitārāma die dem Meister angenehmste Unterkunft in Kauśāmbī war – bis sie ihm durch den Streit der Bhikṣus verleidet wurde.

Das 2007 vom Ghoṣitārāma aufgenommene Foto zeigt, dass an der Klosterruine Bauarbeiten stattfinden, die über die archäologische Konservierung hinausgehen.

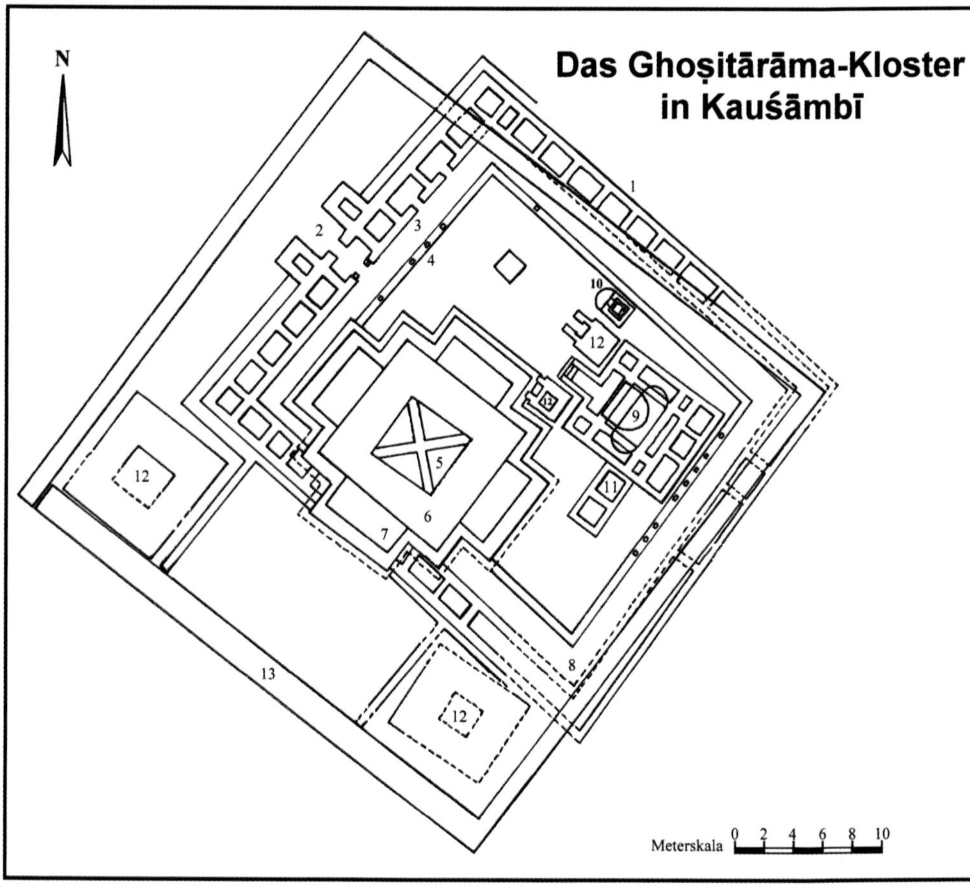

Ein ungefähres Bild der Entwicklung des Ghoṣitārāma-Klosters vermittelt die Zeichnung des Archäologen Alexander Cunningham. Der folgende Versuch einer Interpretation verwendet u. a. Hinweise von Tripathi (2003: 27).

Vom ursprünglichen Ghoṣitārāma-Kloster, das aus vergänglichem Material gebaut war, ist nichts erhalten. Der in den Grundmauern noch vorhandene Steinausbau des Klosters (1) mit dem bewachten Eingang im Westen (2) könnte aus dem frühen 3. Jh. vor Chr. stammen. An die Außenmauer angelehnt lagen innen die Zellen für die Mönche; davor verlief ein überdeckter Rundgang (3), dessen Schattendach im Innenhof durch Holzsäulen (4) abgestützt war. – Dies ist die Grundform der meisten buddhistischen Klöster.

Durchbrochen wurde diese übersichtliche Anlage, als, ebenfalls im 3. Jh., der buddhistische Kaiser Aśoka im Innenhof einen Dharmarājika-Stupa (5) errichten und eine Ediktsäule aufstellen ließ (die später von den Moghuln nach Allāhābād geschafft wurde). Der Stūpa war ursprünglich relativ flach, wurde später aber mehrfach ummantelt und erhöht. Xuanzang (1981: I 237) berichtet, er sei (im 7. Jh.) 60 m hoch gewesen und habe in dem Ruf gestanden, Krankheiten zu heilen. Dieser Glaube mag es gewesen sein, der Scharen von Laienbekennern in das Kloster zog, um den Stūpa im Rechtskreis zu umschreiten und Räucherwerk und Blüten darzubringen. Der Weg für die Rechtsumkreisung des

Stūpa (6) wurde dafür verbreitert und erhielt schließlich einen Grundriss, der an mahāyānische Formen erinnert (7). Für die Sockelverbreiterung wurde ein Teil der ursprünglichen Mönchszellen niedergerissen – falls zu dieser Zeit der Südteil des Klosters (8) überhaupt zu Ende gebaut war.

Ganz anderen Charakter trägt die Bebauung der Ostecke (9) des Klostergeländes, die ihre Entstehung in der ikonischen Kunstperiode erkennen lässt. Während die »präikonische« buddhistische Kunst vor der christlichen Zeitrechnung zwar buddhistische Szenen als Reliefs darstellte, die Abbildung der Person des Buddha aber vermied, entstanden im 1./2. Jh. nach Chr. freistehende Buddhabildnisse, die man andächtig umschreiten und vor denen man sich niederwerfen konnte. Anfänglich standen solche ikonischen Buddhaskulpturen unter schützenden Steinschirmen im Freien; bald aber baute man für sie Tempel, in denen dann, mit dem Aufkommen des Mahāyāna-Buddhismus, auch Bodhisattvas und andere Heilsgestalten des späten Buddhismus Platz fanden. Die als Wohnkloster (*vihāra*) gestiftete Anlage des Bankiers Ghoṣaka nahm damit die Funktion eines Tempels (*caitya*) an, der rund um die Uhr, am stärksten an Vollmondabenden, Besucher anlockte. Dutzende von Buddhaskulpturen, von den Kriegern des Hūṇagenerals Toramāṇa im 6. Jh. zerschlagen, sind auf dem Gelände des Ghoṣitārāma-Klosters gefunden und im Kauśāmbī-Museum der Universität Allāhābād archiviert worden (Tripathi 2003: 84 f.). Nur eine nichtbuddhistische Terrakotta-Statue aus der Kuṣāṇa-Zeit (1./2. Jh. nach Chr.) entging der Zerstörung: die Schutzheilige Hārīti. Sie war im Volksglauben zuständig für die Sicherheit der Kinder. Vielleicht haben die Krieger des Toramāṇa, als sie die Figur in einem Seitenkapellchen (10) fanden, an ihre eigenen Kinder gedacht. Fast unbeschädigt konnte die Tonfigur von den Archäologen geborgen werden.

In der Ostecke des Klosters (11) im Tempelbereich war es auch, wo die Funde gemacht wurden, die durch die Nennung des Ortes Cunninghams Identifizierung des Ghoṣitārāma bestätigten. An mehreren Stellen des Klosterareals wurden zudem Reste von Stūpas (12) freigelegt. Früher hat man die kleineren von ihnen als Votiv-Stūpas interpretiert; inzwischen weiß man, dass sie vielfach zur Beisetzung der Asche eines herzensreinen Mönchs oder Laienbekenners dienten. Als eines der jüngsten, nicht lange vor der Zerstörung des Klosters entstandenen Elemente des Komplexes bezeichnen die Archäologen die den Klosterbereich umschließende Mauer (13).

Nur eine Skulptur des Ghoṣitārāma-Klosters blieb bei der Zerstörung Kauśāmbīs durch die Truppen Toramāṇas (im 6. Jh. nach Chr.) fast unversehrt: Hārīti, die Schutzgöttin der Kinder. Hārīti wird in Indien nur regional verehrt. Man erzählt, sie sei die Gattin eines Hirten gewesen und wurde, obwohl sie schwanger war, gezwungen, beim Fest eines Königs zu tanzen. Dabei verlor sie ihr Kind. Fortan wirkte sie als Dämonin, die Kinder tötete – bis der Buddha Friedfertigkeit und Mitgefühl in ihr erweckte. Seitdem gilt sie als Beschützerin der Kinder und wird vor allem von Frauen verehrt. – Die in einem Kapellchen im Ghoṣitārāma-Kloster gefundene Terrakotta-Figur ist heute in einer Vitrine im Kauśāmbī-Museum der Universität Allāhābād zu sehen.

Drei Objekte aus dem Ghoṣitārāma verdienen noch spezielle Erwähnung: zwei Schriftfunde, heute im Kauśāmbī-Museum in Allāhābād, und die Edikt-Säule des Kaisers Aśoka, heute im Fort von Allāhābād. Von einer zweiten Aśoka-Säule, ohne Edikt, wird später die Rede sein.

Als wichtiger Schriftfund im Uni-Museum von Allāhābād besonders gesichert ist diese Terrakotta-Lampe mit sieben um die Mittelsäule angebrachten Ölschälchen. Auf der Stellfläche trägt sie in Prākrit-Sprache und Brāhmī-Schrift den Text: »Diese fromme Spende wurde der Dufthütte (= Zelle) des erhabenen Buddha im Ghoṣitārāma dargebracht von dem Śākya-Mönch, dem ehrwürdigen Dharmapradīpa. Möge das (daraus erwachsende karmische) Verdienst allen Wesen zur Erlangung der höchsten Erkenntnis gereichen.«

Eine weitere Bestätigung des Ortes als Ghoṣitārāma liefert eine zerbrochene Votivtafel. Auf dem symbolischen Fußabdruck des Buddha zeigt sie das Rad der Lehre auf der Fußsohle und das Glückssymbol Svastika auf den Zehen. Ihre Prākrit-Inschrift in den Brāhmī-Lettern des 1. Jh. vor Chr. lautet: »Bhikṣu Phagala, Schüler des ehrwürdigen Dhara, (erstellte) diese Steintafel in der Wohnung des Buddha im Ghoṣitārāma zur Verehrung aller Buddhas.«

Leider kann nicht im Bild gezeigt werden die Säule des Kaisers Aśoka mit dem auf den Mönchsstreit im Ghoṣitārāma Bezug nehmenden Schismen-Edikt. Die Säule steht in dem an der Yamunā gelegenen Fort von Allāhābād, das als militärischer Bereich für Zivilpersonen gesperrt ist. Ein Foto findet sich bei Falk (2006: 158).

Die Säule, über 12 m hoch, deren Kapitell nicht gefunden wurde, trägt acht aśokische Edikte in Brāhmī-Schrift und wurde, wie der Text angibt, 26 Jahre nach Aśokas Krönung (d. h. 242 vor Chr.) aufgestellt. Die Edikte fordern die Bevölkerung auf zu ethischem Verhalten, (karmisch) heilsamem Tun, Mitleid und Wahrheitstreue und ermahnen die kaiserlichen Beamten zu Gerechtigkeit. Die Brāhmī-Zeilen sind teilweise überdeckt von einem eingemeißelten Bericht, in dem Samudragupta, der zweite Kaiser der Gupta-Dynastie (4. Jh. nach Chr.) seine Siege schildert. Die untere der Brāhmī-Inschriften ist Aśokas Schismen-Edikt. Es ist durch eine sehr viel jüngere Einmeißelung in persischer Schrift teilweise unlesbar geworden, kann aber ergänzt werden durch die Aśoka-Säulen in Sārnāth und Sāñcī, die analogen Wortlaut aufweisen. Das Edikt warnt Mönche und Nonnen vor der Spaltung des Saṅgha und ordnet an, dass Abweichler die Ordensgemeinschaft zu verlassen und sich in weißer Kleidung fernab von jedem Kloster anzusiedeln haben.

Dass die im Fort von Allāhābād stehende Säule aus Kauśāmbī stammt, ist unbestritten, die Frage ist, ob sie ursprünglich im Ghoṣitārāma stand, dem Ausgangspunkt des Mönchsgezänks – was freilich Wahrscheinlichkeit für sich hat. Von den chinesischen Reisenden Faxian (5. Jh.) und Xuanzang (7. Jh.) wird die Säule nicht erwähnt.

Wann sie in die Festung von Allāhābād geschafft wurde, ist nicht genau zu bestimmen; einige nehmen an, durch den Moghul-Kaiser Akbar (1542–1605), der das Fort erbaute, andere vermuten, durch dessen Sohn Jahangir (1569–1627), der den persischen Text einmeißeln ließ. Die Moghuln vermuteten zu Recht, dass die Säule ein imperiales Symbol war, konnten aber den Brāhmī-Text Aśokas nicht lesen. Die Säule unterlag deshalb schwankender Wertschätzung und wurde einige Male niedergelegt und wieder aufgerichtet. Die letzte Niederlegung 1804 hatte ein britischer Oberst zu verantworten, der als Feind indischer Architektur bekannt war. Die Aufrichtung der Säule an ihrem heutigen Platz im Fort von Allāhābād geht ebenfalls auf die Briten zurück. Sie geschah 1838, *ein* Jahr nachdem James Prinsep die Brāhmī-Schrift entziffert und man die historische Bedeutung der Aśoka-Säulen erkannt hatte.

Die (Besuchern unzugängige) Aśoka-Säule im Fort von Allāhābād, obwohl aus Kauśāmbī stammend, wird in der Literatur als die Allāhābād-Säule bezeichnet. Daneben gibt es eine zweite (leicht erreichbare) Aśoka-Säule, die seit ihrer Aufstellung in Kauśāmbī steht und nach dieser Stadt benannt wird.

Die Aśoka-Säule von Kauśāmbī ist ohne kaiserliches Edikt. Sie ist bedeckt mit Einritzungen aus jüngeren Jahrhunderten, darunter einer, die in Devanāgarī-Schrift den Moghul-Kaiser Akbar erwähnt.

Das ehemalige Wohnviertel südöstlich der Kauśāmbī-Säule. Vielleicht handelt es sich bei den Ruinen im Bild um den soliden späteren Ausbau des Kukkuṭārāma oder des Pāvārikārāma. Beide Klöster wurden dem Buddha von Gönnern gestiftet, sind aber bislang nicht lokalisiert worden.

Sie wurde von den Archäologen in Schräglage vorgefunden und 1922 in die Senkrechte gebracht. Der heute sichtbare Schaft hat eine Länge von 10 m. Zwei abgebrochene Stücke vom oberen Teil der Säule von zusammen etwa 2 m Länge befinden sich im Städtischen Museum in Allāhābād. Das Kapitell der Säule wurde nie entdeckt. Da die chinesischen Mönche Faxian und Xuanzang auch diese Säule unerwähnt lassen, gibt es über die Form des einstigen Kapitells keine Informationen.

Bis zur Zerstörung der Stadt Kauśāmbī durch Toramāṇas Truppen im frühen 6. Jh. scheint das Areal um die Säule ein Hauptwohngebiet gewesen zu sein. Bebauung aus der Buddhazeit ist wegen der Vergänglichkeit des benutzten Baumaterials nicht mehr nachzuweisen, jedoch zeigt eine Luftaufnahme die Grundrisse mehrerer Häuser aus späterer Zeit, darunter ein aus Ziegeln erbautes buddhistisches Kloster.

10. Kuśinagara – Das große Verlöschen

Im Jahr 484 vor Chr., das seinem Parinirvāṇa voranging, hatte der Buddha die Regenzeit zugebracht in Beluva, einem südlichen Vorort von Vaiśālī. Er wurde schwer krank in dieser Zeit, überwand die Krankheit aber durch geistige Disziplin. Als Ānanda äußerte, er habe wohl nicht aus dem Leben scheiden wollen ohne eine Weisung über den Orden gegeben zu haben, wies der Meister diesen Gedanken zurück:

> »Wieso, Ānanda, erwartet der Mönchsorden das von mir? Ich habe die Lehre dargelegt ohne ein Innen und Außen zu unterscheiden, (denn) in der Lehre des Vollendeten gibt es nicht die geschlossene Faust des Lehrers (in welcher er gewisse Wahrheiten als Geheimwissen zurückhält). ... Ich bin jetzt alt, Ānanda, in der Neige meiner Jahre, ein Greis, meine (Lebens-)Reise geht zu Ende. Wie ein alter Karren nur noch mit Stricken funktionsfähig gehalten wird, so ist mein Körper nur noch mit Bandagen funktionsfähig. ... Darum, Ānanda, seid euch selbst eine Insel[45], sucht niemand anderen als Insel; nehmt die Lehre als Zuflucht, sucht keine andere Zuflucht.« (D 16,2,25-26)

Nach einigen mit Ānanda unternommenen Spaziergängen in und um Vaiśālī wieder leidlich auf den Beinen, brach der Buddha zur Wanderung nach Nordwesten auf; sein Ziel war vermutlich das Jetavana-Kloster in Śrāvastī. Weitere Bhikṣus schlossen sich der Reisegruppe an.

Über Zwischenstationen in fünf Dörfern gelangte die Schar in das Städtchen Pāvā, wo der eine Zweig des zweigeteilten Malla-Stammes seine Ratshalle hatte. Aufenthalt nahm die Gruppe im Mango-Hain des Schmiedes Cunda.

Begeistert durch eine Lehrrede des Buddha, lud der Schmied den Meister und sein Gefolge für den nächsten Tag zur Morgenmahlzeit ein.

Zu den Gerichten, die Cunda am Folgetag dem Buddha in die Schale[46] füllte, gehörte unter anderem »Eberweich« (*sūkara-mārdava*), eine Speise, die von Nicht-Buddhisten als Schweinefleisch, von Buddhisten vegetarisch als Trüffeln, Bambussprosse oder eine wild wachsende (in einer Abart giftige) Süßrübe (H: *śakrakand*) interpretiert wird. Der Buddha aß davon und warnte noch den Schmied davor, die gleiche Speise den Mönchen anzubieten – dann überfielen ihn schneidende Leibschmerzen und blutiger Durchfall. Er ertrug sie, wie es heißt, bewusst und besonnen. Kaum wieder etwas erholt, bestimmte er als nächste Station die Stadt Kuśinagara (heute Kasia) (D 16,4, 1-20).

Das Gehen fiel dem alten Lehrer schwer. Unterwegs setzte er sich seitab der Straße unter einen Baum und ließ sich von Ānanda Wasser bringen. In dem Moment kam der Malla-Kaufmann Putkasa auf dem Weg nach Pāvā vorbei, der den Buddha freundlich ansprach und sich als ehemaliger Schüler des Meditationslehrers Ārāḍa Kālāma herausstellte, der, fünfzig Jahre zuvor, kurz auch Siddhārthas, des jetzigen *Buddha* Mentor gewesen war. Nach dem Gespräch bekannte sich Putkasa zur Lehre des Buddha und schenkte dem Meister und seinem Assistenten, als Ersatz ihrer verschmutzten Roben, aus seinem Warensortiment frische, »goldfarbene« Gewänder (D 16,4,21-36).

Den nächsten Halt machte die Mönchsgruppe am Fluss Kakutthā (heute Barhī), der damals die Grenze bildete zwischen dem Malla-Stammeszweig mit Pāva und dem Malla-Zweig mit Kuśinagara als Hauptstadt. Der Buddha trank, nahm ein Bad und ließ sich von dem Bhikṣu Cundaka durch das Zusammenfalten der Mantelrobe eine Schlafunterlage bereiten. Dann legte er sich zur Ruhe, während Cundaka bei ihm Wache hielt.

Die Anwesenheit des *Mönchs* Cundaka erinnerte ihn an den *Schmied* Cunda, deshalb schärfte er seinem Assistenten Ānanda am nächsten Morgen ein, der Schmied brauche sich wegen der unbekömmlichen Speisegabe keine Gewissensbisse zu machen; es sei in jedem Fall verdienstlich, einem Vollendeten Almosenspeise zu reichen. Die Gabe werde dem Cunda günstige Wiedergeburt eintragen (D 16,4,39-43). Sodann forderte er Ānanda und die weitere Begleitschar auf, jetzt den Hiraṇyavatī-Fluss (heute Little Gaṇḍak) zu überqueren und bei Kuśinagara das Śāla-Wäldchen Upavattana der Mallas aufzusuchen. Dort angekommen, ließ er sich von Ānanda zwischen zwei Śāla-Bäumen ein Lager richten, mit dem Kopf nach Norden.[47]

Kaum hatte sich der Buddha ausgestreckt, begannen die Bäume über ihm zu blühen, zur Unzeit, wie er gegenüber Ānanda bemerkte. Da der Śāla (*Shorea robusta*) seine Blüten im März hervorbringt (Brandis 1921: 69; Syed 1990: 565), hat der Historiker den März als Sterbemonat des Buddha anzunehmen – entgegen der buddhistischen Tradition, die seine Geburt, Erleuchtung und sein Totalverlöschen auf den Mai-Vollmond (*vaiśākha*) datiert.

Mit seinem bewunderten Meister in dessen letzten Stunden beisammen, benutzte Ānanda die Gelegenheit, dem Sterbenden noch Fragen zu stellen: nach den Pilgerorten, die dereinst an den Erhabenen erinnern werden; nach der rechten Einstellung des Mönchs gegenüber Frauen; und nach der Art der Beisetzung eines Vollendeten. Auf die letztere Frage erwiderte der Buddha, die Mönche sollten sich über seine Bestattung keine Gedanken machen; es gebe genug Bekenner seiner Lehre, die die Bestattung übernehmen werden. Ein Vollendeter sei einem König gleichgestellt. Er sei als Toter in Leintuch zu hüllen, auf einem Scheiterhaufen aus duftenden Hölzern einzuäschern und seine Asche in einem Stūpa am Schnittpunkt zweier Straßen beizusetzen (D 16,5,10-12). Bedrückt von der Vorstellung des bevorstehenden endgültigen Abschieds zog Ānanda sich weinend zurück. Der Buddha aber rief ihn wieder zu sich:

> »Genug, Ānanda, hör auf zu trauern und zu klagen. Habe ich nicht schon früher gesagt, dass wir von allem Lieben und Angenehmen uns einmal trennen müssen, dass sie dem Verlust und dem Anderswerden unterliegen? Wie, Ānanda, da alles Geborene, Gewordene, (karmisch) Bedingte dem Zerfall unterworfen ist, wie könnte es sein, dass es nicht vergeht? Ānanda, du bist lange Zeit dem Vollendeten nahe gewesen, hast körperlich, sprachlich und in Gedanken liebende Güte bewiesen mit ganzem Herzen und ohne Einschränkung. Du hast großes (karmisches) Verdienst erworben, Ānanda. Bemühe dich, und binnen Kurzem wirst du von den Einströmungen (Gier, Hass und Unwissen) frei sein.« (D 16,5,14)

Weitere Worte, die den Ānanda als umsichtigen Assistenten und klugen Organisator priesen, richtete der Buddha an die versammelte Mönchsgruppe.

Vielleicht war es dieses Lob, das den Ānanda ermutigte, dem Buddha seine Bedenken über den Ort Kuśinagara vorzutragen: »Herr, möge doch der Erhabene nicht in diesem armseligen, abgelegenen Kaff, einem (bloßen) Zweigstädtchen ins Parinirvāṇa eingehen. Es gibt, Herr, andere, große Städte wie Campā, Rājagṛha, Śrāvastī, Sāketa (= Ayodhya), Kauśāmbī und Vārāṇasī: Dort möge der Erhabene verlöschen.« (D 16,5,17) Der Pāli-Kanon schreibt dem Buddha eine Antwort zu, die dem Ānanda ausmalt, wie bedeutend Kuśinagara einst gewesen sei.

Wenig später beauftragte der Buddha den Ānanda, den Mallas von Kuśinagara mitzuteilen, dass er in der kommenden Nacht in der letzten Nachtwache ins endgültige Nirvāṇa eintreten werde. Ānanda entsprach der Bitte und teilte die Abschiedsbesuche der Mallas bei dem greisen Buddha so ein, dass die Besucher jeweils in Familiengruppen erschienen und alle Vorsprachen in der ersten Nachtwache (21–24 Uhr) abgewickelt waren. Zwischendurch ordinierte der Buddha noch den Wanderasketen Subhadra unter Abkürzung des Verfahrens zum Vollmönch (D 16,5,19-30).

Die zweite Nachtwache (0–3 Uhr) widmete der sterbende Lehrer seinen Bhikṣus. Er erinnerte den Ānanda daran, dass mit dem Tod des Meisters (*śāstṛ*) nicht auch die Lehre und die Ordensdisziplin gestorben seien, sondern dass Dharma und Vinaya in Zukunft als Richtschnur des Saṅgha zu gelten haben. Dann rief er die Mönche zusammen und gab ihnen Gelegenheit, ihm bei etwa noch vorhandenen Unklarheiten über den Lehrer, die Lehre und die Ordensgemeinschaft Fragen zu stellen – aber die Bhikṣus blieben stumm. Noch ein zweites und drittes Mal forderte der Meister die Mönche zu Fragen auf. Wiederum verharrten sie in Schweigen.

Als dünne Lichtlinie am Horizont deutete sich schon der Morgen an, als der verlöschende Buddha sich noch einmal an die Mönche wandte: »Wohlan, Mönche, ich ermahne euch: Bedingt Entstandenes[48] ist von Natur aus vergänglich. Seid wachsam in eurem Bemühen!« – Das waren seine letzten Worte. Von der vierten Meditationsstufe (*dhyāna*) aus, von der er seinerzeit auch die Erwachung zur Buddhaschaft verwirklicht hatte[49], ging der Buddha in das von Wiedergeburt freie Totalverlöschen ein (D 16,6,1-9).

Die Mönche reagierten unterschiedlich. Einige warfen sich auf die Erde, wälzten sich hin und her und jammerten laut. Andere waren gefasster und erinnerten sich an die letzten Worte des Meisters: »Vergänglich ist (alles) bedingt Entstandene.«

Am beherrschtesten war der Bhikṣu Anuruddha. Er verbrachte den Rest der dritten Nachtwache mit Ānanda in Beratung. Als der Tag anbrach, sandte er den Ānanda mit einem Begleiter zu den Mallas nach Kuśinagara, um ihnen die Nachricht zu bringen, dass der Buddha wie erwartet in der Nacht gestorben sei. Großes Klagen brach unter den Mallas aus. Sofort ordneten sie an, Wohlgerüche und Blumen, Musik und Leichentücher zum Śāla-Hain zu schaffen, wo der verstorbene Vollendete lag, und ehrten den Toten mit (Trauer-)Liedern und (zeremoniellen) Tänzen. Zum Schutz vor der Sonne spannten sie Tücher aus und errichteten sich Pavillons. Als der Abend an-

Die Stelle im Śāla-Hain von Kuśinagara, wo der Buddha ins Parinirvāṇa eintrat und sechs Tage von den Mallas betrauert wurde, ist durch einen Stūpa markiert. Er steht, gemeinsam mit dem Nirvāṇa-Tempel, auf einem Backsteinsockel von 2,70 m Höhe.

Baulich betrachtet handelt es sich bei dem »Stūpa« um eine Betonglocke, die über dem alten Backsteinstūpa errichtet wurde und diesen vor weiterer Zerstörung bewahrt. Das Innere der modernen Betonhülse ist nicht zugängig. Der scheinbare Eingang in Drittelhöhe soll temperaturbedingte Spannungen zwischen außen und innen kompensieren.

gebrochen war, fanden sie, es sei für die Einäscherung zu spät, und verschoben sie auf den nächsten Tag. So ging es mehrfach weiter. Sechs Tage lang zogen sich die Trauerfeierlichkeiten hin.[50] (D 16,6,10-13)

Als Spitze trägt der Stūpa einen kubischen Aufsatz (*harmikā*), der durch Halbsäulen gegliedert ist und sich nach oben in kleinen Stufen verbreitert. Die drei Schirme sind Symbole der Hoheit. Sie tragen Windglöckchen, die den Segen des Stūpa auf alle Wesen ausregnen, die ihren Klang vernehmen.

Der Parinirvāṇa-Stūpa in Kuśinagara ist 1876 von Cunninghams Assistenten Carlleyle freigelegt worden. Ein Foto, aufgenommen etwa 1877[51], zeigt ihn vor der Restaurierung. Der *Archaeological Survey of India* hat für den ursprünglichen Stūpa eine Höhe von rund 46 m errechnet; Xuanzang (1981: II 32) schätzte ihn auf 60 m. Er sei (im 7. Jh.) bereits stark lädiert gewesen. Am Stūpa habe eine Aśoka-Säule mit Inschrift gestanden.

Die Rekonstruktion des benachbarten Nirvāṇa-Tempels (links im Bild) ist bereits abgeschlossen. Der restaurierte Tempel wurde im 20. Jh. wieder abgerissen, um für das Jubiläumsjahr 1956[52] einem neuen, noch heute stehenden Tempel Platz zu machen.

Die endgültige Restaurierung des Parinirvāṇa-Stūpa war 1927 möglich durch Spenden der burmesischen Laienbekenner U Po Kyu und U Po Hlaing. Das Foto[53] zeigt den restaurierten Stūpa kurz vor seiner Übermantelung durch die Betonhülle. Der neue, für die Buddha-Jayanti-Feier 1956 gebaute Nirvāṇa-Tempel ist bereits fertiggestellt.

Die Außenform des heutigen Nirvāṇa-Tempels kopiert Elemente der buddhistischen Kulthöhlen von Ajanta, besonders der Höhle 19. Auffällig sind das Tonnendach mit angedeuteten Spanten, die 3/4-Rundfenster mit vorgebauter Umrahmung mit Spitze und Seitenauslegern, sowie der von Säulen getragene Portikus. Einziger Inhalt des Tempels ist die restaurierte Kolossalstatue des liegenden Buddha aus dem 5. Jahrhundert.

Grabungen im Parinirvāṇa-Stūpa zur Erforschung seiner Bauphasen gab es seit 1910. Ein senkrechter Schacht brachte einen älteren Stūpa mit Münzen der Gupta-Zeit (5. Jh.) zu Tage und auf einer Kupferplatte den Stifternamen Haribala. Die weitere Vertiefung des Schachtes bis fast auf das natürliche Bodenniveau führte zur Entdeckung eines kreisrunden Sockels mit einem gut erhaltenen kleinen Stūpa von 2,82 m Höhe. An seiner Westseite in einer Nische wurde eine Terrakotta-Statue des meditierenden Buddha gefunden, die der nach-christlichen Zeit zugeschrieben werden muss. Der kleine Stūpa jedoch ist sehr viel älter. In seinem Inneren fanden sich, so schreibt Patil (2006: 19) »Stücke von Holzkohle und Erde, vermutlich vom Scheiterhaufen eines buddhistischen Mönchs (wenn nicht von dem des Buddha selbst).«

A.C.L. Carlleyle, der 1876 den Parinirvāṇa-Stūpa freilegte, war es, der im gleichen Jahr neben dem Stupa unter dem Schutt eines eingestürzten Tempels die Kolossalstatue des zum Parinirvāṇa verloschenen Buddha fand. Sie lag zerschlagen auf einem zerbrochenen Sockel. Viele Teile fehlten, manche wurden aber gefunden und ermöglichten die Wiederherstellung der Skulptur und ihres Fundaments. Zum Schutz des Bildwerks veranlasste Carlleyle 1876 auch die Rekonstruktion des Tempels. Später wurde festgestellt, dass der von ihm nachgebaute Tempel dem Muster einer Rekonstruktion aus dem 11. oder 12. Jh. gefolgt war und nicht dem originalen Tempel aus dem 5. Jh. entsprach. Ohne Bedenken konnte der restaurierte Tempel deshalb abgerissen und für das 2500-jährige Buddha-Jubiläum von 1956 durch einen Bau nach neuen Erkenntnissen ersetzt werden.

Die Skulptur im Nirvāṇa-Tempel, 6,10 m lang, und ihr Sockel wurden 1877 von Carlleyle aus Trümmern restauriert. Der Sockel zeigt an den Enden und in der Mitte drei trauernde Personen. Als Stifter des Tempels und des Bildwerks gibt eine Inschrift den Abt Haribala (5. Jh.) an, der auch der Stifter der mittleren Überbauung des Mahāparinirvāṇa-Stūpa war.

Fromme Besucher haben der Skulptur des verloschenen Buddha Blüten und Räucherwerk dargebracht.

Der Buddha starb, auf der rechten Körperseite in der »Löwenlage« liegend, mit dem Kopf nach Norden und dem Gesicht nach Westen. Genau so wird sein Leichnam in der Kunst dargestellt. Nach indischer Totenetikette hat man ihm die rechte Hand unter die Wange geschoben, die Füße liegen übereinander. Buddhistische Besucher haben den toten Meister mit einem Tuch bedeckt, seine Füße aber frei gelassen, damit fromme Pilger sie in Verehrung berühren können.

Fröstelnd in der Morgenkälte des November warten Mönche aus drei Theravāda-Ländern unter dem Vordach des Nirvāṇa-Tempels auf das Eintreffen eines burmesischen Rezitationsmeisters. Er wird an der Buddhastatue im Tempelinneren das Mahā-Parinirvāṇa-Sūtra in Pāli rezitieren. (Foto 1999)

Ein östlich vom Parinirvāṇa-Stūpa gelegener Backstein-Stūpa ist durch Steinplünderer großenteils abgetragen worden. Er wird von Pilgern kaum beachtet und ist in der Literatur nur knapp erwähnt. Da Xuanzang ihn im 7. Jh. anscheinend nicht gesehen hat, wird er für jünger gehalten.

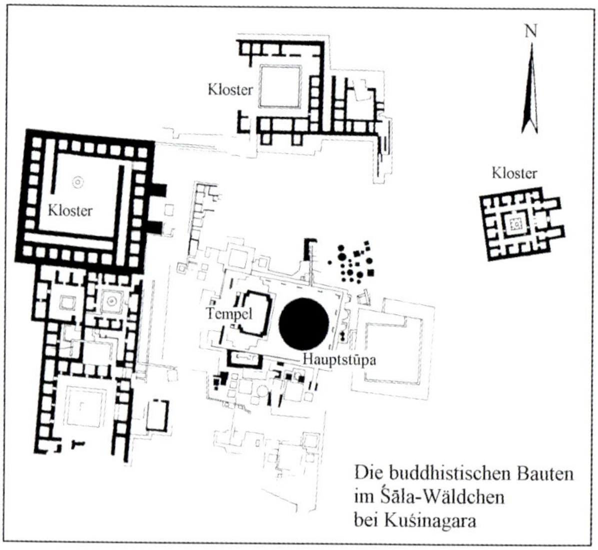

Die ältesten buddhistischen Baureste Kuśinagaras liegen wahrscheinlich unter dem Sockel, der den Hauptstūpa und den Tempel trägt. Der Sockel hebt die Bauten aus den jährlichen Monsunüberschwemmungen heraus. Aus der Aśoka-Zeit (3. Jh. vor Chr.) durch drei Lagen von Ziegeln erkennbar ist lediglich eine kleine Kammer zwischen dem großen Stūpa und dem namenlosen Stūparest östlich davon.

Ein zu Lebzeiten des Buddha entstandenes Kloster gab es in Kuśinagara nicht. Alle acht im Umkreis der beiden Hauptmonumente liegenden Vihāras sind später entstanden.

Das Klostergelände von Südwesten. Der Kaiser Aśoka machte den Śāla-Hain bei Kuśinagara als Pilgerziel bedeutsam, die Bebauung datiert größtenteils aus der Gupta-Zeit (4./5. Jh.). Die letzte Bautätigkeit am Ort ist belegt für das 10./11. Jh. Freigelegt wurden die Ziegelklöster von J. Ph. Vogel (1904–1907) und Hiranand Shastri (1910–1912).

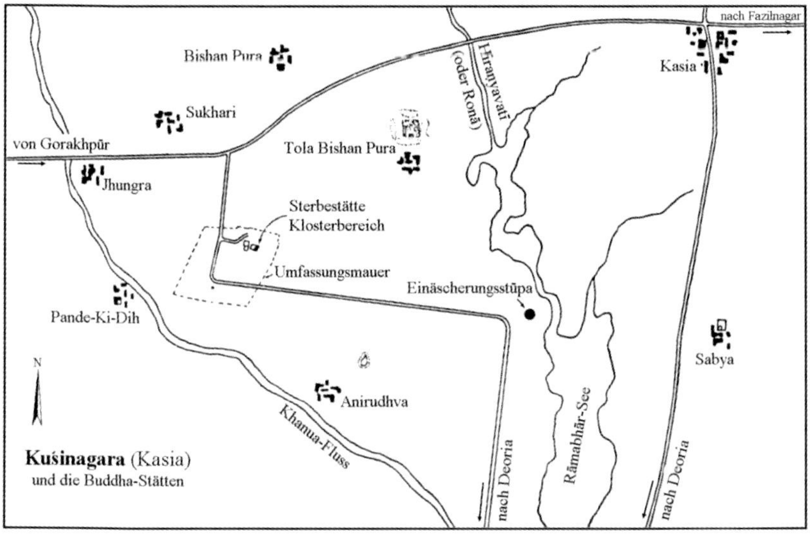

Die Karte der Umgebung des Śāla-Hains und des Städtchens Kuśinagara (heute Kasia) macht deutlich, dass die beiden Orte etwa 2,5 km voneinander getrennt sind. Zwischen der Sterbestätte des Buddha unter den Śāla-Bäumen und dem Ort der geplanten Einäscherung am Makuṭabandhana lag wahrscheinlich Dschungel, der kein Durchkommen zuließ. Der Leichenzug wählte deshalb den längeren, aber ausgetretenen Weg über Kuśinagara. Von dort zum Makuṭabandhana verläuft der 1,5 km lange Weg nach Südwesten.

Der Name (P./Skt.) Makuṭabandhana lässt sich zwar übersetzen, bleibt aber ohne Sachbezug. Man muss sich unter dem Wort wohl ein von Pfosten getragenes Dach ohne Seitenwände vorstellen, unter dem die Bahre mit dem Verstorbenen abgesetzt und ein Bestattungsritual abgehalten werden konnte. Der Pālitext bezeichnet das Makuṭabandhana als religiösen Bau (*caitya*).

Nachdem die Mallas den verstorbenen Buddha im Śāla-Hain von Kuśinagara sechs Tage zeremoniell betrauert hatten, beschlossen sie am siebten Tag, den Leichnam einzuäschern. Acht Männer waren jedoch außer Stande, die Bahre gemeinsam aufzuheben. Der Bhikṣu Anuruddha, den sie nach dem Grund befragten, erwiderte, ihrer Absicht, den Leichnam (in Kuśinagara) aus dem Südtor hinauszutragen, stehe der Wille der Götter entgegen. Die Götter wünschten, dass der Tote durchs Nordtor von Kuśinagara in die Stadt gebracht, durch die Stadtmitte getragen und durchs *Ost*tor[54] hinaus zur Einäscherungsstätte der Mallas am Makuṭabandhana gebracht werde. Und so geschah es (D 16,6, 14-16).

Sobald die Bahrenträger den Leichnam des Buddha am Makuṭabandhana von den Schultern gehoben und niedergesetzt hatten, erkundigten sich die Mallas bei Ānanda, wie mit einem toten Vollendeten zu verfahren sei.

Ein Schieferrelief des 3. Jh. nach Chr., heute im *Museum für Asiatische Kunst* in Berlin, zeigt den Leichnam des Buddha kurz vor der Einäscherung. Der vollverhüllte Tote liegt auf der rechten Körperseite, die Leichenstarre hat sich gelöst, der linke Arm und das linke Bein sind aus der Pose der Totenetikette nach vorn geglitten. Am Kopfende tröstet der Bhikṣu Anuruddha den zusammengebrochenen Ānanda, rechts davon erzeugt ein Mönch auf einem Monochord (?) Trauerklänge. Am Fußende erkennt man den Bhikṣu Mahākāśyapa, der soeben am Makuṭabandhana eingetroffen ist; noch hat er die Robe als Sonnenschutz über den Kopf gezogen und seine Almosenschale nicht abgelegt, die er, in ein Tuch geschlagen, an einem Stock über der Schulter getragen hat. Der Mönch zu seiner Rechten begrüßt ihn. Mahākāśyapa grüßt lässig zurück und schickt sich an, den ehrwürdigen Verloschenen im Rechtskreis zu umschreiten.

Hinter dem verhüllten Toten hält ein Mönch (Vajrapāṇi?) mit einem Wedel die Fliegen fern. Neben ihm steht klagend ein vornehmer Malla, der zur Bekundung seiner Trauer die rechte Schulter entblößt hat. Weitere Mallas und einige Naturgeister füllen den Hintergrund.

Ein Grundsatz der buddhistischen Kunst scheint es zu sein, den toten Buddha niemals auf dem Scheiterhaufen darzustellen. Seine letzte Liegestatt ist stets ein Gurtbett oder ein Steinsockel.

Ānanda trug ihnen vor, was der Buddha ihm darüber gesagt hatte: ein verloschener Vollendeter sei gleich einem verstorbenen Herrscher in Leintücher zu hüllen, auf einem Scheiterhaufen aus wohlriechenden Hölzern einzuäschern und seine Asche in einem Stūpa an einer Straßenkreuzung beizusetzen. Sofort begannen die Mallas, entsprechende Vorbereitungen zu treffen. Sie umhüllten den toten Vollendeten mit neuem Tuch und legten seinen Leichnam auf einen Scheiterhaufen (D 16,6,17-18).

Zur gleichen Stunde war der Bhikṣu Mahākāśyapa, ein langjähriger Freund und Vertrauter des Buddha, mit einer Gruppe von Mönchen auf dem Weg von Pāvā nach Kuśinagara. Nicht weit vor dem Ziel begegnete ihnen ein Ājīvika-Asket, von dem sie erfuhren, dass der Buddha vor einer Woche in Kuśinagara verstorben sei. Teils erschüttert, teils besonnen nahmen die Mönche die Nachricht auf. Nur der in hohem Alter ordinierte Bhikṣu Subhadra[55] jubilierte: Jetzt endlich könnten die Mönche tun und lassen, was sie wollten, ohne ständig vom Buddha gemaßregelt zu werden. Mahākāśyapa ging auf die Worte nicht ein, sollte sich aber bald an sie erinnern. Unverzüglich eilte die Gruppe los in Richtung Kuśinagara und erreichte das Makuṭabandhana, bevor die Mallas im Stande gewesen waren, den Scheiterhaufen des Buddha zu entzünden (D 16,6,19-21).

Vor dem Scheiterhaufen stehend, zog Mahākāśyapa den über die linke Schulter nach hinten hängenden Teil seiner Mönchsrobe zur Bedeckung der freien rechten Schulter nach vorn[56], legte die Handflächen andächtig aneinander und umschritt den Scheiterhaufen drei Mal im Rechtskreis. Dann öffnete er das Leichentuch des Buddha am Fußende und berührte die Füße des Erhabenen mit der Stirn. Als alle Mönche den Buddha auf die gleiche Weise verehrt hatten, entzündete sich, wie es heißt, der Scheiterhaufen von selbst (D 16,6,22).

Als der Scheiterhaufen heruntergebrannt war, wurde die Restglut gelöscht. Nur Knochenreste (*śarīra*) waren vom Leichnam des Buddha übrig geblieben. Sie wurden in einem Tontopf (*kumbha*) eingesammelt und feierlich nach Kuśinagara gebracht, denn das seitab gelegene Makuṭabandhana war kein Ort, um für den verloschenen Buddha einen würdigen Stūpa zu errichten. In ihrer Ratshalle in Kuśinagara umgaben die Mallas die Reliquien mit einem Gitter aus Speeren und Bogen und verehrten sie eine Woche lang durch Gesang, Tanz, Blütengirlanden, Musik und Wohlgerüche (D 16,6,23).

Die ausgedehnte Gedenkfeier der Mallas von Kuśinagara für den verloschenen Buddha weckte schon bald den Neid anderer nordindischer Stämme. Der Erste, der einen Anteil der Buddhareliquien von den Mallas forderte, war (1) der Mahārāja Ajātaśatru von Magadha, der versprach, (in seiner Hauptstadt Rājagṛha) einen Stūpa über den Reliquien zu errichten. Mit der Forderung von Reliquien und dem Versprechen, sie in einem Stūpa beizusetzen, meldeten sich auch (2) die Licchavis von Vaiśālī, (3) die Śākyas von Kapilavastu, (4) die Bulakas von Calakalpa, (5) die Krauḍyas (Koliya) von Rāmagrāma, (6) ein Brahmane aus Viṣṇudvīpa[57] und (7) die Mallas des Stammeszweiges

Der Holzkohlen-(*aṅgāra-*) oder Rāmabhār-Stūpa, so genannt nach dem östlich gelegenen, im Sommer fast trockenen See, kennzeichnet die Stätte der Einäscherung des Buddha. Er erwuchs aus einem vielleicht schon von den Mallas errichteten kleinen Stūpa, der vielmals aufgestockt und übermantelt wurde, unter anderem vom Kaiser Aśoka. Schatzsucher haben den Stūpa dutzende Male durchwühlt und ihm nur eine Höhe von 8 m belassen. Generationen von Ziegelplünderern haben sich aus seinen Steinen Häuser gebaut. Auf seinem höchsten Punkt wuchs im 20. Jahrhundert ein mächtiger Baum, in dessen Schatten sich ein chinesischer Frommer eine Hütte errichtet hatte. Inzwischen hat der *Archaeological Survey* den Stūpa gegen weitere Beschädigungen gesichert. Er steht auf einer kreisrunden Sockelplatte von 47,24 m Durchmesser, die untere Stūpa-Trommel hat einen Durchmesser von 34,14 m. Darüber gab es noch ein oder zwei weitere Stufen.

Wissenschaftliche Untersuchungen des Stūpa, beginnend im 19. Jh., erbrachten keine wichtigen Erkenntnisse; auch eine Grabung von Hiranand Shastri (1910), die bis zur Grundwasserlinie reichte, ergab nur ein mageres Ergebnis. Immerhin konnte Shastri Teile der Ostseite des Stūpa offenlegen. 1956 wurden die Sockelplatte und die untere Stūpa-Trommel (*medhi*) freigegraben.

Die Frage, wo die Ritualhalle Makuṭabandhana gelegen haben mag, lässt sich vermutungsweise beantworten. Unmittelbar südöstlich des Stūpa wurden zwischen Klein-Stūpas die Reste eines rechteckigen Ziegelbaus gefunden. Vielleicht handelt es sich dabei um den solideren Nachbau der ursprünglich aus vergänglichem Material erbauten Ritualhalle.

Das *Museum für Asiatische Kunst in Berlin* bewahrt ein Gandhāra-Relief des 3. Jh. nach Chr., das die Reliquienteilung darstellt.[58] Der Brahmane Droṇa steht hinter dem Tisch, auf dem die acht verschnürten Bündel mit den Buddha-Reliquien zur Verteilung bereit liegen. Die acht um ihn versammelten Abgesandten der Stämme, sechs stehend, zwei sitzend, warten darauf, die Reliquien entgegenzunehmen. Vor dem Tisch, auf einem Hocker aus Korbgeflecht, stehen zwei weitere Erinnerungsgaben zur Abgabe bereit: der Tontopf, in dem nach der Einäscherung die Knochenreliquien eingesammelt wurden, und den Droṇa für sich selbst reserviert hat, und eine flaschenförmige Vase mit Holzasche vom Scheiterhaufen für den Stamm der Mauryas. – Das Relief ist anscheinend von Hindus beschädigt worden, denn alle Gesichter von Buddhisten sind zerschlagen, nur der Brahmane Droṇa entging der Zerstörung.

von Pāvā. Da (8) die Mallas von Kuśinagara keine Reliquien abgeben wollten, drohte zwischen den Anspruchsparteien eine ernsthafte Auseinandersetzung.

Der Brahmane Droṇa, der die Einäscherung des Buddha am Makuṭabandhana geleitet und die Knochenreste vom niedergebrannten Scheiterhaufen eingesammelt hatte – er war es, der den Frieden bewahrte. Er wies darauf hin, dass der Buddha stets zu Verträglichkeit gemahnt hatte und dass es gegen den Geist seiner Lehre verstoße, wegen der Reliquien aneinander zu geraten. Sodann teilte er die Reliquien in acht gleich große Mengen auf und erbat für sich selbst (9) den Aschentopf, der die Buddhareliquien enthalten hatte. Verspätet meldeten noch (10) die Mauryas von Pippalāyana einen Anspruch auf Reliquien an, mussten sich aber mit Holzkohlenasche vom Scheiterhaufen zufrieden geben (D 16,6,23-26).

Eine Anregung von fortwirkendem Nutzen machte der Bhikṣu Mahākāśyapa, der mit dem Buddha Jahrzehnte befreundet gewesen und sein striktester Vinaya-Befolger war. Ihm klang noch im Ohr die Bemerkung des spät ordinierten Mönchs Subhadra, jetzt, nach dem Tod des Buddha, könne die Mönchsgemeinde endlich tun, was sie wolle. Mahākāśyapa rief die Bhikṣus zusammen und schlug ihnen vor, zur Kodifizierung einer Lehrredensammlung ein Konzil abzuhalten: »Lasst uns, Ehrwürdige, den Dharma und den Vinaya gemeinsam aufsagen, damit nicht falsche Lehren und Regeln aufkommen und Irrlehrer auftreten, während die Sachkenner zu schwach werden.« (Cvg 11,1,1 gerafft) Der Vorschlag wurde angenommen. Das Konzil fand statt in der Magadha-Hauptstadt Rājagṛha auf dem Vaibhāra-Berg vor den Saptaparṇi-Höhlen.

Die zehn Empfänger von Buddhareliquien oder Erinnerungsgaben hatten erklärt, in ihren Heimatorten Stūpas für die Reliquien errichten zu wollen, und der Pāli-Kanon teilt mit, dass dies auch geschehen sei (D 16,6,25-27). Hat man die Stūpas gefunden?

Überliefert ist, dass Kaiser Aśoka von den acht Stūpas mit Knochenreliquien des Buddha sieben aufbrach, um ihnen Reliquienanteile zur breiteren Verteilung über Indien zu entnehmen (Strong 1989: 219); alle Gegenden seines Reiches sollten an dem Segen teilhaben. Die Besitzer des achten Stūpa, die Krauḍyas (Koliya), wollten oder konnten von ihrem Schatz nichts hergeben: Angeblich hatte ein Hochwasser der Gaṅgā ihn weggeschwemmt (Strong 2007: 127).

Der Kaiser entnahm den sieben Stūpas nicht sämtliche Reliquien, sondern ließ stets einen Anteil zurück, sodass der geöffnete Stūpa seine Ausstrahlung nicht verlor. Zudem ließ er die Original-Stūpas, die nur aus Erde und Lehm aufgeschüttet und nicht höher als 3-4 m waren, wieder schließen und mit Ziegeln vermauern.

Einige der sieben Original-Stūpas sind bisher nicht gefunden worden, wahrscheinlich weil sie nach der Entwendung der aśokischen Ziegelbedeckung dem Erdboden gleich und unerkennbar geworden sind. Chancen, dass es sich um Original-Stūpas aus der Reliquien-Verteilung durch den Brahmanen Droṇa handelt, hat in Vaiśālī der zwei km südöstlich des Löwensäulen-Stūpa 1958 entdeckte kleine Stūpa, dessen Urne jetzt im *Patna-Museum* zu besichtigen ist. Eine Möglichkeit, dass er als Kern einen Original-Stūpa aus der Droṇa-Verteilung enthält, besteht zudem bei dem Stūpa von Pāvā, heute Fazilnagar (beschrieben bei Forbes 1999: 196).

Die Peinlichkeit, dass ihm die unbekömmliche Mahlzeit in Pāvā verabreicht worden war, hatte der Buddha durch die Bemerkung entschärft, dass man dem Schmied Cunda, der das Beste gewollt habe, daraus keinen Vorwurf machen dürfe (D 16,4,42). Die pāväter Mallas hatten jedenfalls keine Bedenken, die Stammesbrüder von Kuśinagara um einen Reliquienanteil zu bitten.

Der Stūpa von Pāvā (im heutigen Fazilnagar) überrascht durch die Ausdehnung seines Trümmerfeldes, die beweist, dass der Ur-Stūpa über Jahrhunderte verehrt und mehrfach übermantelt worden ist. Die Mallas von Pāvā hatten den Buddha von mehreren Besuchen gut in Erinnerung. Bei einem Aufenthalt in der Stadt hatte er die damals neu erbaute Ratshalle eingeweiht (D 33,1,2-4).

Seit dem Niedergang des Buddhismus in Indien im 12./13. Jh. hat der Stūpa von Pāvā (heute Fazilnagar) der Bevölkerung als Ziegelquelle gedient. Inzwischen hat der *Archaeological Survey of India* den Bestand des Stūpa durch eine Betoneinzäunung gesichert. Eine gründliche archäologische Untersuchung das Bauwerks steht noch aus.

11. Der Disput um Siddhārthas Vaterstadt

Tilaurakoṭ oder Ganvariyā/Piprahvā – welcher der beiden Orte war das alte Kapilavastu, die Heimatstadt des Buddha? Die Frage wäre weniger prekär, wenn die beiden Orte nicht durch die nepālisch-indische Staatsgrenze von 1815 getrennt wären: Tilaurakoṭ liegt in Nepāl, Ganvariyā/Piprahvā in Indien, 1,5 km südlich der Grenze. Die Luftlinie zwischen den beiden Stätten beträgt 18 km.

Was die Religion angeht, hegen beide Länder für den Buddhismus nur schwache Sympathie. Sowohl Nepāl als auch Indien ist mehrheitlich hinduistisch, der Buddha, der den Hinduglauben an den ewigen Ātman, eine wandernde Seele, als »Narrenlehre« verwarf, gilt ihnen als Häretiker (*pāṣaṇḍa*), und der Umstand, dass zentrale Elemente seiner Lehre mit solchen der ältesten Upaniṣaden parallel gehen, macht ihn in ihren Augen zum Dieb (*stena*)[59]. Andererseits erkennen sie, dass der historische Buddha Indien zum Kulturgeber für große Teile Asiens gemacht hat, dass seine noble Lehre weltweit Herzen für Asien begeistert, und dass Pilger aus dem Ausland den indischen und nepālischen Tourismus beleben. Selbstverständlich haben beide Regierungen Archäologen eingesetzt, ihren nationalen Anspruch auf die alte Buddhaheimat zu beweisen, aber da die meisten asiatischen Altertumsforscher vom Staat besoldet werden, ist ihren Argumenten nur mit Vorsicht zu vertrauen.

Der heutige indisch-nepālische Disput hat seine Wurzeln in der Buddhazeit, nämlich in der Zerstörung der Heimatstadt des Buddha, der Stadt Kapilavastu, die die Überlebenden zwang, sich eine neue Heimat zu suchen. Der Pāli-Kanon schildert (im Vortext zu Jāt 465) die Einzelheiten.

Der König von Kośala, der Mahārāja Prasenajit aus Śravastī, so wird dort mitgeteilt, hatte einst den Wunsch, mit dem Buddha Verwandtschaft herzustellen. Er sandte deshalb einen Boten zu den Śākyas von Kapilavastu mit dem Auftrag, für seinen König eine Gemahlin aus dem Śākya-Stamm zu erbitten. Die Śākyas berieten und sandten dem König schließlich die 16-jährige schöne (P.) Vāsabhakhattiyā, eine Tochter des Śākya-Noblen Mahānāman mit einer Sklavin, die sie aber dem König gegenüber als vollkastige Śākya-Kṣatriyā-Frau ausgaben. Prasenajit war begeistert, heiratete sie und ernannte sie zur Hauptgattin. Binnen Jahresfrist gebar sie einen Sohn, den Prinzen Virūḍhaka.

Als Virūḍhaka sechzehn war, besuchte er die Śākyas in Kapilavastu. Dabei fiel ihm auf, dass sie ihn zwar vordergründig achteten, ihn hinter seinem Rücken aber als unrein betrachteten und verlachten. Schließlich fand er den Grund heraus. Virūḍhaka schwor sich, sobald er König würde, an den Śākyas blutig Rache zu nehmen.

Die Gelegenheit kam, als der Mahārāja Prasenajit durch die Untreue eines seiner Generäle die Königswürde verlor und die Herrschaft über Kośala an seinen Sohn Virūḍhaka fiel. Der neue Mahārāja hatte seinen Groll gegen die Śākyas nicht vergessen. Mit seiner Armee zog er gegen Kapilavastu zu Felde. Dreimal gelang es dem greisen Buddha, den rachelüsternen Herrscher von seinem Vorhaben abzuhalten, dann war Virūḍhaka nicht mehr zu bremsen. Er erstürmte die Śākya-Stadt, das heutige Tilaurakoṭ, tötete viele ihrer Bewohner und setzte die Stadt in Brand. Dies geschah drei oder zwei Jahre vor dem Verlöschen des Buddha, d.h. 486 oder 485 vor Chr.

Zum Glück hatte sich ein großer Teil der Bewohner von Kapilavastu durch Flucht zu benachbarten Stämmen in Sicherheit bringen können. Viele waren nach Süden geflohen ins heutige Dorf Ganvariyā und hatten sich dort angesiedelt, eine andere Gruppe war ins zerstörte Kapilavastu zurückgekehrt. Als Virūḍhakas Rachedurst gestillt war, gab es in Kapilavastu genug Śākyas, um nach der Einäscherung des Buddha (483 vor Chr.) einen Anteil seiner Reliquien zu erbitten. Der Pāli-Kanon überliefert, dass sie ihn erhielten und in Kapilavastu (= Tilaurakoṭ) in einem Stūpa beisetzten (D 16,6,24 + 27).

Ein Schild am Straßenrand, aufgestellt von der Tourismusbehörde des indischen Bundesstaates Uttar Pradesh, teilt dem Pilger mit, dass er »Piprahvā, Alt-Kapilavastu« erreicht habe, und den »Stūpa, der körperliche Reliquien des Buddha enthielt«. (Foto 1989)

Unweit des Piprahvā-Schildes verweist ein zweites Schild auf »Ganvariyā, Alt-Kapilavastu, wo der Śākya-Palast freigelegt wurde« (Foto 1989)

Die indische Seite bestreitet, dass das Kapilavastu des Buddha mit dem nepālischen Tilaurakoṭ identisch sei und verweist statt dessen auf den Ort Piprahvā bei Ganvariyā (in Indien), wo 1898 in einem Stūpa eine Specksteinurne gefunden wurde. Ihr Deckel trägt eine Schriftzeile in Brāhmī, die den Inhalt der Urne als Reliquie des Buddha bezeichnet. Dieser Fund beweise, dass es sich bei Ganvariyā um das alte Kapilavastu und bei Piprahvā um die zum Ort gehörige Beisetzungsstätte handelt.

Was hat es auf sich mit dem Urnenfund von Piprahvā, und was beweist er?

Im Frühling 1897 hatte der in Indien geborene, in Schottland erzogene Plantagenmanager William Claxton Peppé, der von Birdpur (UP) aus ein 45 Quadratmeilen großes, dem Fieberdschungel abgerungenes Areal bewirtschaftete, auf seinem Gelände einen Hügel angraben lassen, der sich nach dem Abtragen des Bewuchses und Schutts als ein altes Bauwerk herausstellte. Peppé benannte den 40 m breiten Hügel nach dem nächstgelegenen Dorf den Piprahvā-Koṭ und gab die Kenntnis davon weiter an die britisch-indische Provinzregierung in Gorakhpur. Im Oktober des Jahres kam Vincent A. Smith vom *Indian Civil Service* (ICS) nach Birdpur, der zu jener Zeit als Bezirksrichter in Gorakhpur tätig und als Hobby-Archäologe ein hervorragender Kenner altindischer Geschichte war. Er erkannte das Bauwerk sofort als buddhistischen Stūpa von großem Alter und unterrichtete den Pflanzer Peppé über die historischen Hintergründe. Zudem ermutigte er ihn, die Grabung fortzusetzen.

Anfang Januar 1898 ließ Peppé durch seine Feldarbeiter einen von Norden nach Süden verlaufenden Suchgraben über den Stūpa ziehen. Von diesem aus wurde ein senkrechter Schacht ausgehoben, in dem man in geringer Tiefe eine zerdrückte kleine Specksteinurne fand, gefüllt mit Lehm, (Stein-)Perlen, etwas Goldschmuck und ausgeschnittenen Sternchen, aber ohne Asche – vielleicht eine Devotionsgabe für die tiefer beigesetzte Buddhaasche. Beim weiteren Graben zeigte sich in der Mittelachse des Stūpa das obere Ende einer kreisrunden, mit Erde gefüllten Öffnung von 30 cm Durchmesser, die sich als nach unten enger zulaufende Röhre herausstellte, wahrscheinlich die ehemalige Hülse für die Stand- und Drehachse eines großen Holzzirkels, wie er von asiatischen Architekten zur Abzirkelung der kreisrunden Bodenfläche und der Stūpa-Wölbung verwendet wird.[60] In weiterem seitlichem Abstand war diese Zirkelröhre umgeben von Ziegelwerk wie ein Brunnen. An seinem Boden in 6 m Tiefe hatte der senkrechte Schacht eine Seitenhöhle nach Osten. Sie enthielt einen monolithischen Steinkasten mit einem in vier Stücke gebrochenen, aber nicht eingedrückten Deckel: Der erhoffte Schatz war gefunden. (Allen 2008: 27).

Peppé feierte seinen Fund als archäologisches Happening. Er stellte Wachen auf, um ihn zu schützen, ließ das Gelände um den Stūpa herum aufräumen (wobei die Ruinen von mehreren Klosterbauten zu Tage kamen), und lud Verwandte und Freunde ein, der Bergung und Öffnung des Steinkastens beizuwohnen. Am 18. Januar 1898, drei Tage nach der Entdeckung, war es soweit. Der schwere Steinkasten wurde mit einem Flaschenzug nach oben gezogen und auf festen Boden gesetzt. Seine Maße betrugen 134x81,30x61 cm. Nach einer ersten Öffnung, die fünf unbeschädigte Gefäße und zahlreiche glitzern-

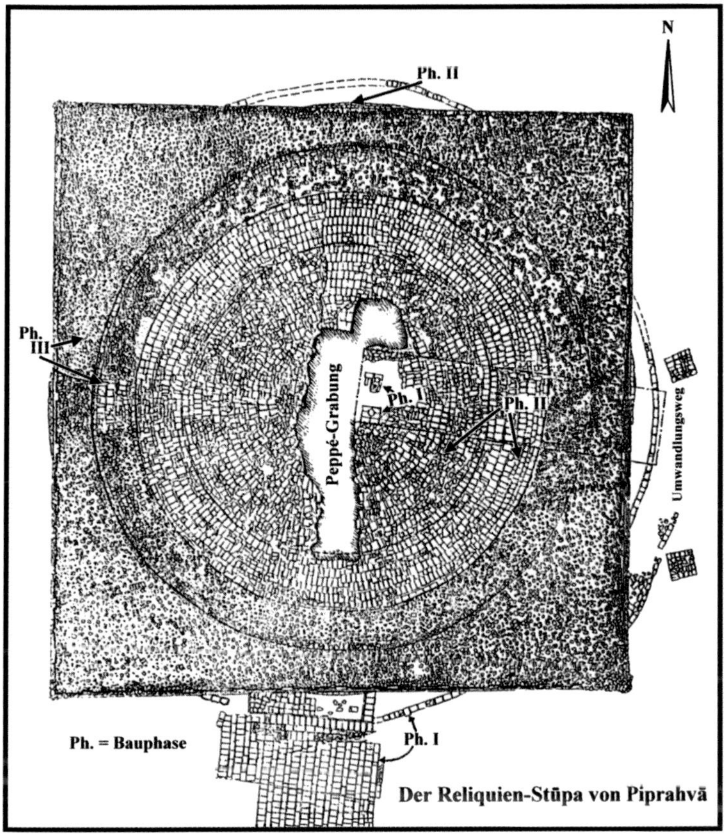

Die Peppé-Grabung von 1898 im Grundriss.[61] Im Zentrum der Zeichnung eingetragen als Ph. I (Bauphase I) sind auch die Urnenfunde von K.M. Srivastava von 1972. Die im Kreis verlaufenden Umschreitungswege um den Stūpa der Bauphasen I und II wurden in der Bauphase III überdeckt durch eine quadratische Ziegelfläche.

de Beilagen erkennen ließ, wurde der Kasten wieder geschlossen und per Ochsenkarren nach Birdpur in Peppés Wohnhaus geschafft.

Wissenschaftliche Archäologie gräbt nicht nach Schätzen, sondern nach Geschichte. Ein Goldfund ohne Inschrift, der unser Wissen über alte Zeiten nicht erweitert, ist wenig wert neben einem Fundstück aus einfachem Material, das einen historischen Fingerzeig gibt. Das wichtigste der fünf in dem Steinkasten gefundenen Gefäße ist deshalb die kugelförmige gedrechselte Specksteinurne von 15,2 cm Höhe und 10,5 cm Durchmesser, deren Deckel rundumlaufend eine Inschrift in Brāhmī-Lettern aufweist. Sie enthielt Knochenteile, Asche und etliche von Menschenhand gefertigte oder bearbeitete Kleinteile. Vom Wortlaut der Inschrift wird noch die Rede sein.

Die Gefäße des Peppé-Fundes in Piprahvā von 1898. Die Kugelurne mit der Inschrift steht in der hinteren Reihe als dritte von links.[62] Nicht im Bild sind ein oder zwei kleine Holzgefäße, die bei der Öffnung des Kastens zerfielen und als Inhalt Knochenfragmente und Asche freigaben. (Allen 2008: 49)

Die zweite Kugelurne ist ebenfalls aus Speckstein und hat die gleiche Form wie die erste, ist aber etwas größer. Sie trägt keine Inschrift. Das dritte Gefäß ist ein steinerner gebauchter Wassertopf (H: *loṭa*) mit Kerbverzierung um Bauch und Hals und Greiflippe um die Ausgussöffnung. Ungewöhnlich geformt ist das vierte Gefäß, eine Kristalldose in Gestalt einer abgeflachten Kugel mit einem Deckelgriff in Form eines Fisches. Letztlich zu nennen ist eine runde flache Steatitdose mit einem Deckel in Rundpyramide. Einige der Gefäße und der Boden des Steinkastens enthielten zudem Edelsteine verschiedener Art und Form, zum Teil durchbohrt, andere zu Blumenblüten geschliffen, ferner aus Gold- und Silberfolien geschnittene und geprägte Ornamente und Symbole.[63] Insgesamt wurden etwa 2000 Kleinbeilagen gezählt (Allen 2008: 77).

Noch am Tag der Inhaltsbesichtigung des Steinkastens beschrieb Peppé den Fund in Briefen an den ihm bekannten Vincent A. Smith (ICS) in Gorakhpur und den ihm unbekannten Archäologischen Sachverständigen bei der Regierung der Nordwestprovinzen und Oudh (heute UP) und Kurator des Museums von Lucknow, Dr. Anton Alois Führer.

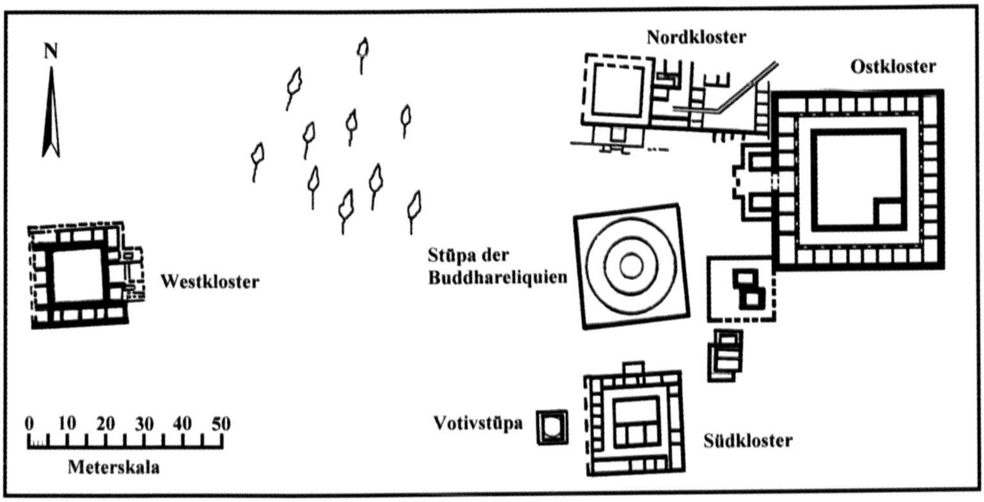

Der Reliquien-Stūpa von Piprahvā ist auf allen Seiten umgeben von den Ruinen buddhistischer Klöster. Sämtliche Eingänge sind dem Stūpa zugewandt.

Nach der ersten Freude über die gefundenen Schätze dämmerte es dem Landwirt Peppé, dass nicht die glänzenden Beigaben, sondern die Knochen- und Aschenreste die Bedeutung des Grabungsfundes ausmachten. Er packte sie deshalb mit großer Vorsicht in zwei Krüge und fertigte ein Protokoll darüber an.

Inzwischen, bei genauerer Betrachtung der Urnengefäße, waren ihm oder seiner Familie ein paar eingekratzte Zeichen auf dem Deckel der kleineren Urne aufgefallen. Peppé kopierte sie auf Papier und sandte eine Zeichnung an Vincent Smith und zwei an Anton Führer. Smith, der die Brāhmī-Schrift lesen konnte, entzifferte einen Teil des Textes und teilte Peppé mit, der Beisetzer der Reliquien glaube, dass die Knochen solche des Buddha seien; der Fund sei deshalb von größerer Bedeutung, als anfänglich angenommen. Ebenso begeistert wie Smith war Führer, dem Brāhmī ebenfalls vertraut war, und dem Peppé sogar ein Foto des Urnendeckels mit der Inschrift gesandt hatte (Allen 2008: 52). Ein Exemplar der Inschriftenkopie Peppés leitete Führer weiter an seinen akademischen Lehrer, Professor Georg Bühler in Wien.

Im Januar 1898 besuchte Smith Birdpur, wo er über die Größe des Steinkastens und die Reichhaltigkeit seines Inhalts erstaunt war, den er gemeinsam mit Peppé klassifizierte und auflistete (Allen 2008: 76). Danach reiste er mit Peppé nach Piprahvā. Der Stūpa beeindruckte Smith durch seine Ausdehnung, aber noch mehr erstaunte ihn die Vielzahl der unter der Erde liegenden

Klosterruinen, die verrieten, dass dieser Ort für die buddhistische Welt einst bedeutend gewesen war.

Einen Monat nach Smith erschien auch Dr. Führer in Birdpur und wurde von Peppé unterrichtet, dass die Ausgrabungen in Piprahvā fortgesetzt würden – allerdings unter der Aufsicht von Vincent Smith. Führers Versuch, die Piprahvā-Funde für sein Museum in Lucknow zu sichern, wurde ebenfalls negativ beschieden: Peppé hatte bereits den Commissioner des Bezirks Gorakhpur, Dr. Hoey, von dem Fund unterrichtet, und hatte nun dessen Weisungen abzuwarten. Führer konnte nur den Piprahvā-Stūpa besichtigen und einen Bericht darüber verfassen.

Die erste veröffentlichte Übersetzung der Inschrift auf der Piprahvā-Urne stammt von Professor Bühler (1898: 387) in Wien, dem sein ehemaliger Schüler Führer den Brāhmī-Text übersandt hatte. Bühler ging davon aus, dass der im Kreis um den Urnendeckel geritzte Text von 36 Zeichen mit dem Wort *iyam* beginnt, und die beiden über der Zeile geschriebenen Zeichen vom Einritzer vergessen und deshalb oberhalb der Rundzeile nachgetragen wurden. Diese Art der Lesung wurde von fast allen weiteren Übersetzern übernommen. Die Inschrift besagt:

> Diese Urne mit Reliquien des Buddha, des Erhabenen (aus dem Stamm) der Śākyas (ist eine Stiftung) der Sukīrti-Brüder mitsamt Schwestern, Söhnen und (deren) Frauen.

Ein andere Übersetzung schlug J.F. Fleet vor. Er unterstellte, dass die Ringzeile auf dem Urnendeckel für den Text nicht ausgereicht habe und die beiden Zeichen deshalb über der Zeile geschrieben wurden: den Anfang des Satzes habe man deshalb genau unterhalb der beiden hochgesetzten Zeichen zu suchen. Die Überlegung schien logisch, führte aber zu keinem Ergebnis, das der Fachkritik standhielt.

Ohne Ergebnis blieb auch die Suche nach dem Träger des Namens Sukīrti (»der Ruhmvolle«). Vielleicht war er im neu gegründeten Kapilavastu (= Ganvariyā) ein Rāja. Nur eine reiche Familie – von der Lehre des Buddha ergriffen und voller Hoffnung auf karmischen Nutzen der Stiftung – konnte die Kosten erschwingen für die Urnenbeisetzung in einem Steinkasten und die wertvollen Beigaben.

Die Inschriftenurne von Piprahvā.[64] Was geschah mit der Asche, die sie enthielt?

Der Guide durch die archäologischen Galerien des *Indian Museum* in Kalkutta (Kolkata) teilt dem Leser mit: »Die in der Specksteinurne gefundenen verkohlten Knochen, da sie mehr von religiösem als archäologischem Interesse sind, wurden von der indischen Regierung dem König von Siam geschenkt.« (Sivaramamurti 1954: 27). König Chulalongkorn von Siam (heute Thailand) ließ die Segen bringende Reliquie 1899 in Gorakhpur abholen (Allen 2008: 207). Er teilte sie mit den buddhistischen Ländern Burma (Myanmar) und Ceylon (Sri Lanka). Den in Thailand verbliebenen Anteil ließ er in Bangkok in der Pagode auf dem Goldenen Berg feierlich beisetzen (a. a. O.: 213).

Die Urne mit den übrigen Gefäßen und dem Hauptteil der glitzernden Beigaben wurde der Obhut des *Indian Museum* in Kalkutta übergeben. Ein Sechstel der Beigaben war der Peppé-Familie zugesprochen worden (a. a. O.: 207).

Die Reichhaltigkeit des Piprahvā-Fundes war es, die Peppé und viele seiner Zeitgenossen glauben machte, damit sei der Stūpa entdeckt, in dem die Śākyas nach dem Tod des Buddha ihr Achtel an seinen Reliquien bestattet hatten. Aber noch fehlte ein Schriftbeleg für den Namen Kapilavastu, und noch gab es neben den Resten von Klöstern keinen zivilen Bau, den man als den »Pa-

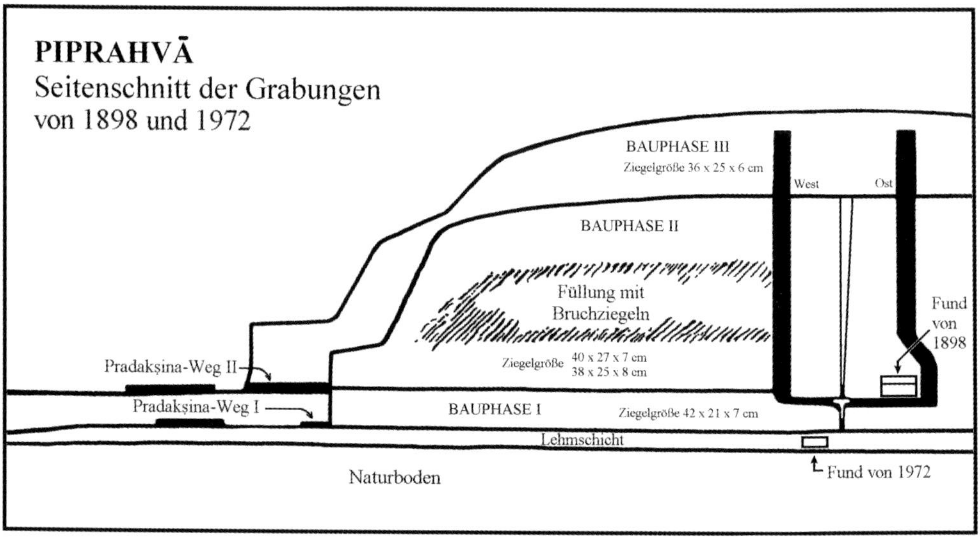

Srivastavas Untersuchungen erwiesen drei Bauphasen des Stūpa, die sich durch die Größe der jeweils verwendeten Ziegel unterscheiden. Der Steinkasten mit der Inschriftenurne, gefunden 1898, gehört der zweiten Bauphase an. 1972 wurden unterhalb der Bauphase I zwei weitere Urnen entdeckt.[65]

last« des Buddhavaters, des Rāja Śuddhodana, hätte bezeichnen können. 1972 nahm der *Archaeological Survey of India* in Piprahvā Grabungen auf, um die Beweise zu erbringen. Die Arbeiten lagen in der Hand von K.M. Srivastava, Superintendent für Archäologie im ASI-Bereich Mittel- und östliches Indien.

Srivastava grub den nach der Peppé-Grabung von 1898 wieder zugeschütteten Piprahvā-Stūpa nochmals auf. Er beschränkte sich jedoch nicht darauf, bis zur Tiefe des Peppé-Fundes zu suchen, sondern stieß weiter nach unten vor: mit Erfolg. Unter einigen Lagen gebrannter Ziegel unterhalb des Niveaus des Peppé-Fundes entdeckte er eine Schicht trockenen Lehms, in die, 65 cm getrennt voneinander, zwei aus Ziegeln gebildete Kammern von 80x80x37 cm eingelassen waren. Beide enthielten je eine gedrechselte Specksteinurne ohne Inschrift. Die in der südlichen Kammer gefundene Urne hatte ein Außenmaß von 16 x9 cm, die Urne der nördlichen Kammer von 12 x 7 cm. In der Form glichen beide Urnen denen des Peppé-Fundes. Neben den Urnen wurden ein bzw. zwei Tellerschalen von 26 cm Durchmesser mit eingerolltem Rand gefunden. Weitere Beigaben enthielten die Ziegelkammern nicht.

Nach dem Fund der beiden Aschenurnen im Piprahvā-Stūpa ging Srivastava daran, am Ostkloster zu graben, dem als Ruine besterhaltenen und größten

Der Piprahvā-Stūpa im Zustand von 1989. Die Narben der Grabungen von Peppé 1898 und Srivastava 1972 sind klar erkennbar. Im Vordergrund Mauerreste des Südklosters.

Kloster am Ort. 1973 fand er, was er suchte: über 30 verstreut liegende Terrakottasiegel und Siegelabdrücke in der Brāhmī-Schrift des 2./3. Jh. nach Chr., von denen 14 auf den »Mönchsorden von Kapilavastu« Bezug nehmen und damit beweisen, dass Piprahvā einmal den Namen Kapilavastu getragen hat. Weitere 8 der Siegel(abdrücke) nennen den Fundort »Groß-Kapilavastu« (Mahā-Kapilavastu) (Srivastava 1996: 84). Mehrere Siegel und Abdrücke wurden später auch in Ganvariyā entdeckt.

In Piprahvā gab es nur den Stūpa und Klosterruinen, keine säkularen Häuser. Srivastava schloss daraus, dass Piprahvā der Religion vorbehalten war und der Ortskern von Kapilavastu weiter südlich beim heutigen Ganvariyā liegen müsse. 1974 wurden die Grabungen dort aufgenommen. Es zeigte sich, dass die einstige Stadt aus Häusern aus Holz und Lehm bestanden hatte und dass nach zahllosen Monsunüberschwemmungen von ihr zwar noch kleine Artefakte, aber kaum Baureste zu entdecken waren. Zudem hatten die Bauern der Gegend das ehemalige Stadtgebiet unter den Pflug genommen. Das archäologisch interessante Feld erkennbarer Steinbauten von Ganvariyā beschränkt sich daher auf 300x270 m. Auffällig auf dieser Fläche waren zwei Erhebungen, die sich nach der Freilegung als buddhistische Klöster identifizieren

Der verstärkte Zustrom buddhistischer Pilger hat den *Archaeological Survey of India* Anfang des 21. Jahrhunderts veranlasst, die Grabungskerbe im Piprahvā-Stūpa etwas zu glätten. Sie bleibt indes erkennbar.

ließen. 13 steinerne Bauwerke waren als weltliche Wohnbauten zu erkennen. Der archäologische Grabungsbericht Nr. 94 des ASI bezeichnet das größte von ihnen als »Massivstruktur« (Srivastava 1996: 77) und stellt fest, es sei »verfrüht, den Zweck des Baus mit Gewissheit zu erklären« (a. a. O.: 79). Dennoch teilt ein vom ASI aufgestelltes Schild dem Pilger mit: »Es wird angenommen, dass die freigelegten Überreste von Ganvariyā die palastartigen Gebäude und die Stadt des alten Kapilavastu, der Hauptstadt der Śākyas sind. ... Gautama Buddha, der Sohn des Śākya-Chefs Śuddhodana, verbrachte hier die ersten 29 Jahre seines Lebens. ...« Im Januar 1976 brachte die *Times of India* die Schlagzeile: »Buddhas verlorene Stadt Kapilavastu gefunden!« (Allen 2008: 255).

Die indische Behauptung, in Ganvariyā/Piprahvā das originale Kapilavastu, die Vaterstadt des Buddha entdeckt zu haben, gab der nepālischen Seite den Anstoß, die 1967 von einheimischen Archäologen begonnenen Bemühungen um Tilaurakoṭ wieder aufzunehmen. 1997 stellten Geophysiker der Universität Bradford durch Untersuchungen mit dem Tiefenradar fest, dass Tilaurakoṭ unter der Erde von einer Haupt- und mehreren rechtwinklig abgehenden Nebenstraßen durchzogen ist, die auf eine alte und geplante Stadt hinweisen. Drei Jahre später zog dieselbe Mannschaft einen Suchgraben durch den Ort, der Tonscherben und organische Relikte erbrachte, die durch Stilvergleich bzw. Radiocarbonuntersuchung die Existenz der Stadt vor dem 7. Jh. vor Chr.

belegen. Zudem erwies die C-14-Untersuchung, dass die Stadt im frühen 4. Jh. vor Chr. zumindest zeitweilig unbewohnt war (Allen 2008: 257).[66]

Einen administrativen Schachzug gegeneinander unternahmen die Regierungen von Indien und Nepāl, indem sie die von ihnen als Original-Kapilavastu favorisierten Stätten so umbenannten, dass sie auf modernen Landkarten unter alten buddhistischen Namen erscheinen. Tilaurakoṭ (= Kapilavastu I) in Nepāl liegt seit 1961 im Distrikt Kapilbastu (Distrikthauptstadt Taulihava). Indien seinerseits richtete um das Eisenbahnstädtchen Naugarh (UP) den Distrikt Siddhārthanagar ein, der auch Ganvariyā/Piprahvā (= Kapilavastu II) einschließt (Srivastava 1996: 1). Wenn man auch von der Lehre des Buddha nicht viel hält: Jedes der beiden Länder möchte den berühmten Mann trotzdem auf seiner Seite haben.

Lassen sich die oben zusammengetragenen Fakten in eine glaubhafte historische Ordnung bringen?

1. Abzulehnen ist die indische Behauptung, die Inschriftenurne von Piprahvā sei die Originalbeisetzung des Achtels der Buddhareliquien, das die Śākyas nach der Verteilung durch den Brahmanen Droṇa erhalten hatten. Zur Zeit der Einäscherung des Buddha – d.h. um 483 vor Chr. nach der alten, um ca. 400 vor Chr. nach der vorgeschlagenen neuen Buddha-Datierung – war die Brāhmī-Schrift noch nicht existent. Sie wurde erst auf Weisung des Kaisers Aśoka (272–232 vor Chr.) entwickelt. Aschengefäße aus Stein benutzte man schon zur Aśoka-Zeit (wie die grüne zylindrische Marmordose aus dem Dharmarājika-Stūpa von Sārnāth beweist), aber aus Speckstein (Steatit) gedrechselte Kugelurnen des Piprahvā-Typs gehören erst dem 2. Jh. vor Chr. an. Noch ein Jahrhundert jünger ist der Formtypus der Kristalldose mit dem Griff eines Fisches (Härtel 1991: I 75). Bei der Beisetzung der Piprahvā-Urne muss es sich folglich um eine Zweitbestattung handeln.

2. Dass Tilaurakoṭ die Heimatstadt des Buddha, das originale Kapilavastu ist, hat eine Wahrscheinlichkeit von 90 Prozent, wird sich aber wegen der Schriftlosigkeit der Buddhazeit vielleicht nie schlüssig beweisen lassen. Immerhin wurde in Tilaurakoṭ ein Tonsiegel gefunden, das in der Brāhmī-Schrift des 2. Jh. vor Chr. auf die Stadt als Wohnort der Śākyas hinweist.

3. Die Zerstörung der Stadt Kapilavastu I durch den Mahārāja Virūḍhaka drei oder zwei Jahre vor dem Tod des Buddha scheint nicht so total gewesen zu sein, wie die indischen Texte es darstellen. Die Śākyas waren noch organisiert und selbstbewusst genug, nach der Einäscherung des Buddha ein Achtel sei-

ner Reliquien zu fordern. Wo setzten sie es bei? – Dem Pāli-Kanon (D 16, 6,27) zufolge in ihrer weitgehend demolierten Hauptstadt Kapilavastu, sei es in dem Stūpa im Osten, sei es in dem Stūpa im Süden der Stadt. Eindrucksvoll kann der Stūpa nicht gewesen sein, denn zur Errichtung eines repräsentativen Baus war die durch Virūḍhaka entvölkerte Stadt nicht in der Lage. Die Mehrheit der Bewohner hatte 18 km südwestlich in einem Dorf, dem heutigen Ganvariyā, eine neue Heimat gefunden, die sie Groß-Kapilavastu oder einfach Kapilavastu nannten. Dieser Name für die neue Heimat ist durch Siegel und Siegelabdrücke belegt. Archäologisch ist Ganvariyā als Kapilavastu II zu bezeichnen.

4. Im 3. Jh. vor Chr. ließ der Kaiser Aśoka den Buddha-Stūpa der Śākyas von Kapilavastu I aufbrechen, um ihm Buddhareliquien zwecks breiterer Verteilung in seinem Reich zu entnehmen. Einen Teil der Reliquien ließ er zurück, um die Ausstrahlungskraft des Stūpa nicht zu schmälern. Am Ende verschloss er den Bau mit einer Schicht Ziegel.

5. Den in Ganvariyā (Kapilavastu II) angesiedelten Śākyas – seit der Flucht vor Virūḍhakas Angriff in der vielleicht vierzehnten Generation – ging es nicht schlecht. Sie hatten durch die Fruchtbarkeit der Felder ihr Auskommen, und einige waren zu Vermögen gelangt. Sie erinnerten sich mit Stolz an den großen Wanderlehrer aus ihren Reihen und hingen großenteils seinen Lehren an.

Als es im 2. Jh. vor Chr. üblich wurde, die Asche prominenter Bürger in gedrechselten Specksteinurnen beizusetzen, gingen auch die Bewohner von Ganvariyā zu diesem Brauch über. Sie legten den für solche Steinurnen vorgesehenen Beisetzungsstūpa freilich nicht im Wohnviertel an, sondern 1 km davon entfernt in Piprahvā. Die beiden von K.M. Srivastava dort gefundenen Urnen waren, nach einer langen Periode der Aschenbeisetzung in schlichten Keramikgefäßen, vielleicht die ersten Urnen aus Stein, die in Ganvariyā/Piprahvā Verwendung fanden. Der Lehmtumulus über ihnen war relativ flach und konnte für weitere Urnen unschwer erhöht und verbreitert werden.

6. Vielleicht schon im 2., wahrscheinlicher aber im 1. Jh. vor Chr. gelangte die Kunde nach Ganvariyā, dass der Stūpa, in dem die Śākyas von Kapilavastu I (Tilaurakoṭ) ihr Achtel an Buddhareliquien bestattet hatten, sich im Verfall befinde und dass die Bauern der Gegend sich von der Ziegelüberdeckung Aśokas Baumaterial für ihre Häuser holten. Die Nachricht dürfte unter den Śākyas von Ganvariyā Bestürzung und Zorn ausgelöst haben, vor allem in der Familie des Sukīrti. Man beschloss, die heilige Asche nach Ganvariyā zu holen und in Piprahvā mit allen Ehren beizusetzen. Da es sich bei der Öffnung des beschädigten Stūpa bei Tilaurakoṭ herausstellte, dass das tönerne Aschengefäß der Erstbestattung zerbrochen war, wurde die Buddhaasche in zwei Steinurnen des neuen Stils umgefüllt.[67] Viele Mitglieder der Sukīrti-Familie wollten an dem karmisch heilsamen Werk der Beisetzung der Buddhaasche beteiligt sein: Die einen stifteten als Grabbeigabe ihre Kristalldose, andere eine Stein-Loṭa oder eine flache Deckelschale, wieder andere Schmuck oder ihre Schätze an Schmucksteinen. Ein Schreibkundiger wurde beauftragt, den Deckel der Buddha-Urne durch Einritzen zu beschriften. Er erledigte seinen Auftrag zwar etwas unbeholfen, aber in entzifferbarer Brāhmī-Schrift. In einem monolithischen Steinkasten wurden die Urnen in Piprahvā beigesetzt.

7. Als Stätte der Urnenbestattung wählte man den Tumulus, in dem bereits die Aschenurnen prominenter Śākyas beigesetzt worden waren. Die bestehende Erdaufschüttung wurde abgeflacht und auf der Fläche mit dem Bau eines Ziegelstūpa begonnen. Über einer Lage von Ziegeln wurde der Steinkasten eingemauert und durch weitere Ziegelschichten gesichert. Im Endstadium dürfte der gemauerte Stūpa eine Höhe von zwei Metern gehabt haben. Er war umgeben von einem Pfad zur zeremoniellen Rechtsumschreitung (Bauphase I).

8. Um zwei mehrlagige Stufen erhöht, aber in der Grundfläche nicht verbreitert wurde der Stūpa in der Bauphase II, als sich am Reliquienort Piprahvā bereits mehrere buddhistische Klöster angesiedelt hatten. In der Bauphase III, die bereits der Kuṣāna-Zeit (2./3. Jh. nach Chr.) zuzuordnen ist, erhöhte man den Stūpa noch einmal. Zugleich wurden die Bodenfläche um den Stūpa zum Quadrat ausgepflastert und an den senkrechten Sockelmauern Nischen für Skulpturen geschaffen. –

Welches Fazit lässt sich ziehen für den nepālisch-indischen Disput?

Der archäologische Befund bestätigt die schon 1903 von T.W. Rhys Davids (1987: 18) geäußerte Vermutung, dass man zwei Kapilavastus zu unterscheiden hat: Tilaurakoṭ in Nepāl (= Kapilavastu I) ist der Heimatort des Buddha, wo er seine Jugend zubrachte, und Piprahvā in Indien die Stätte der Sekundärbeisetzung eines Teils seiner Asche (= Kapilavastu II). Die Brāhmī-Inschrift – als Schrift geschaffen im 3. Jh. vor Chr. – und die Tatsache, dass Urnen aus Speckstein erst im 2. Jh. vor Chr. aufkamen, beweisen, dass die Zweitbestattung nicht vor dem 2. Jh. vor Chr. erfolgt sein kann.

Dass dafür Piprahvā gewählt wurde, hat seinen Grund darin, dass nach der Zerstörung des alten Kapilavastu viele Śākyas sich bei Ganvariyā angesiedelt hatten, das sie in wehmütiger Erinnerung an die alte Heimat in »Kapilavastu« oder »Groß-Kapilavastu« umbenannten. Als es – drei Jahrhunderte später – galt, die Asche ihres berühmten Stammesbruders aus dem zerfallenen Urstūpa bei Tilaurakoṭ zu retten, holten sie die wertvolle Reliquie in ihre Stadt (= Kapilavastu II) und setzten sie in einer neuen Urne im nahegelegenen neuen Stūpa von Piprahvā bei. Sie wollten die Asche des großen Wanderlehrers und Heiligen in ihrer Nähe haben.

Anhang

Anmerkungen

1 Die Nidānakathā ist ein Pāli-Text, der dem Jātaka-Buch, dem Buch der Vorexistenzen des Buddha, vorangestellt wurde, um die Existenzenreihe nach vorn zu verlängern. Im Endteil der Nk ist das Leben des Buddha geschildert von der Geburt bis zur Spende des (P.) Jetavana-Klosters durch Anāthapiṇḍada.

2 Die Wiederentdeckung des indischen Buddhismus durch die Beamten und Soldaten des *British Rāj* beschreibt Charles Allen 2002.

3 Die besterhaltenen Monumente außerhalb der Buddhaorte sind die Stūpas von Sāñci, 60 km nordöstlich von Bhopāl (MP).

4 Der Vorname setzt sich zusammen aus *siddha-artha* und bedeutet »der sein Ziel erreicht hat«. Man kann aber auch übersetzen »mit dem das Ziel erreicht wurde«, und das würde darauf hinweisen, dass der Rāja Śuddhodana die Geburt eines männlichen Nachkommen und Stammhalters sehnlich erwartet hatte.

5 Die Pāli-Originale sind ungereimt.

6 Die zehn Himmelsrichtungen sind die vier Hauptrichtungen, vier Zwischenhimmelsrichtungen sowie oben (Zenit) und unten (Nadir).

7 Der Verdacht von Phelps (2007: 5), die Aśoka-Inschrift sei eine Fälschung von Führer, ist bereits durch Allen (2008: 259) zurückgewiesen worden.

8 Lexikalisch bedeutet (Skt.) *koṭa* »Festung« oder »Bastion«. Im modernen Hindī bezeichnet *koṭ* einen von Menschen aufgeschichteten Hügel, unter dem Ruinen alter Bauten vermutet werden.

9 Als (P.) *bodhisatta* pflegte sich der Buddha zu bezeichnen, wenn er von der Zeit vor seiner Erwachung (*bodhi*) sprach. Das Pāli-Wort ist abgeleitet von Skt. *bodhi-sakta*, »auf Erwachung gerichtet«, und ist durch »Erleuchtungssucher« treffend übersetzt. Es ist nicht bedeutungsgleich mit dem Sanskritwort *bodhisattva*.

10 Für die Wahl der Braut galten die im Himālayagebiet noch heute zumeist beachteten Endo- und Exogamieregeln. Dazu Oppitz 1991.

11 Ein *śramaṇa* (P. *samaṇa*) ist ein umherschweifender Bettelmönch, der ein Heilsziel anstrebt ohne feste Bindung an einen Orden.

12 Der Umstand, dass Siddhārthas Mentor Udraka Rāmaputra sich – wie in D 29,16 geschildert – als Lehrer öfter eines Gleichnisses aus der Upa-

niṣaden-Philosophie bediente, also ein Upaniṣaden-Lehrer (*aupaniṣada*) war, ist bisher niemandem aufgefallen. Udraka bildet die Nahtstelle, wo Upaniṣadenlehre und Buddhismus sich berühren. Unter Udraka hörte Siddhārtha die Bṛhadāraṇyaka- und die Chāndogya-Upaniṣad. Das in D 29, 16 vom Buddha in ablehnendem Sinn referierte Gleichnis des Udraka, man erkenne bei einem scharfen Messer die Klinge, nicht aber – ihrer Feinheit wegen – die Schneide, ist eine Analogie zu dem Gleichnis der Chāndogya-Upaniṣad 6,12. Dort lässt Uddālaka Āruni seinen Sohn Śvetaketu einen der winzigen Kerne einer Feige spalten und erklärt ihm dann in der nicht mehr sichtbaren Feinheit die Essenz des Alls und der Seele (*ātman*).

Die Upaniṣaden waren zur Buddhazeit noch eine Geheimlehre. Der Buddha war durch Udraka ein Eingeweihter, seine späteren Jünger nicht. Sie fanden deshalb den Bericht des Buddha über Udrakas Lehren unverständlich und machten (in M 26,16) aus dem Aupaniṣada Udraka einen Meditationsmeister.

13 Breiter ausgeführt sind die Selbsttorturen Siddhārthas in M 12,45-56.

14 Die buddhistische Tradition, die den Rāja Śuddhodana zum »König« erhoben hatte, wollte nicht wahrhaben, dass er auch Feldarbeit verrichtete. Sie kommentiert die Textstelle M 36,31 deshalb so, als habe der »König« zur Eröffnung des jährlichen Pflügerfestes zeremoniell eine Feldfurche zu ziehen gehabt.

15 Der moderne Sujātā-Schrein, zu dem örtliche Führer die Besucher gern hinführen, markiert keine historische Stätte. Sein wichtigstes Schaustück ist die *Donation Box*.

16 in M 4,22 f., M 36,34 ff. und M 26,18 (verkürzt).

17 Ārāda Kālāma, Siddhārthas erster Guru, unterschied acht Versenkungsstufen (*dhyāna*). Die ersten vier werden Form-Meditationen (*rūpadhyāna*) genannt, weil der Meditierende bei Bewusstsein ist und noch äußere Formen (*rūpa*) wahrnimmt. Durch die vier Form-Meditationen bereitete Siddhārtha seine Bodhi vor.

Die vier Nichtform-Meditationen (*arūpadhyāna*) sind Trance-Versenkungen, bei denen die Fähigkeit zu Wahrnehmungen reduziert oder ausgeschaltet ist. Die vier Nichtform-Meditationen werden im Buddhismus toleriert, aber nicht empfohlen, weil sie mit der Forderung Rechter Achtsamkeit (*samyak smṛti*) kollidieren. Die buddhistische Meditation ist weder Trance noch Ekstase.

18 Die Motive (1) Wiedergeburt, (2) Steuerung der Wiedergeburt durch das Tun (*karman*) und (3) Antrieb des Kreislaufs der Wiedergeburt durch das Begehren (*kāma*) waren bereits in der Bṛhadāraṇyaka- und der Chāndogya-Upaniṣad formuliert; Siddhārtha hatte sie als Schüler des Udraka Rā-

maputra kennen gelernt (Schumann 2002: 6 + 86). Zum Buddha geworden, übernahm er sie, gedanklich präzisiert, in seine eigene Lehre (*dharma*). Indem er aber die Lehre von der Wiedergeburt verband mit seiner eigenen Erkenntnis der Nichtexistenz einer Seele (*ātman/attan*), setzte er sich zu den Upaniṣaden in Opposition. Eine Wiedergeburt ohne ein Seelenband zwischen den Existenzformen erschien seinen Zeitgenossen unmöglich.

19 nach der älteren Buddhadatierung. Die modernistischen Indologen setzen das Ereignis später an, ohne eine Jahreszahl zu nennen.

20 Prä- oder an-ikonische Darstellungen, die zwar Menschen, aber niemals die Person des Buddha abbildeten, sondern ihn durch Symbole andeuteten, verloren im 1./2. Jh. nach Chr. die Wertschätzung der Bekenner und wurden durch ikonische Darstellungen – Buddhaskulpturen und Reliefs – abgelöst. Dazu Schumann 2003: 22 ff.

21 Auf dem Stūparelief nicht als Rad wiedergegeben, sondern als Blütensymbol, denn zum Zeitpunkt der Bodhi hatte der Buddha das »Rad der Lehre« noch nicht in Gang gesetzt.

22 Bildzitat nach Leoshko 1988: 22.

23 Bildzitat nach Dhammika 1999: 58 a.

24 Da ein Mönch außer den vom Vinaya zugelassenen privaten Utensilien keinen Besitz haben darf, ist anzunehmen, dass Mahānāman die Baukosten durch das Sammeln von Spenden zusammengebracht hat. Durch die Widmungsinschrift wird das Sammelergebnis seinem eigenen karmischen Verdienst zugerechnet.

25 Seit 1973 besteht neben dem *Bodhgaya Temple Management Committee* ein *Temple Advisory Board*. Diesem gehörten im Jahr 2006 folgende Personen an: die bei der indischen Regierung akkreditierten Botschafter von acht buddhistischen Staaten; sechs buddhistische oder mit dem Buddhismus befasste indische Repräsentanten (darunter der Dalai Lama) und elf indische Personen, die leitend mit der indischen Außenpolitik, dem Tourismus, der Archäologie oder der Region Bihār/Gayā zu tun haben.

26 Dazu Schumann 2004 b: 92.

27 Die Ājīvikas waren eine deterministisch-fatalistische Glaubensschule. Ihre Mönche liefen gewöhnlich nackt.

28 *Āsava*. Unter diesem Begriff werden die Leidensantriebe Gier, Hass und Unwissenheit verstanden, die im Wiedergeburtenkreislauf abwärts führen.

29 Tathāgata, gewöhnlich übersetzt mit »der Vollendete«. Gemeint ist vermutlich: »Ich bin so gekommen (*tathā-āgata*) (wie mein Vorname *Siddhārtha* es versprach): als einer, der das Ziel erreicht hat (*siddha artha*).« Dazu Schumann 2006: 84.

30 Hier passender als die wörtliche Übersetzung »Erwachter«.
31 So die korrekte Schreibung nach den Devanāgarī-Schildern am Ort.
32 Bildzitat nach Bourne 2001: 184.
33 Detaillierte Beschreibung des Fundes in den referierten Worten Cunninghams bei Sherring 1990: 250 ff.
34 Der Ratna-Berg, zur Buddhazeit der »Berg der Seher« (P. *Isigili*, Skt. *Ṛṣigiri*) genannt, war den frühen Buddhisten nicht geheuer. Der Berg soll einige heilige Weise verschluckt haben. Historisch ist, dass der Bhikṣu Maudgalyāyana hier von Räubern erschlagen wurde (Jāt 522) und sich die Bhikṣus Godhika und Vakkali hier selbst den Tod gaben.
35 Bildzitat nach Ghosh 1987: 19 links.
36 Man darf vermuten, dass die Errichtung des »Weltfriedens-Stūpa« auf dem Nachbarberg des Geiergipfels getragen war vom Wunsch der japanischen Mahāyānins, die sakrale Stätte der Offenbarung der mahāyānischen Sūtras stets vor Augen zu haben.
37 Die Brāhmī-Schrift wurde erst unter Kaiser Aśoka im 3. Jh. vor Chr. entwickelt. Verbreiteter wurde die Kunst des Schreibens in Indien vom 1. Jh. vor Chr. an. Dies war auch das Jahrhundert, in dem der bis dahin von spezialisierten Mönchen memorierte Pāli-Kanon auf der Insel Ceylon (Laṅkā) schriftlich fixiert wurde.
38 Eine Karte, die auch den Ostteil der Bergzüge um Rājagṛha zeigt, findet sich bei Sarkar 2003: 120 a.
39 Ein Theravāda-Mönch, so Xuanzang, hungrig wie auch die anderen Bhikṣus seines Klosters, habe einst erlebt, dass ein Schwarm von Gänsen über ihn hinwegflog. Scherzhaft habe er (im Stil eines Mahāyāna-Mönchs) ausgerufen: »Der Bhikṣusaṅgha hungert! O ihr Mahāsattvas, dies ist eure Gelegenheit (Wundermacht zu beweisen)!« Sofort habe eine der Gänse im Flug innegehalten, sei vor dem Mönch gelandet und gestorben. Der ganze örtliche Theravādasaṅgha sei darauf, die Überlegenheit des Mahāyāna-Buddhismus anerkennend, zum Mahāyāna übergetreten. Zur Erinnerung an das Wunder hätten sie den »Gänse-Stūpa« errichtet.
Mahāsattvas/Bodhisattvas heißen die im Mahāyāna hoch verehrten Wesen, die nach ihrer eigenen Erlösung freiwillig in der Welt verbleiben, um den unerlösten Wesen zur Erlösung zu verhelfen. Als Große Wesen (*mahāsattva*) sind sie den Naturgesetzen nicht mehr unterworfen und können Wunder bewirken.
40 Heute im *Indian Museum*, Kolkata.
41 Bildzitat nach Krishan 1996: 57.
42 Um dem Protest der Bevölkerung gegen den amnestierenden Beitritt eines

Verbrechers zum Mönchsorden zu entsprechen, verbot der Buddha später die Ordination eines Räubers (Mvg 91).

43 Ein Paritta ist ein Zauberspruch zur Schadensabwehr und beruht auf der vorbuddhistischen Überzeugung, dass jede Wahrheit (*satya*), konzentriert gesprochen, wunderkräftig sei, auch wenn es sich um eine Glaubenswahrheit handelt. Elf kanonische Texte werden im Volksbuddhismus Asiens als Parittas benutzt. Das hier dem Ānanda als Paritta mitgeteilte (P.) Ratana-sutta findet sich in Snip 224:

Was da an Schätzen mag vorhanden sein,
und sei's ein Prachtjuwel in Himmelsreichen:
Mit dem Erhabnen kann sich's nicht vergleichen!
»Der Buddha ist der höchste Edelstein« –:
Durch diese Wahrheit mögt ihr glücklich sein.

44 Anders als die Straßenprostituierte (*veśyā*) war die Kurtisane (*gaṇikā*) im alten Indien eine Frau, die lesen und in der Hochsprache konversieren konnte. Oft unterhielt sie einen Salon mit Orchester. Bei großen Anlässen trat sie öffentlich als Tänzerin auf.

45 (P.) *dīpa* kann in Sanskrit *dīpa* (Leuchte) oder *dvīpa* (Insel) bedeuten. Die zweite Bedeutung erscheint hier wahrscheinlicher.

46 Auch wenn sie die Mahlzeit im Haus eines Spenders einnehmen, haben die Mönche nach den Ordensregeln aus der Almosenschale zu essen.

47 Die Lage des Kopfes nach Norden galt als günstigste Sterbeposition für die Mitglieder der Kṣatriya-Kaste.

48 P. *saṅkhāra*, Skt. *saṃskāra*. Das Wort bezeichnet die karmisch wirksamen Tatabsichten, aber auch das, was durch diese bedingt (*saṅkhata/saṃskṛta*) ist: die aus den fünf Persönlichkeitskomponenten (*khandha/skandha*) gebildete empirische Person. Hier ist die zweite Bedeutung gemeint. Zur Definition dieses schwierigen Begriffs Schumann 2006: 71.

49 Geschildert in M 36,34-37. Die Erwachung (*bodhi*) Siddhārthas zur Buddhaschaft vollzog sich ebenfalls in drei Nachtwachen (M 36,39 + 41 + 44). Historisch oder spätere Parallelsetzung durch Textredaktoren?

50 Angesichts der indischen Temperaturen im April/Mai ist die Verschiebung der Einäscherung schwer verständlich. Möglicherweise fand sich niemand, der die Kosten des Brennholzes tragen wollte, zu dem bei einem prominenten Toten auch das teure Sandelholz (*candana*) gehört.

51 Bildzitat nach Patil 2006. Das Foto erschien nur in der Erstauflage 1957.

52 Die Buddhisten Süd- und Südostasiens nehmen als Datum des Parinirvāṇa des Buddha das Jahr 544 vor Chr. an. Für die 2500-Jahrfeier ergibt sich daraus 1956.

53 Bildzitat nach Patil 2006, Auflage von 1981.

54 Parallelsetzung zu dem 51 Jahre zuvor erfolgten Auszug Siddhārthas in die Hauslosigkeit? Das Hinausziehen geschah durch das *Ost*tor von Kapilavastu.

55 Dieser Subhadra, ein ehemaliger Barbier, ist nicht identisch mit jenem, den der Buddha noch kurz vor seinem Tod ordiniert hatte. Ein Mönch, der als alter Mann in den Orden aufgenommen wird, besitzt nur selten die Qualitäten, die einen perfekten Mönch ausmachen (A 5,59-60).

56 Bei allen formalen Akten ist dem Mönch die Bedeckung beider Schultern vorgeschrieben. Anders bei weltlichen Personen. Als Zeichen besonderer Ehrerbietung legten altindische Männer die rechte Schulter frei.

57 Viṣnudvīpa? (P. Veṭhadīpa) war der Heimatort des Brahmanen Droṇa, und der Reliquien fordernde Brahmane, der einfach der Veṭhadīpaka genannt wird, war der Ortsvorsteher. Ohne dass sich Protest erhoben hätte, nahm Droṇa ihn unter die Reliquienempfänger auf.

58 Foto m. Genehmigung des *Museums für Asiatische Kunst*, Inv.-Nr. MIK I 49.

59 Der Buddha machte kein Geheimnis daraus, dass er auch von anderen gelernt hatte. Er erklärte mehrfach, Rechte Ansicht entstehe durch gründliches Nachdenken und durch die Stimme eines anderen, (d.h. durch Lernen von einem Meister) (M 43,13 = A 2,127).

60 So 1980 beobachtet von Autor Schumann in Anurādhapura (Śrī Laṅkā) bei Restaurierungsarbeiten an einem Stūpa.

61 Bildzitat nach Srivastava 1986b: 52 Fig. 4.

62 Bildzitat nach Pischel 1910: 44 a.

63 Abbildungen und Beschreibung bei Allen 2008. 48, 77, 149 und den Vorsatzblättern des Buches.

64 Bildzitat nach Srivastava 1986b: Tafel 1.

65 Bildzitat nach Srivastava 1996 Tafel VIII, ergänzt.

66 Ein wichtiger Hinweis, der die Zerstörung von Kapilavastu I durch den Mahārāja Virūḍhaka und die Vertreibung der Überlebenden belegt und das Parinirvāṇa des Buddha im Zeitraum zwischen 420 und 350 vor Chr. wahrscheinlicher macht (Bechert 1991: III 2+ 13).

67 Die Menge der Asche verwundert, zumal ja die Reliquien durch Aśokas Entnahme bereits sehr vermindert waren. Es wäre denkbar, dass eine – die kleinere – Urne für die Asche des Buddha ausreichte, und dass die mit der beschrifteten Buddhaurne in Piprahvā bestattete zweite Urne die Asche des Sukīrti enthielt.

Abkürzungen

A	Aṅguttara-nikāya
a. a. O.	am angegebenen Ort
ASI	Archaeological Survey of India
AsP	Aṣṭasāhasrikā-Prajñāpāramitā-Sūtra
Cvg	Cullavagga des Vinaya
D	Dīgha-nikāya
Dhp	Dhammapada
Dv	Dīpavaṃsa
Ed.	Editor
H	Hindī
Hg.	Herausgeber
Jh.	Jahrhundert
Jāt	Jātakam. Die Ziffern beziehen sich auf die Vorspanntexte
Llv	Lalitavistara
M	Majjhima-nikāya
MP	Madhya Pradesh
Mv	Mahāvaṃsa
Mvg	Mahāvagga des Vinaya. Die Ziffern bezeichnen die durchnummerierten Abschnitte
Mvu	Mahāvastu
Nk	Nidānakathā
o. J.	ohne Jahresangabe
P.	Pāli
S	Saṃyutta-nikāya
Skt.	Sanskrit
Snip	Suttanipāta
SP	Saddharma-puṇḍarīka-sūtra
Sv	Suttavibhaṅga des Vinaya
Thag	Theragāthā
Thīg	Therīgāthā
Ud	Udāna
UP	Uttar Pradesh
Vin	Vinaya-piṭaka
VP	Vajracchedikā-Prajñāpāramitā

Äquivalenzen

Sanskrit	Pāli
Ajātaśatru	Ajātasattu
Āmrapālī	Ambapālī
āmravana	ambavana
Ānanda	Ānanda
Anāthapiṇḍada	Anāthapiṇḍika
anātman	anatta
Aṅgulimāla	Aṅgulimāla
Ārāḍa Kālāma	Āḷāra Kālāma
Aśoka	Asoka
Aśvajit	Assaji
aśvattha	assattha
ātman	attan
avidyā	avijjā
Bhadriya	Bhaddiya
bhikṣu	bhikkhu
bhikṣuṇī/ bhikṣukī	bhikkhunī
Bimbisāra	Bimbisāra
bodhisattva / bodhisakta	bodhisatta
Buddha	Buddha
Bulaka	Bulaya
caitya	cetiya
cakra	cakka
cakravartin	cakkavattin
Calakalpa	Allakappa
Devadatta	Devadatta
Devānāmpriya Priyadarśin	Devānaṃpiya Piyadassin
dharma	dhamma
dhyāna	jhāna
Droṇa	Doṇa
duḥkha	dukkha
gandharva	gandhabba
Gaṅgā	Gaṅgā
Gautama	Gotama
Gayāśīrṣa	Gayasīsa
Ghoṣaka	Ghosaka
Girivraja	Giribbaja
gṛdhrakūṭa	gijjhakūṭa
Jayanta	Jenta
Jayatavana	Jetavana
Jīvaka Kumārabhṛtya	Jīvaka Komārabhacca
Jīvakāmravana	Jīvakāmbavana
Kapilavastu	Kapilavatthu
karman	kamma
Katyāyana	Kaccayana
Kumārakāśyapa	Kumārakassapa
Kauṇḍinya	Kondañña
Kauśāmbī	Kosambī
Kośala	Kosala
Koṣṭhita	Koṭṭhita
Krauḍya	Koliya
kṣatriya	khattiya
Kuśinagara	Kusināra
Licchavi	Licchavi
Magadha	Magadha
Mahākāśyapa	Mahākassapa
Mahānāman	Mahānāma
Mahāprajāpatī Gautamī	Mahāpajāpatī Gotamī
Maudgalyāyana	Moggallāna
Maurya	Moriya
Māyā	Māyā

Sanskrit	Pāli
mṛgadāva	migadāya
Mucilinda	Mucalinda
Nairañjanā	Nerañjarā
nirvāṇa	nibbāna
parinirvāṇa	parinibbāna
Pāṭaliputra	Pāṭaliputta
Pippalāyana	Pipphalavana
Prajāpatī	Pajāpatī
prāsāda	pāsāda
Prasenajit	Pasenadi
puṇya	puñña
Pūrṇa	Puṇṇa
pūrvārāma	pubbārāma
Putkasa	Pukkusa
Rāhula	Rāhula
Gautama	Gotama
Rājagṛha	Rājagaha
rājan	rāja
Ṛṣipatana	Isipatana
Śākya	Sakya / Sakiya
śāla	sāla
saṃsāra	saṃsāra
saṃskāra	saṅkhāra
saṅgha	saṅgha
Saṅghamitrā	Saṅghamittā
saptaparṇin	sattapaṇṇin
Śāriputra	Sāriputta
Siddhārtha	Siddhattha
Gautama	Gotama
skandha	khandha
śramaṇa	samaṇa
Śrāvastī	Sāvatthī
Sthaviravāda	Theravāda
stūpa	thūpa
Subhadra	Subhadda
Śuddhodana	Suddhodana
Gautama	Gotama
Sujātā	Sujātā
śūnya	suñña
sūtra	sutta
Takṣaśilā	Takkasilā
Tapuṣya	Tapussa
Tiṣyarakṣitā	Tissarakhitā
tṛṣṇā	taṇhā
Udayana	Udena
Udraka	Uddaka
Rāmaputra	Rāmaputta
Upālin	Upāli
upāsaka/upāsikā	upāsaka/upāsikā
Uruvilva	Uruvela
Utpalavarṇa	Uppalavaṇṇa
Vaibhāra	Vebhāra
vaiśākha	vesākha
Vaiśālī	Vesāli
Vaṅgīśa	Vaṅgīsa
Vāṣpa	Vappa
Vatsa	Vaṃsa
Veṇuvana	Veḷuvana
vihāra	vihāra
vijñāna	viññāṇa
vinaya	vinaya
Virūḍhaka	Viḍūḍabha
Viśākhā	Visākhā
Viṣṇudvīpa	Veṭhadīpa
Vṛjjī	Vajjī
Yamunā	Yamunā
Yaśas	Yasa
Yaśodharā	Yasodharā

Literatur

(zu den Themen Archäologie Altindiens, Buddhaorte, indische Geografie, Leben des Buddha, Datierung, Aśoka. Die Jahresdaten geben die benutzte Auflage an.)

Agrawala, V.S. (1984): *Sārnāth* (ASI) (Orig. 1956)
Ahir, D.C. (1986): *Buddhist Shrines in India.* Delhi (R.B. Publishing)
Allen, Charles (2002): *The Buddha and the Sahibs – The men who discovered India's lost religion.* London (John Murray)
- ders. - (2008): *The Buddha and Dr Führer – An Archaeological Scandal.* London (Haus Publishing)
Altekar, A.S. (o.J.): *The Corporeal Relics of the Buddha.* Patna Museum, Patna (Faltblatt, Grabungsbericht über die Urne von Vaiśālī, Nachdruck von 1956)
Amritananda Bhikkhu (1983): *Kings of Buddha's Time.* Kathmandu (Ananda Kuti Vihara)
Archaeological Survey of India (Ed.) (1964): *Archaeological Remains, Monuments and Museums.* 2 vols. (New Delhi)
Asher, Frederick M. (2008): *Monumental Legacy Bodh Gaya.* New Delhi (Oxford University Press)
Bauddh, Jugal Kishore (2005): *Rajagraha, the Historic Capital of Magadha.* New Delhi (Samyak Prakashan)
Barua, Dipak R. (1981): *Buddha Gaya Temple – its History.* Buddha Gaya (Temple Management)
Bechert, H. (1986): *Die Lebenszeit des Buddha – das älteste feststehende Datum der indischen Geschichte?* Göttingen (Nachr. der Akademie der Wissenschaften, Phil.-Hist. Klasse, Nr. 4)
- ders. - (1991): *The Dating of the Historical Buddha – Die Datierung des historischen Buddha*, Part I. Göttingen (Symposium zur Buddhismusforschung, IV, I, Abhandlung der Akademie der Wissenschaften, Phil.-Hist. Klasse, Dritte Folge Nr. 189)
Bhattacharyya, D.C. (1987): *Buddhist Shrines.* New Delhi (Publ. Division, Govt. of India)
Bhattacharyya, Tarapada (1966): *The Bodhgaya Temple.* Calcutta (Mukhopadhyay)
Bidari, Basanta (2004a): *Lumbini – A Haven of Sacred Refuge.* Lumbini (Lumbini International Research Centre) (Orig. 2002)
- ders. - (2004b) *Kapilavastu – The World of Siddhartha.* Lumbini (Sacred Garden)
Bodhi, Bhikkhu (2008): *In den Worten des Buddha.* Stammbach (Beyerlein)

Bourne, Samuel (2001): *Sieben Jahre Indien. Photographien und Reiseberichte 1863–1870.* Münchner Stadtmuseum (Schirmer/Mosel)

Brandis, Dietrich (1921): Indian Trees. London (Constable) (Original 1906)

Bräutigam, Uwe (2005): *Buddha begegnen – An den heiligen Orten in Nepal und Indien.* Krefeld (Yarlung)

Brewster, E.H. (1956): *The Life of Gotama the Buddha.* London (Routledge & Kegan Paul) (Orig. 1926)

Brown, Percy (o.J.): *Indian Architecture (Buddhist and Hindu Periods).* Bombay (Taraporevala) (Orig. 1965)

Bühler, Georg (1898), in: *Journal of the Royal Asiatic Society of Great Britain and Ireland*

Burlingame, E.W./Lanman, Ch. (2005): *Buddhist Legends – Translated from the original Pali text of the Dhammapada Commentary.* 3 vols., Delhi (Motilal) (Orig. 1921)

Chakrabarti, Dilip K. (1988): *A History of Indian Archaeology from the Beginning to 1947.* New Delhi (Munshiram)

- ders. - (1995): *The Archaeology of Ancient India Cities.* Delhi/Bombay (Oxford University Press)

Chakraborty, Utpal (2006): *Bibliography in Indian Buddhist Art and Archaeology – General and classified under Geographical Sites.* New Delhi (Printworld)

Cunningham, Alexander (1996): *The Ancient Geography of India.* Delhi (Low Price Publications) (Orig. 1871)

- ders. - (1998): *Mahābodhi or The Great Buddhist Temple under the Bodhi Tree at Buddha-Gaya.* New Delhi (Munshiram) (Orig. London 1892)

Deeg, Max (2003): *The Places where Siddhartha Trod: Lumbinī and Kapilavastu.* Lumbinī (International Research Institute)

- ders. - (2005): *Das Gaoseng-Faxian-Zhuan als religionsgeschichtliche Quelle – Der älteste Bericht eines chinesischen buddhistischen Pilgermönchs über seine Reise nach Indien mit Übersetzung des Textes.* Wiesbaden (Harrassowitz)

Dhammika S. (1996): *Navel of the Earth – The History and Significance of Bodh Gaya.* Singapore (Buddha Dhamma Mandala Society)

- ders. - (1999): *Middle Land, Middle Way – A Pilgrim's Guide to the Buddha's India.* Kandy (Buddhist Publication Society)

Dutoit, Julius (1906): *Das Leben des Buddha – Eine Zusammenstellung alter Berichte aus den kanonischen Schriften.* München-Neubiberg (O. Schloß).

- ders. - (1906–1921): *Jātakam – Das Buch der Erzählungen aus früheren Existenzen Buddhas.* 7 Bde., München-Neubiberg (O. Schloß)

Dutt, Sukumar (1957): *The Buddha and Five After-Centuries.* London (Luzac)

- ders. - (1962): *Buddhist Monks and Monasteries of India.* London (Allen & Unwin)

Dwivedi, Sunita (2006): *Buddhist Heritage Sites of India.* New Delhi (Rupa)
Falk, Harry (1991): *Zur Geschichte von Lumbinī.* (in: Acta Orientalia Havnensia Nr. 52, S. 70-90)
- ders. - (2006): *Aśokan Sites and Artefacts – A Source-book with Bibliography.* Mainz (von Zabern)
Faxian (1965): *A Record of Buddhistic Kingdoms – Being an account by the Chinese Monk Fā-Hien of his Travels in India and Ceylon (A.D. 399–414) in Search of the Buddhist Books of Discipline;* transl. by J. Legge. New York (Paragon) (Orig. 1886)
Forbes, D. (1999): *The Buddhist Pilgrimage.* Delhi (Motilal)
Foucher, A. (1949): *The Life of the Buddha according to the ancient Texts and Monuments of India.* Middletown, Conn. (Wesleyan University)
Fujita, H. / Moichi, K. (1989): *Romantic India – the Land of the Buddha.* Tōkyō
Ghosh, A. (1986): *Nālandā* (ASI) (Orig. 1939)
Gombrich, Richard F. (1996): *How Buddhism Began – The Conditioned Genesis of the Early Teachings.* London (Athlone)
Härtel, Herbert (1991): *Archaeological Research on Ancient Buddhist Sites.* (In: Bechert 1991: 61-89)
Hazra, Kanai Lal (1983): *Buddhism in India as Described by the Chinese Pilgrims AD 399–689.* New Delhi (Munshiram)
Jayaswal Research Institute (1962): *Annual Report 1960.* Patna (Secretariat Press)
Klimkeit, H.-J. (1990): *Der Buddha – Leben und Lehre.* Stuttgart (Kohlhammer)
Krishan, Y. (1996): *The Buddha Image, its Origin and Development.* New Delhi (Munshiram)
Kullar, R. / Haesner, Ch. (1988), *India, Land of the Buddha.* Bangkok
Kumar, Dilip (1986): *Archaeology of Vaishali.* New Delhi (Ramanand Vidya Bhavan)
Kuraishi, M.H. (1987): *Rajgir.* (ASI) (Orig. 1939)
Law, B.C. (1973): *Geography of Early Buddhism.* Varanasi (Bhartiya Publ. Hse.) (Orig. 1932)
- ders. - (1976): *The Magadhas in Ancient India.* Mirzapur (Nag)
Leoshko, Janice J. (1987): *The Iconography of Buddhist Sculptures of the Pala and Sena Periods from Bodhgaya.* Dissertation of Ohio State University. Ann Arbor, Michigan (UMI Diss. Services)
- dies. - (Ed.) (1988): *Bodhgaya – the site of enlightenment.* Bombay (Marg)
Ling, Trevor (1973): *The Buddha – Buddhist civilisation in India and Ceylon.* New York (Scribner's Sons)
Liu, Xinru (1988): *Ancient India and Ancient China – Trade and religious Exchanges AD 1–600.* Bombay/Calcutta (Oxford University Press)
Majumdar, B. (2004): *A Guide to Sarnath.* New Delhi (Pilgrims Publication) (Orig. 1937)

Majupuria, Trilok Chandra (1987): *Holy Places in Nepal and India.* Bangkok (Tecpress)
Malalasekera, G.P. (1960): *Dictionary of Pāli Proper Names.* 2 vols., London (Luzac) (Orig. 1937)
Mani, B.R. (2006): *Sarnath – Archaeology, Art & Architecture.* New Delhi (ASI)
Michell, George (1989): *Monuments of India, Volume one: Buddhist, Jain, Hindu.* London (Viking)
Mishra, Yogendra (1962): *An Early History of Vaiśālī.* Delhi/Patna (Motilal)
Mitra, Debala (1971): *Buddhist Monuments.* Calcutta (Sahitya Samsad)
Mitra, Swati (Ed.) (2006): *Walking with the Buddha – Buddhist Pilgrimages in India.* New Delhi (Good Earth) (Orig. 1999)
Mookerji, Radhakumud (1989): *Asoka.* Delhi (Motilal) (Orig. 1928)
Muthiah, S. (1990): *Where the Buddha Walked.* Madras (TT. Maps)
Murti, G.S./Aiyangar. A.N. (1951): *Edicts of Aśoka.* Adyar (Theosophical Soc.)
Ñāṇamoli Bhikkhu (1972): *The Life of the Buddha as it appears in the Pali Canon.* Kandy (Buddhist Publication Society)
Narayan, S. (1983): *Sacred Complexes of Deoghar and Rajgir.* New Delhi (Concept Publication)
Nath, Birendra (1983). *Nalanda Murals.* New Delhi (Cosmo)
Naudou, J. (1971 ?): *Buddha.* Gütersloh (Bertelsmann)
N.N. (1977): *Lumbini Development Project.* Kathmandu (Lumbini Development Committee)
N.N. (1980): *Lumbini – Nepal.* Kathmandu (Department of Tourism)
N.N. (1998): *Buddhist Sites in India.* New Delhi (ASI Chandigarh Circle)
N.N. (o.J.): *Latest Tourist Guide Rajgir.* New Delhi (Lal Chand)
Oldenberg, H. (1959): *Buddha – sein Leben, seine Lehre, seine Gemeinde.* Stuttgart (Cotta) (Orig. 1881)
Oppitz, Michael (1991): *Onkels Tochter, keine sonst. Heiratsbündnis und Denkweise in einer Lokalkultur des Himalaya.* Frankfurt (Suhrkamp)
Pande, M.D. (Ed.) (1976): *Kapilavastu Supplement* (in: Voice of History, Vol. II Annual)
Pandey, Jagdishwar (1996): *On the Footprints of the Buddha – Identification of Controversial and Unknown Places.* Patna (Patna Museum)
Pathak, Vishuddhanand (1963): *History of Kośala up to the Rise of the Mauryas.* Delhi/Varanasi (Motilal)
Patil, D.R. (2006): *Kuśīnagara.* New Delhi (ASI) (Orig. 1957)
Peiris, Noeyal (1978): *My Pilgrimage to the lost City of Kapilavastu.* Bombay/Colombo (International Centre of Asoka Culture)
Phelps, Terence A. (2007): *Lumbinī On Trial: The Untold Story* (www.lukap.org.uk)

Pischel, R. (1919): *Leben und Lehre des Buddha.* Leipzig (Teubner)
Prajnananda, G. (2000): *Shravasti.* Shravasti (Bhartiya Bauddha Shiksha Parishad)
Puri, B.N. (1966): *Cities of Ancient India.* Meerut/Delhi (Meenakshi Prakashan)
Rau, W. (1957): *Staat und Gesellschaft im alten Indien.* Wiesbaden (Harassowitz)
Raven-Hart, R. (1966): *Where the Buddha Trod – A Buddhist Pilgrimage.* Colombo (Lake House) (Orig. 1956)
Rhys Davids, T.W. (1987): *Buddhist India.* Delhi/Varanasi (Motilal) (Orig. 1903)
Rijal, Babu Krishna (1978): *Archaeological Activities in Lumbini 1976–77.* Kathmandu (Lumbini Development Committee)
- ders. - (1979): *Archaeological Remains of Kapilavastu, Lumbini and Devadaha.* Kathmandu (Education Enterprises)
Russell, Jeremy (1987): *The Eight Places of Buddhist Pilgrimage.* New Delhi (Mahayana Publications) (Orig. 1981)
Sahni, Daya Ram (1972): *Catalogue of the Museum of Archaeology at Sarnath.* Delhi/Varanasi (Indological Book House)
Sarkar, Debarchana (2003): *Geography of Ancient India in Buddhist Literature.* Kolkata (Sanskrit Pustak Bhandar)
Schlingloff, D. (1969): *Die altindische Stadt – Eine vergleichende Untersuchung.* Wiesbaden (F. Steiner)
Schneider, U. (1971): *Buddha.* Zürich (in: *Die Großen der Weltgeschichte*, Bd. 1) (Kindler)
Schopen, Gregory (1997): *Bones, Stones, and Buddhist Monks.* Honolulu (University of Hawaii Press)
- ders. - (2005): *Figments and Fragments of Mahāyāna Buddhism in India.* Honolulu (University of Hawaii Press)
Schumann, Hans Wolfgang (2003): *Buddhabildnisse – Ihre Symbolik und Geschichte.* Heidelberg/Leimen (Kristkeitz)
- ders. - (2004 a): *Der historische Buddha – Leben und Lehre des Gotama.* Kreuzlingen/München (Diederichs)
- ders. - (2004 b): *Die großen Götter Indiens – Grundzüge von Hinduismus und Buddhismus.* Kreuzlingen/München (Diederichs)
- ders. - (2005 a): *Buddhismus – Stifter, Schulen und Systeme.* Kreuzlingen/München (Diederichs)
- ders. - (2005 b): *Der Buddha erklärt sein System. Pāli-Buddhismus für Fortgeschrittene.* Stammbach (Beyerlein & Steinschulte)
- ders. - (2006): *Siebzig Schlüsselbegriffe des Pāli-Buddhismus.* Heidelberg/Leimen (Kristkeitz)
- ders. - (2008): *Handbuch Buddhismus – die zentralen Lehren: Ursprung und Gegenwart.* Kreuzlingen/München (Diederichs)

Sharma, G.R. (1960): *The Excavations at Kauśāmbī 1957–1959.* Allahabad (Institute of Archaeology, Allahabad University)
Sharma, J.P. (1968): *Republics in Ancient India 1500 B.C.–500 B.C.* Leiden (Brill)
Sherring, M.A. (1990): *Benares – The Sacred City of the Hindus.* Delhi (Low Price Publications) (Orig. 1868)
Siebert, Rüdiger (2004): *Unterwegs mit Buddha – Eine Spurensuche in Indien und Nepal.* Bad Honnef (Horlemann)
Singh, Rana P.B. (2003): *Where the Buddha Walked – A Companion to the Buddhist Places of India.* Delhi (Indica)
Sivaramamurti, C. (1954): *A Guide to the Archaeological Galleries of the Indian Museum.* Calcutta (Indian Museum)
- ders. - (1983): *Our National Emblem.* Delhi (Publication Division) (Orig. 1966)
Smith, Vincent A. (1988): *Asoka – The Buddhist Emperor of India.* Delhi (Vikram Prakashan) (Orig. 1901)
Srinivasan, Doris Meth (1989): *Mathurā, The cultural Heritage.* New Delhi (American Inst.)
Srivastava, K.M. (1986a): *Buddha's Relics from Kapilavastu.* Delhi (Agam Kala Prakashan)
- ders. - (1986b): *Discovery of Kapilavastu.* New Delhi (B&B)
- ders. - (1996): *Excavations at Piprahwa and Ganwaria.* New Delhi (ASI)
Srivastava, Vj. (1956): *Guide to Kapilavastu and Lumbini.* Varanasi (Srivastava Studio)
Strong, John S. (1989): *The Legend of King Asoka – A Translation of the Aśokāvadāna.* Delhi (Motilal)
- ders. - (2007): *Relics of the Buddha.* Delhi (Motilal)
Syed, Renate (1990): *Die Flora Altindiens in Literatur und Kunst.* Dissertation Uni München
Tarthang Tulku (Ed.) (1994): *Holy Places of the Buddha.* Berkeley (Dharma Publishing, Crystal Mirror No. 9)
Thomas, Edward J. (1960): *The Life of Buddha as Legend and History.* London (Kegan Paul) (Orig. 1927)
Tripathi, Aruna (2003): *The Buddhist Art of Kauśāmbī – from 300 B C to A D 550.* New Delhi (Printworld)
Uhlig, Helmut (1979): *Das Bild des Buddha.* Berlin (Safari)
Valisinha, Devapriya (1948): *Buddhist Shrines in India.* Colombo (Maha Bodhi Society)
Venkataramayya, M. (1981): *Śrāvastī* (ASI) (Orig. 1956)
Vijayatunga, J. (1956): *Lumbini.* Delhi (Publication Division)

Wickremesinghe, K. D. P. (1972): *The Biography of the Buddha.* Colombo (Gunaratana Press)
Xuanzang (1981): *Si-Yu-Ki – Buddhist Records of the Western World;* transl. by S. Beal, 2 vols., Delhi (Motilal) (Orig. 1884)
Yijing (1966): *A Record of the Buddhist Religion as Practised in India and the Malay Archipelago (AD 671–95);* transl. by J. Takakusu. Delhi (Munshiram) (Orig. 1896)
Yijing (1986): *Chinese Monks in India – Biography of Eminent Monks who went to the Western World in Search of the Law during the Great T'ang Dynasty, by I-Ching;* transl. by L. Lahiri. Delhi
Zotz, V. (1991): *Buddha – mit Selbstzeugnissen und Bilddokumenten.* Reinbek (rororo Monographie 477)

Landkarten

Serie: Reise Know-How

Indien, Nordost 1:1.300.000 – Blattgröße 70 x 100 cm, 2-seitig, reiß- und wasserfest mit Ortsmarkierung der wichtigsten buddhistischen Stätten und Ortsnamenindex
Stand: 1. Aufl. 2007

Serie: Nelles Map

India East 1:1.500.000 – Blattgröße 66 x 50 cm, 2-seitig, Papier mit Ortsmarkierung der wichtigsten buddhistischen Stätten, ohne Ortsnamenindex
Stand: 12/06

Register

Die diakritischen Zeichen indischer Worte bleiben bei der alphabetischen Einordnung unbeachtet. Artgleiche Personen und Dinge werden unter dem Stichwort ihrer Sachgruppe zusammengefasst:
→ Archäologen → Bäume → Buddha → Dharmarājika-Stūpas → Karten → Mönche → Nonnen → Pläne → Siddhārtha.

Im gleichen Verlag
von Hans Wolfgang Schumann:

Buddhabildnisse

Ihre Symbolik und Geschichte
2. Aufl., ISBN 978-3-932337-03-1

Jede Geste einer Buddhadarstellung bezieht sich auf ein Ereignis im Leben des Meisters oder kennzeichnet einen der späteren transzendenten Buddhas. Diese Symbolik anhand der indischen Bücher in Pāli und Sanskrit zu erläutern ist der Zweck des vorliegenden Werkes. Seine Bildbeispiele entstammen allen vom Buddhismus berührten Kulturen des Ostens.

Das erste Hauptkapitel schildert den Lebenslauf und die Ikonographie des historischen Buddha Gautama, das zweite Kapitel stellt die Buddhas der Vergangenheit und Zukunft vor. Alle diese Buddhas treten nacheinander auf, sie sind Buddhas der Zeiten. Das dritte Kapitel behandelt die vom Mahāyāna-Buddhismus eingeführte Lehre, dass es auch gleichzeitig existente Buddhas gebe: über die Weltquartiere verteilte Buddhas des Raums. Das vierte Kapitel schließlich beschreibt den tantrischen Versuch, die Vielzahl der Buddhas zurückzuführen auf einen, den Ādi- oder Urbuddha, der, unter wechselnden Namen und ikonographischen Formen, das Absolute verkörpert. Die Entwicklung von Buddhatypen, im Buch in historischer Abfolge nachvollzogen, macht die Geistesgeschichte des Buddhismus bildhaft und bringt seine Gestaltenfülle in eine hierarchische Ordnung. Ein illustriertes Bestimmungsschema und ein Register machen das Werk auch für den Kunsthandel wertvoll.

»Ein hervorragendes Nachschlagewerk, gut recherchiertes Buch mit exzellenten Quellenangaben, Bildnachweisen und übersichtlichen Tabellen z.B. zu Gesten und Mudras.« (*Buddhismus aktuell*, Zeitschrift der DBU)

»Seine philologischen, historischen und ikonographischen Forschungen verleihen Schumanns Büchern Plastizität und eine Tiefe, die Fachleute wie Laien bereichert. "Buddhabildnisse" wir neben religiös Interessierten auch Freunden asiatischer Kunst wertvolle Dienste leisten.« (Volker Zotz, *Ursache und Wirkung*)

Im gleichen Verlag
von Hans Wolfgang Schumann:

Siebzig Schlüsselbegriffe des Pāli-Buddhismus

definiert und kommentiert – mit Seitenblicken auf ihre Sanskrit-Entsprechungen im Mahāyāna-Buddhismus
ISBN 978-3-932337-04-8

Auch wer nicht aus dem Pāli übersetzen, aber die übersetzten Lehrreden des Buddha korrekt verstehen will, braucht einen Grundstock von Pāli-Begriffen. Hundertfünfzig Jahre hat es gedauert, bis die indologische Forschung ein klares Bild der großen indischen Erlösungslehre gewonnen hatte, und für einige Schlüsselbegriffe dauert die Diskussion noch an. Mit ihnen befasst sich das vorliegende Buch. Es ist als ergänzendes Wörterbuch des Pāli-Buddhismus gedacht, behandelt aber die Stichworte nicht lexikalisch knapp, sondern in Form von Essays in einiger Breite. Manche dieser Begriffe stehen in mehreren, miteinander verzahnten Sachzusammenhängen und können nicht durch ein einzelnes deutsches Wort übersetzt werden.

Die zeitlich nach dem Pāli-Buddhismus entstandenen buddhistischen Lehrrichtungen haben viele Begriffe aus dem Pāli übernommen und teils weiterentwickelt, teils mit neuem Bedeutungsgehalt erfüllt. Diesen Neuinterpretationen im Sanskrit-Buddhismus widmet sich das Werk ebenfalls. Philosophisch und religionshistorisch ist es fesselnd zu sehen, wie Begriffe und Ideen sich vom Theravāda-Buddhismus zum Mahāyāna entwickeln.

Der Einleitungsteil des Buches schildert, wie die Lehrreden des Buddha kodifiziert und bis in unsere Zeit überliefert wurden. Der Buddha stammte, wie der Pāli-Kanon (in M 89,19 und Snip 422 f.) bestätigt, aus dem altindischen Königreich Kosala und sprach Kosalī als Muttersprache. Die (leider nicht genau bestimmbaren) Elemente dieser Sprache im Pāli-Kanon sind es, die uns berechtigen, im Pāli die Sprache des Buddha zu sehen.

»Ein ›Muss‹ für jeden Buddhisten und am Buddhismus Interessierten – vor allem aber für jene, die auf das Original-Buddha-Wort zurückgreifen wollen, um Abänderungen, Hinzufügungen, Neuinterpretationen in späteren buddhistischen Schulen und Richtungen leichter zu erkennen … Das Buch ist exakt, wissenschaftlich und lehrreich … ein hervorragendes Buch, das in keiner buddhistischen Bibliothek fehlen sollte.« (*Ursache und Wirkung*)

Im gleichen Verlag
von Fritz Schäfer:

Der Buddha sprach nicht nur für Mönche und Nonnen

Die ganze Lehre erstmals nur nach seinen Reden für Nichtasketen
2., vollst. überarb. Aufl., ISBN 978-3-921508-80-0

Der Leser findet hier nahezu alle Lehrtexte des Pālikanon übersetzt und erläutert, die nicht für Mönche und Nonnen, sondern für Menschen in Familie und Beruf bestimmt waren. Nach über 50 Jahren praktischen Lebens nach diesen Anleitungen unterbreitet der Autor eine durch ihre Tiefe, Ruhe, Klarheit, Frische und Exaktheit überraschende Materialfülle, die viele Brücken zu den Denkweisen heutiger ernsthaft suchender Menschen schlägt und auf den Stand der heutigen Naturwissenschaft ebenso eingeht wie auf die geistigen Strömungen unserer Zeit. Das Buch stellt den zeitlosen Gehalt der Lehre des Buddha heraus, der sich »der Erwachte« nannte – erwacht aus dem Daseinstraum. Er sagte von sich: »Eines nur lehre ich: das Leiden und seine Überwindung«, und von seiner Lehre: »Sie lädt ein: Komm und sieh selbst!« Zum Selbersehen will dieses Buch verhelfen.

Ein Buch von besonderer Bedeutung, ein klares, verständliches und sachliches Buch, das dem heutigen Esoterikboom beispielhaft entgegensteht. (Helmut Uhlig, *Der Tagesspiegel*, Berlin)

»Eine geistige Fundgrube.« (Paul Debes, *Wissen und Wandel*)

»Es ist kein Buch für den schnellen Konsum. Es richtet sich an ernsthaft Suchende und Studierende, und für sie ist es eine überaus lohnende Investition. (*Lotusblätter*)

»So spricht dieses Buch einen breitestmöglichen Leserkreis an: es enthält zum erstenmal gebündelt die Anleitungen und Belehrungen für Hausleute, es ist eine gründliche Einführung, es bietet einen großen Gesamtüberblick, ... ist ein gutes Nachschlagewerk, und vor allem: für alle, die die Lehre des Buddha für ihr Leben verbindlich nehmen wollen und im Hause nach einem gangbaren Weg suchen, ist es Anleitung zum klaren Selbersehen und zum rechten krampflosen Vorgehen.« (*Buddhistische Monatsblätter*)

»Dieses Buch ist ein Schatz und trägt zum Verständnis der Grundlehren des Buddhismus auf eine noch nie dagewesene Art bei.« (*Ursache und Wirkung*)

»Ich glaube, dass Sie das, wovon Sie hier sprechen wollen, auch mit großer Deutlichkeit und zutreffend sehen.« (Carl Friedrich v. Weizsäcker)

Im gleichen Verlag:

Ajahn Buddhadasa
Buddha-Dhamma für kluge Leute
Buddhadasa Bhikkhu erklärt die Lehre Buddhas
ISBN 978-3-932337-32-1

Mahathera Henepola Gunaratana
Die Praxis der Achtsamkeit
Eine Einführung in die Vipassana-Meditation
ISBN 978-3-921508-77-0

Claudia Braun-Rom
Buddhismus und Erziehung
Ein Weg der Selbsterziehung
des Menschen
ISBN 978-3-921508-86-2

Rabindranath Tagore
Sadhana
Der Weg zur Vollendung
ISBN 978-3-932337-15-4

Raghava R. Menon
Abenteuer Raga
Vom Zauber der indischen Musik
ISBN 978-3-921508-22-0

Inge von Wedemeyer
Wohin führt die Meditation?
Vortrage und Übungen
ISBN 978-3-921508-88-6

Kakuzo Okakura
Die Ideale des Ostens
ISBN 978-3-932337-10-9

Gesamtkatalog kostenlos vom

Werner Kristkeitz Verlag
Löbingsgasse 17 • 69121 Heidelberg • www.kristkeitz.de